내 집 없이
월세 받는
쉐어하우스
에어비앤비
파티룸
재테크

신재 지음

내 집 없이 월세 받는 쉐어하우스 에어비앤비 파티룸 재테크

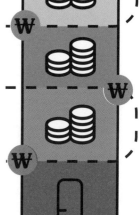

이참에 나도 집주인 한번 되어볼까?

일에일북

✦ 투잡을 꿈꾸는 당신,
공간대여업에 주목하라

바야흐로 '투잡'의 시대가 오고 있다. 이전까지는 유난히 부지런하거나 수완 좋은 극소수만이 투잡, 즉 두 가지의 직업을 가졌다. 그러나 이제는 누구나 일상 속에서 보험 삼아 투잡, 심지어 쓰리잡을 고민하기도 한다. 부수익을 얻을 수 있는 다양한 방법이 있지만, 그중에서도 공간대여업에 많은 사람이 관심을 쏟는 이유는 간단하다. 적은 투자금으로 높은 수익을 기대할 수 있을뿐더러 진입장벽이 매우 낮기 때문이다.

나는 20대 후반에 회사를 다니며 쉐어하우스 '선녀방'을 시작하게 되었으며, 쉐어하우스로 이사를 가며 비게 된 기존의 자취방을 에어비앤비에 등록해 함께 운영했다. 그로부터 약 1년이 지나 직장 생활을 완전히 그만두고 파티룸 '시혜적동물'을 오픈하게 되었다. 시혜적동물은 1호 이수점을 시작으로 현재 2호 상도점, 3호 신림점 그리고 4호 낙성대점까지 약 1년 만에 총 4개 지점으로 확장된 상태다.

그 과정에서 공간대여업의 3대장이라 할 수 있는 쉐어하우스, 에어비앤비, 파티룸을 기획부터 개업, 운영, CS(Customer Service, 고객 서비스)까지 모두 혼자서 성공적으로 운영할 수 있었다. 그 비결은 바로 실행에 앞서 수많은 관련 정보를 검토하고, 마케터로 근무했던 전력을 적재적소에 활용하면서 동시에 예측 불가한 다양한 상황에 유연하고 재빠르게 대처했던 순발력 덕분이었다.

부가 수익 창출, 퇴사, 자아 실현, 노후 계획… 각기 다양한 이유로 공간대여업에 관심을 가진다. 하지만 공간대여업의 종류가 다양하기에 그중에서 대체 어떤 것을 선택해야 할지, 본인의 상황이나 성향에 가장 적절한 아이템은 무엇일지 고민만 하다 시간을 흘려보내는 경우를 수없이 보았다. 나 역시 죄다 엇비슷하고 표면적인 이야기만 늘어놓는 속 빈 강정 같은 정보의 홍수 속에서 길을 잃었던 적이 있기에, 내 경험이 다른 이들의 시행착오와 위험 부담을 줄이는 데 도움이 되었으면 하는 마음에서 운영 노하우를 고스란히 담은 수업을 시작하게 되었다.

그간의 수업 내용과 수강생의 질문들, 동종업계 종사자의 생생한 경험담 등 모든 관련 지식과 노하우를 한 권에 담아내려 최선을 다했다. 이 책을 접한 모두가 조금이나마 더 수월하고 안전하게 본인의 목표에 다다를 수 있기를 진심으로 바란다.

신재

차례

1장

공유경제의 시대, 공간대여업이 답이다

2장

얼마가 필요하고 얼마를 벌 수 있을까?

0원 마케팅 실전 노하우

활용도 200% 공간대여업 운영 노하우

공간대여업 우수 사례 소개

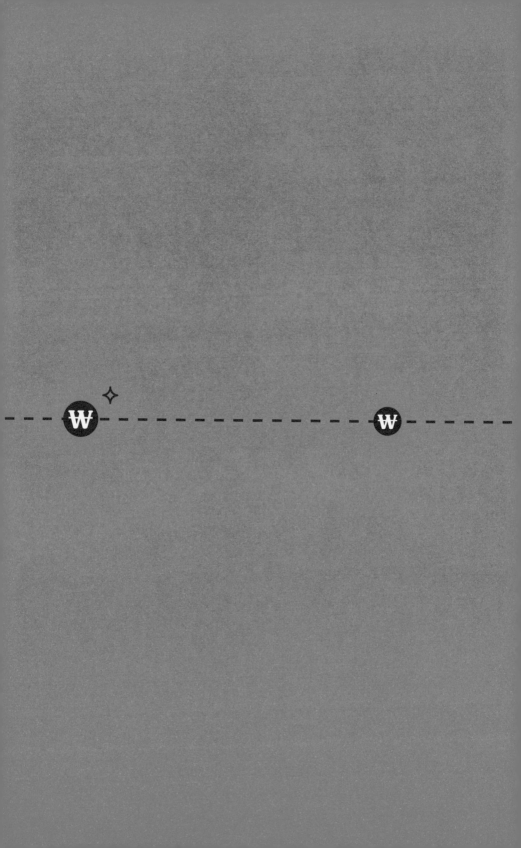

공유경제의 시대, 공간대여업이 답이다

공간대여업에
주목해야 하는 이유

#공유경제 #높은수익률낮은리스크 #MZ세대가핵심

21세기의 핵심 키워드 '공유경제'. 이제는 소유보다 공유가 익숙한 세상이 왔다. 자동차와 킥보드 같은 운행 수단부터 사무실과 주방까지 공유한다. 물건뿐만 아니라 개인의 경험이나 지식, 아이디어까지 그야말로 존재하는 모든 가치는 재화로 전환될 수 있다. 이러한 흐름 속에서 공간을 공유하는 공간대여업에 대한 관심 역시 높아지고 있다.

대표적인 공간대여업으로는 한집에서 여러 명이 함께 사는 쉐어하우스, 세계 1위 숙박 공유 플랫폼인 에어비앤비, 모임 장소로 단독 공간을 대여해주는 파티룸 등이 있다. 이들은 이미 부업으로 많은 주목을 받고 있으며, 높은 수익률과 효율적인 운영 방식 덕분에 부업에서 주업으로

•• 세계 공유경제 시장 규모 추이

(단위: 달러)

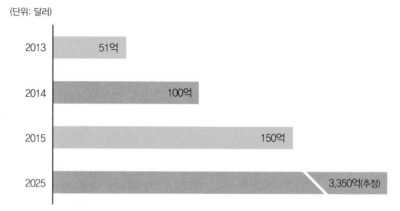

2013	51억
2014	100억
2015	150억
2025	3,350억(추정)

자료: 삼일회계법인

•• 공유경제 사업 부문별 성장 규모 예측

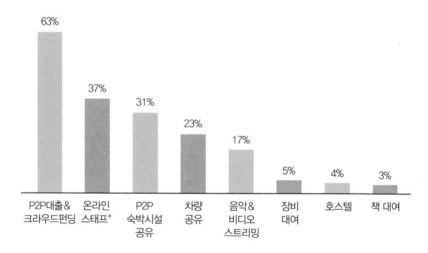

부문	비율
P2P대출&크라우드펀딩	63%
온라인 스태프*	37%
P2P 숙박시설 공유	31%
차량 공유	23%
음악&비디오 스트리밍	17%
장비 대여	5%
호스텔	4%
책 대여	3%

자료: PwC(프라이스워터하우스쿠퍼스)

---

* 온라인 스태프: 온라인을 통해 불특정한 사람들에게 일정 보수를 지급받고 일하는 프리랜서

전환되는 비율도 늘고 있다. 더 늦기 전에 당신 역시 공간대여업 시장에 뛰어들어야 하는 이유를 함께 알아보자.

저렴한 초기 비용

쉐어하우스와 에어비앤비, 파티룸 이 세 가지 사업의 공통점은 자신이 일정 비용을 대가로 소유한 공간을 타인에게 빌려주는 형태라는 것이다. 이러한 특징 때문에 건물주만 할 수 있는 사업이라고 오해를 받기도 한다. 하지만 실상 공간대여업을 운영 중인 자영업자 대부분은 월세로 공간을 빌려서 사업체를 운영한다. 여유 자금이 넉넉하다 할지라도 사업 확장 및 투자비 절감의 측면에서 매매나 전세보다는 월세가 훨씬 유리하기 때문이다.

숙박이 필수인 쉐어하우스와 에어비앤비는 아파트, 오피스텔, 빌라 등 실제 주거지역에서 운영되는 경우가 많다. 반면에 어느 정도 소음이 발생하는 파티룸은 주로 상가 건물을 계약하는데, 이 경우 주택에 비해 보증금이 저렴하다. 그렇기 때문에 초기 비용은 파티룸이 평균적으로 가장 저렴하다고 볼 수 있다. 보통 보증금 1천만 원, 월세 100만 원 내외로 적당한 파티룸 공간을 구할 수 있으며, 거기에 셀프 인테리어로 공사 비용을 최소화한다면 인테리어 비용은 500만 원 정도로도 충분하다. 즉 지속적으로 나가는 월세를 제외하면 총 1,500만 원으로 새로운 사업을 시작할 수 있다. 물론 이는 최소 비용이며, 지역이나 사업 방향 등에 따라 금액은 크게 달라질 수 있다. 그러나 음식점이나 카페 등 타 업종에 비해 초기 비용에 대한 부담감은 현저히 낮다.

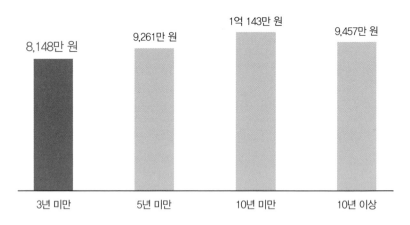

●● 창업 시기별 창업 준비 비용

1억 143만 원

9,261만 원

9,457만 원

8,148만 원

3년 미만   5년 미만   10년 미만   10년 이상

자료: 신한은행, 「2018 보통사람 금융생활 보고서」

낮은 진입 장벽

쉐어하우스나 에어비앤비, 파티룸을 운영하는 데 전문적인 지식이나 기술은 필요하지 않다. 애플리케이션 및 인터넷 사용, 정리 정돈, 청소 등 운영을 위한 굵직한 활동은 기술이랄 것도 없이 이미 우리에게 익숙한 일들이기 때문이다. 물론 강의를 듣거나 책을 읽어 관련 지식 및 노하우를 습득하는 과정은 필요하겠지만, 따로 학위가 필요하다거나 자격증이 요구되는 일은 아니다.

실제로 불과 3시간짜리 수업을 듣고 나서 한두 달 이내에 바로 사업을 시작하는 사람이 수두룩하다. 그만큼 남녀노소 불문하고 누구든 마음만 먹는다면 빠른 시일 내에 성과를 볼 수 있는 업종이 공간대여업이다. 물론 장벽이 낮은 만큼 시장이 급속도로 성장하고 경쟁 상대도 빠르게

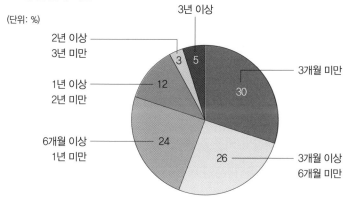

●● 창업 준비 기간

(단위: %)

3년 이상

2년 이상
3년 미만

3

5

3개월 미만

30

1년 이상
2년 미만

12

6개월 이상
1년 미만

24

26

3개월 이상
6개월 미만

자료: 신한은행, 『2018 보통사람 금융생활 보고서』

늘어가는 것은 사실이다. 그러나 이제 막 공유경제의 시대에 들어섰으니 시장 잠재력은 무궁무진하다고 본다.

자동화 시스템

공간대여업이 직장인에게 투잡으로 주목받는 이유는 대부분 무인으로 운영되며 부분적으로 자동화가 가능하기 때문이다. 일단 초기에 공간을 세팅해둔 이후로는 유지와 보수, 청소 외에 크게 손 가는 일이 없다. 문의 및 예약 안내는 모두 스마트폰으로 진행할 수 있고, 손님이 입실하거나 퇴실할 때 굳이 직접 갈 필요가 없기 때문에 장거리에서도 충분히 운영할 수 있다.

물론 정리와 청소를 위해서는 직접 영업장을 방문해야 하지만, 운영자 대부분 청소 아르바이트나 스태프 등을 고용해 운영 효율을 올리고 있다. 종일 가게를 지켜야 하고, 휴일에도 마음 놓고 쉴 수 없는 대다수 자영업자들에 비해 훨씬 자유롭게 시간을 활용할 수 있다는 것은 매우 큰 장점이다.

높은 수익률, 낮은 리스크

공간대여업은 초기 인테리어 비용을 빼면 매달 월세와 공과금을 제외하고 크게 소요되는 비용이 없다. 운영 방식에 따라 수치는 달라질 수 있지만 보통 월 매출의 40~80%까지 순수익으로 남길 수 있다. 소상공인 평균 영업이익이 매출의 약 16%인 것을 감안하면 매우 높은 수치다. 또한 낮은 초기 영업 비용에 비해 안정적인 매출로 인해 초기 투자금의 회수 시점도 타 업종보다 빠른 편이라고 볼 수 있다.

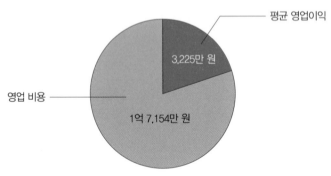

**2018년 전국 소상공인 실태조사

평균 영업이익

3,225만 원

영업 비용

1억 7,154만 원

* 평균 매출액: 2억 379만 원
* 전국 9,546개 소상공인 사업체 대상, 2018년 8월 27일~9월 14일(2017년 말 기준)

자료: 중소기업벤처부

반면 리스크는 낮은 편이다. 공간대여업의 경우 제품 원재료비와 같은 변동비의 비중이 매우 낮기 때문이다. 수익이 들어올 때마다 추가되는 비용은 공과금과 청소비 외에 특별히 발생하지 않으며, 휴지나 세제 등 소모품비와 유지, 보수 등 비정기적인 비용이 발생하는 정도다. 손님이 있든 없든 항상 재고를 채워놓아야 하고 유통기한이 지나면 전량 폐기해야 하는 다수 자영업에 비해 리스크가 적을 수밖에 없다. 또 임차한 공간은 목적에 따라 다채롭게 활용할 수 있기 때문에 예상보다 수요가 적다면 공유 오피스로 바꾸거나 장기 렌트를 놓는 등 얼마든지 전환할 여지가 있다. 그리고 만약 사업을 접어야만 하는 최악의 경우, 권리금을 받고 공간을 그대로 다음 임차인에게 넘겨서 피해를 최소화할 수 있기 때문에 첫 시작을 너무 두려워할 필요는 없다.

소비의 중심, MZ세대

밀레니얼 세대와 Z세대를 합쳐 부르는 'MZ세대'는 현 시장의 트렌드를 이끌어가는 중심 세대다. 이들의 대표적인 특징 중 하나는 모든 것을 공유하는 '클라우드 소비'를 추구하는 것이다. 즉 MZ세대야말로 공유경제의 가치에 동감하고 그 흐름을 이끌어가는 일등 공신이라 할 수 있다.

공간대여업이 빠른 시간 내에 급성장할 수 있었던 이유 또한 이러한 MZ세대가 시장의 중심 소비자로 자리 잡고 있기 때문이다. 쉐어하우스, 에어비앤비, 파티룸 등은 기성세대에게는 아직 낯선 개념일 수 있지만 이미 그들의 자녀 세대인 20~30대를 중심으로 빠르게 퍼져나가고 있는 추세다. 실제 파티룸 이용자의 70% 이상이 MZ세대로, 이들은 원룸 대

•• 출생 연도별 세대 비교

세대 구분	베이비붐 세대	X세대	밀레니얼 세대 (Y세대)	Z세대
출생 연도	1950~1964년	1965~1979년	1980~1994년	1995년 이후
인구 비중	28.9%	24.5%	21%	15.9%
미디어 이용	아날로그 중심	디지털 이주민	디지털 유목민	디지털 네이티브
성향	전후 세대, 이념적	물질주의, 경쟁사회	세계화, 경험주의	현실주의, 윤리 중시

신 쉐어하우스에 살며, 여행 갈 때 에어비앤비에서 숙소를 예약하고, 생일 파티는 파티룸에서 하는 것이 일상이다. 이러한 시장 변화 속에서 공간대여업의 미래는 밝을 것으로 예측한다.

1인 가구의 대안책,
쉐어하우스

#단기계약가능 #1인가구 #쉬운관리 #홍보채널은필수

한집에서 혈연 관계가 아닌 여러 명의 사람이 세를 나눠 부담하며 사는 형태인 쉐어하우스. 몇 년 전까지만 하더라도 국내에서는 익숙하지 않은 개념이었지만, 점점 올라가는 집값과 늘어나는 1인 가구로 인해 하나의 주거 형태로 보편화되는 중이다.

쉐어하우스는 1년 미만 단기 계약이 가능하다는 점, 혼자 살 때의 외로움과 두려움이 없어진다는 점, 적은 비용으로 넓고 좋은 집에서 살 수 있다는 점 덕분에 1인 가구의 주거 대안책으로 각광받고 있다. 그중에서도 특히 대학생 및 취업준비생의 이용률이 높다. 한번 살펴보자.

쉐어하우스 '선녀방'의 거실 모습

쉐어하우스 시장 현황

1995년까지 가구원 수별 가구 비중 중 가장 낮은 비율을 차지하던 1인 가구는 2010년부터 가장 높은 비율을 차지하기 시작했다. 전문가들은 1인 가구가 2047년에는 전체 가구의 37%에 달할 것으로 예상하고 있다. 특히 젊은 층 사이에서 비혼 및 비출산을 지향하는 비율이 꾸준히 늘고 있어 1인 가구의 비중은 더욱 커질 것으로 보인다.

한편 1인 가구가 늘어나면서 자연스럽게 가족 구성원끼리의 인적 네트워크도 약화되어 자살이나 고독사 같은 사회문제도 심각해지고 있다. 그중에서도 젊은 층이 맞부딪혀야 하는 높은 부동산 가격, 외로움, 치안 등의 문제점은 쉽사리 해결되기 어려운 부분이었는데, 마침 그 대안책으로 쉐어하우스가 등장했다. 쉐어하우스는 주거 비용을 절약하면서도 서

(단위: %)

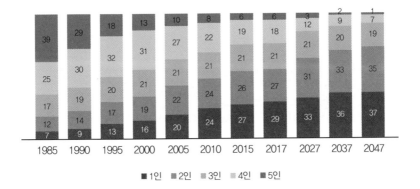

* 2027, 2037, 2047년은 추정치

자료: 한국주택금융공사

로를 돕는 안전망 역할을 할 수 있기에 특히 20대 여성을 중심으로 빠르게 전파되었다. 그 결과 2011년 무렵 국내에 첫 등장한 이후로 2017년까지 매년 100%에 달하는 성장률을 자랑하며 시장이 빠르게 확대되고 있다.

긴 관리 텀 및 월세 절감

쉐어하우스는 보통 3~6개월 단위로 계약하기 때문에 입주자가 1명 들어오면 그 사람의 계약이 끝난 다음 다른 입주자를 구해야 할 때까지 짧지 않은 시간이 지나야 한다. 그만큼 다른 공간대여업에 비해 상대적으로 신경 쓸 일이 적다는 의미기도 하다. 그리고 만약 만실이라면 따로 홍

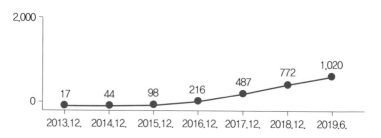

•• 연도별 전국 쉐어하우스 증가 추이

(단위: 개)

2,000

17　44　98　216　487　772　1,020

0

2013.12.　2014.12.　2015.12.　2016.12.　2017.12.　2018.12.　2019.6.

자료: 컴앤스테이

보할 필요가 없으니 예약 문의를 받을 일도 적고, 한 달에 1~2번 혹은 입주자의 요구가 있을 때 적절한 관리를 해주면 되니 다른 사업에 비해 관리하는 사람의 자유도가 높은 편이라 할 수 있다.

또 필자처럼 1인 가구가 직접 입주자와 함께 살며 쉐어하우스를 운영 한다면 비용 면에서도 이득이다. 혼자 살 때는 집 크기가 작아도 30만~ 50만 원 정도 월세를 지출해야 했지만, 쉐어하우스를 운영하며 그곳에 함께 산다면 더 크고 좋은 집에 살며 몇십만 원 이상의 추가 수익을 얻을 수 있다. 이뿐만 아니라 혼자 살 때 겪어야 했던 외로움과 불안 등에서도 벗어날 수 있다. 특히 사교적인 성향인 사람이라면 다양한 사람과 함께 지내며 긍정적인 에너지를 얻을 수 있다는 것도 큰 장점이다.

홍보 채널 및 수익률

쉐어하우스는 국내에 도입된 지 오래되지 않은 콘셉트라서 아직까지 보편화된 대형 플랫폼이 없다. 그래서 다음과 같이 다양한 채널에 직접 홍보해야 한다는 번거로움이 크다.

- 인터넷 커뮤니티: '피터팬의 좋은방 구하기' '아이러브쉐어하우스'와 같은 네이버 카페나 대학생 커뮤니티인 '에브리타임'이 대표적이다. 게시글은 자주 올릴수록 효과가 좋다.
- 애플리케이션: 고시원 및 쉐어하우스, 원룸 등이 등록되어 있는 '고방'이 대표적이다. 이런 애플리케이션의 경우 처음 한 번만 등록해놓으면 알아서 문의가 오기 때문에 편리하다.
- SNS: 개인 역량에 따라 블로그, 인스타그램, 페이스북, 유튜브 등을 함께 운영한다면 홍보 효과를 더욱 높일 수 있다.

쉐어하우스는 한 지점당 나올 수 있는 최대 수익(만실)이 정해져 있으며, 장기 임대이다 보니 다른 사업에 비해 수익률이 떨어지는 편이다. 평균적으로 20평 내외의 집에 4~6명이 사용할 가구와 가전을 세팅해야 하는 만큼 초기 투자 비용이 상대적으로 크다는 것도 단점이다.

문화가 된
에어비앤비

세계 최대 숙박 공유 플랫폼인 에어비앤비. 처음에는 자신이 가지고 있는 빈방이나 빈집을 합당한 비용으로 일정 기간 타인에게 빌려주자는 취지에서 시작되었으나, 시장의 긍정적인 반응으로 현재는 일반 숙박시설처럼 사업적으로 운영되는 경우가 대다수다. 호텔이나 펜션 등 다른 숙박시설이 해당 지역의 문화를 느끼기 힘들고 비싼 반면에, 에어비앤비 숙소는 사업적으로 운영되더라도 예쁘게 꾸며진 가정집의 모습에 가까워 마치 현지인이 된 듯한 느낌을 만끽할 수 있기 때문이다. 거기에 합리적인 가격은 '가성비'를 찾는 여행객에게 인기를 끌 수밖에 없었다.

에어비앤비 시장 현황

에어비앤비는 2010년 한국 시장에 진출한 이후 꾸준한 성장세를 보이고 있다. 이미 젊은 세대에서 친숙하게 이용하는 숙소 예약 플랫폼으로 자리 잡은 지 오래다.

에어비앤비 광고 문구

2018년 기준 에어비앤비의 국내 경제 파급 효과는 무려 약 1조 4천억 원으로, 세계 16위에 해당한다. 국내의 에어비앤비 숙소를 이용한 방문객 수는 294만 명에 달하며 1인당 하루에 평균 16만 원을 소비한다고 한다. 방문객들은 여행 지출액 중 40%가량을 머무는 숙소 근처에서 사용한다고 답했다. 비싼 호텔 대신 에어비앤비를 선택함으로써 절약된 숙박료가 지역 경제를 살리는 데 쓰이고 있는 것이다.

한편 주요 관광지가 아닌 외곽 지역에서 에어비앤비를 운영하며 경제적 자유를 얻고 안정적인 노후를 준비하는 호스트도 적지 않다.

강력한 플랫폼의 힘

전 세계 10만 개 도시 속 8억 명의 누적 사용자를 자랑하는 에어비앤비는 국가를 뛰어넘어 세계적으로 사용 가능한 숙박 공유 플랫폼이다. 숙소 등록만 잘 해두어도 손님들은 알아서 잘 찾아오기 때문에 추가적인

•• 국내 에어비앤비 숙박 공유 현황

(단위: 건, 누적치, 연평균 52% 성장)

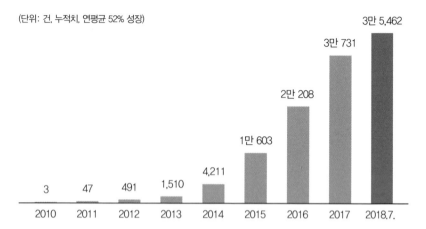

2010	2011	2012	2013	2014	2015	2016	2017	2018.7.
3	47	491	1,510	4,211	1만 603	2만 208	3만 731	3만 5,462

자료: 에어디엔에이

•• 에어비앤비 연간 경제적 효과

 국내 에어비앤비 방문객
294만 명

 국내 경제적 파급효과
1조 3,700억 원

한국 경제적 파급 효과 순위
세계 16위

 전 세계 경제적 파급 효과
110조 원

 창업 후 전 세계 호스트 수입 71조 5천억 원

국내 호스트
"주거비 마련에 도움되었다."
75%

국내 호스트
"동네 맛집 추천해줬다."
53%

국내 게스트 지출액 중 주변 동네에 사용한 비율 ⟶ 평균 40%

자료: 에어비앤비

마케팅이나 홍보에 많은 비용을 들일 필요가 없다. 또 에어비앤비에서 제공하는 숙소 등록 가이드라인은 상세하고 체계적이라서 그저 안내에 따라 숙소 정보와 제공 서비스를 입력하면 간단히 등록이 이루어진다. 숙소를 개선하고 손님의 시선을 끌 수 있는 방안도 꾸준히 제시해주기 때문에, 관련 경험 및 지식이 부족한 사람도 쉽게 호스트가 될 수 있다는 것이 에어비앤비의 큰 장점이다.

합법이냐 불법이냐

국내에서 합법적으로 에어비앤비 사업을 하려면 크게 세 가지 방법이 있다. 첫째, 도시 지역에서 '외국인관광 도시민박업' 허가를 받는다. 둘째, 시골 지역에서 '농어촌민박업' 허가를 받는다. 셋째, '한옥체험업' 허가를 받는다. 하나씩 알아보자.

　외국인관광 도시민박업은 원룸 및 오피스텔이라면 등록할 수 없으며, 아파트라면 동 전체 주민의 동의를 받아야 한다. 또한 사업자가 해당 주소지에 전입신고 후 실거주하고 있는 형태여야 한다. 즉 호스트가 실제로 해당 집에 살면서 남는 방을 손님에게 빌려주는 조건으로 가능한 것이다. 기존에는 외국인 손님만 받을 수 있었지만 2019년부터 1년 최대 180일까지 내국인 손님도 받을 수 있도록 개정되었다. 그러므로 도시에서 에어비앤비를 운영할 때 호스트가 실제로 해당 숙소에 거주하지 않거나, 180일 이상 내국인 손님을 받을 경우 모두 불법 운영에 해당된다.

　농어촌민박업은 농어촌에 위치한 주택에 한해 신청할 수 있으며, 외국인관광 도시민박업과 마찬가지로 호스트가 실제로 해당 숙소에 거주하고 있어야 한다. 다만 도시민박업과 달리 규제 없이 내국인을 받을 수 있다.

마지막 한옥체험업은 전통문화체험에 적합하며 적절한 숙소 시설을 갖춘 한옥에 해당된다. 농어촌민박업과 마찬가지로 내국인, 외국인 손님을 모두 받을 수 있다.

이처럼 공간대여업의 종류마다 분명한 기준이 있음에도 불구하고 에어비앤비 사이트에 접속해보면 오피스텔 혹은 원룸에서 운영되는 숙소를 쉽게 찾아볼 수 있으며, 호스트가 함께 거주하지 않는 경우도 허다하다. 에어비앤비에 등록된 많은 숙소가 불법적인 영역에 자리 잡고 있으나 단속이 강경하지 않아 이를 감수하고 운영하는 경우가 대다수다. 하지만 적발되어 1천만 원 이하의 벌금형 혹은 징역형까지 처해진 사례가 있기 때문에 최대한 조건을 갖춰 법의 테두리 안에서 안전하게 사업을 시작하는 것을 추천한다.

2030을 중심으로 급성장하는 파티룸

#낮은보증금 #최소한의투자비용 #예약관리는필수

공간을 대여해 시간당 일정한 금액을 내고 자유롭게 이용할 수 있는 파티룸. 아직도 그 개념 자체를 낯설게 느끼는 사람이 많지만, 생일 파티부터 브라이덜 샤워, 동호회, 프러포즈, 데이트, 동창회 등 그야말로 모든 종류의 모임에 적합한 공간인 파티룸은 앞으로의 성장 가능성이 무궁무진하다. 공간 전체를 단독으로 사용해 프라이버시가 보장되고, 일반 술집이나 음식점보다 오히려 가성비가 좋다는 특징 때문에 젊은 층 사이에서 더욱 빠르게 확산되고 있다. 또한 업주로서도 쉐어하우스, 에어비앤비와 비교했을 때 임차료가 비교적 저렴하고 관리하기가 훨씬 편하다. 과연 파티룸에는 어떠한 장단점이 더 있을지 한번 살펴보자.

파티룸 '시혜적동물'에서 즐기는 모임

파티룸 시장 현황

국내 대다수의 파티룸이 등록된 대표적인 공간 공유 플랫폼 '스페이스 클라우드'는 2015년 1천만 원으로 시작해 2020년 누적 거래액 400억 원을 달성할 만큼 빠르게 성장하고 있다. 네이버에서 검색된 '파티룸' 키워드 2020년 검색률도 2016년 대비 31%가 증가했다.

이처럼 파티룸 시장이 급속히 확대되는 이유는 MZ세대라 불리는 10~30대의 이용자들이 주 소비자 층으로 자리 잡았기 때문이다. 독립적이고 행동력이 강한 이들은 자신만의 취향을 담아 공간을 직접 꾸민다. 모임을 주최하거나 공연을 진행하기도 하며 불특정 다수보다 특정 소수와 밀도 높은 시간을 가지는 것을 중요하게 여긴다. 이들이 주최한

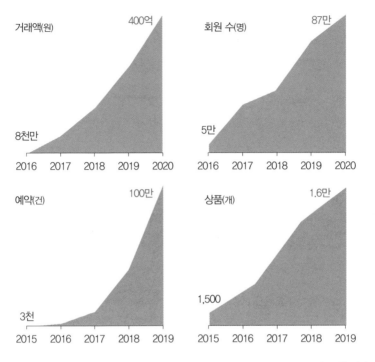

●● **스페이스클라우드의 5개년 서비스 지표**

거래액(원)
400억
8천만
2016 2017 2018 2019 2020

회원 수(명)
87만
5만
2016 2017 2018 2019 2020

예약(건)
100만
3천
2015 2016 2017 2018 2019

상품(개)
1.6만
1,500
2015 2016 2017 2018 2019

자료: 엔스페이스

소셜 모임, 팬클럽, 일일 클래스 등 다양한 형태의 소규모 모임이 각광을 받으면서 파티룸에 대한 수요는 더욱 높아지고 있다.

쉽고 빠른 창업

파티룸은 쉐어하우스, 에어비앤비와 달리 주로 상가 건물을 계약해 필요한 보증금이 1천만~2천만 원 내외로 낮다. 또 주거 및 숙박 공간이 아니기 때문에 침대나 책상, 옷장 등 필수로 구매해야 하는 가구 및 가전, 소

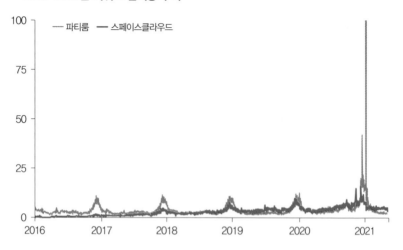

•• 2016~2021년 키워드 검색량 추이

```
100 ─ 파티룸  ── 스페이스클라우드
```

* 최대 검색량 100으로 설정, 연말 모임으로 인해 매년 12월마다 검색량 폭등

자료: 네이버 데이터랩

품의 종류도 적다. 즉 최소한의 투자 비용으로 부담 없이 시작할 수 있다는 것이 큰 장점이다.

또한 파티룸은 시간 단위로 단기 대여를 해주기 때문에 보통 짧으면 한 시간부터 길면 반나절까지 이용한다. 따라서 기본적인 단가가 높고, 하루에 여러 팀을 받을 수도 있어 장기 임대보다 훨씬 높은 수익을 낼 수 있다는 점도 매력적이다.

번거로운 예약 관리

대여 주기가 짧은 만큼 전화 및 문자, 카카오톡 등 다양한 채널을 통한 예약 문의가 잦다. 파티룸은 24시간 운영하는 곳이기 때문에 밤 늦은 시간에 문의가 오는 경우도 적지 않다. 상당수의 전화 문의는 곧바로 예약으로 이어지기 때문에 부재중 전화를 만들지 말아야 한다. 만약 전화를 놓쳐 뒤늦게 확인하고 다시 전화를 건다면 문의자가 이미 다른 곳에 예약을 완료했을 확률은 99%다.

파티룸은 음주가 가능한 곳인 만큼 시설 파손 및 소품 분실의 위험도 큰 편이다. 갑자기 전자기기가 작동하지 않는다든지 소모품이 떨어졌다든지 등 예상치 못한 사건이 발생해 영업장에 달려가야 하는 일도 가장 많은 공간대여업이다.

나에게 맞는
공간대여업 찾기

#초기투자금 #수익성 #관리빈도 #청소난이도

초기 투자금(적은 순)

파티룸 > 에어비앤비 > 쉐어하우스

파티룸은 보통 상가 보증금 1천만 원, 인테리어 비용 500만 원 정도면 시작할 수 있어 초기 투자금이 크지 않은 편이다. 월세도 50만~100만 원 선으로 셋 중 가장 저렴하게 공간을 구할 수 있다.

에어비앤비와 쉐어하우스는 보통 일반 주택에서 개업하는 경우가 많기에 보증금이 최소 몇천만 원부터 시작하며 그 범위 또한 넓다. 월세도

구분	에어비앤비	쉐어하우스	파티룸
이용 기간	1일~1개월 이상	3개월~1년	1시간~반나절
주요 타깃	외국인, 여행자	대학생, 취업준비생, 사회초년생	10~30대 여성
플랫폼	에어비앤비	네이버 카페 (피터팬의 좋은방 구하기 등)	스페이스클라우드
장점	플랫폼 활성도	긴 관리 텀	낮은 초기 비용, 높은 수익률
단점	법적 규제	입주자 모집, 관리	잦은 예약 관리

100만~200만 원 내외인 경우가 많다. 그나마 에어비앤비는 2인실로도 충분히 운영할 수 있으나 쉐어하우스는 최소 4인 이상이 살 수 있는 집을 구해야 하기 때문에, 쓰리룸 이상의 집을 구하려면 그만큼 초기 비용이 높아질 수밖에 없다.

수익성(높은 순)

파티룸 > 에어비앤비 > 쉐어하우스

* 월 수익＝월 매출 − 월 비용(월세, 관리비, 공과금, 소모품비, 청소비 등)

일반적으로 시간당 임대료는 가장 높고 월세는 가장 낮은 파티룸의 수익률이 가장 높은 편이다. 필자가 운영하는 파티룸의 월 수익률은 약 60~70%며, 쉐어하우스는 40~50% 내외였다. 에어비앤비는 여행 성수기와 비수기에 따라 수익률이 크게 달라질 수 있으며, 쉐어하우스는 만실을 채우는 것이 중요하다. 물론 월 수익은 월세나 전세, 자가 여부에 따라 크게 바뀔 수 있으므로 본인의 상황에 맞춰 계산해보는 게 좋다.

관리 빈도(적은 순)

쉐어하우스 > 에어비앤비 > 파티룸

계약 단위가 긴 쉐어하우스가 가장 관리하기 용이하다. 입주자를 구하기까지는 어려울 수 있지만 입주 후에는 순조롭다. 입주자 간에 큰 불화만 없다면 신경 써야 하는 일은 적다. 또한 관련 문의도 가장 적고, 전화를 실시간으로 받지 못하더라도 다시 연락해 투어 일정을 잡으면 되기에 항시 휴대폰을 붙들고 있을 필요가 없다.

에어비앤비는 비교적 문의가 잦다. 영어 외에 중국어나 일본어 등 다양한 언어로 문의가 올 수도 있지만 앱에서 번역 기능을 지원하고, 전화가 아닌 메신저를 통해서 문의가 오기 때문에 관리가 까다롭지는 않다. 입실 안내와 이용 안내 등도 미리 등록해두면 자동으로 게스트에게 안내되어 신경 쓸 일이 적다.

반면 파티룸은 전화, 문자, SNS 등 여러 플랫폼을 통해 문의가 쏟아지며, 답이 조금이라도 늦으면 손님을 놓치는 경우가 빈번하기 때문에 항상 휴대폰을 가까이 하고 있어야 한다. 시설 이용 중에 오는 문의사항이나 컴플레인도 셋 중 가장 많다.

청소 난이도(낮은 순)

쉐어하우스 > 파티룸 > 에어비앤비

쉐어하우스는 기본적으로 거주자들이 청소하도록 정해놓는다. 다만 이로 인한 불화가 없도록 각자의 청소 구역과 규칙을 정해주고, 화장실이나 부엌 등 공용 공간은 한 달에 1~2번 정도 청소 업체를 보내주는 것이 일반적이다.

파티룸은 보통 사전에 일정 금액의 청소 보증금을 받으며, 퇴실 후 청소 상태에 문제가 있을 경우 보증금을 돌려주지 않는다. 이러한 청소 보증금 제도 덕분에 이용자의 90%가 파티룸을 깨끗하게 사용한다. 이용자가 청소를 하고 가면 관리자는 다음 이용자를 위해 정리, 정돈 및 쓰레기 봉투 교체 정도만 하면 되기에, 실질적으로 청소하는 시간은 20~30분이면 충분하다. 청소 난이도가 낮은 만큼 관리자가 직접 하거나, 저렴한 청소 아르바이트를 고용하기도 한다. 물론 술을 마실 수 있는 공간이라서 엉망진창으로 해놓고 가는 경우도 있지만 청소 보증금을 받으면 되기에 손해는 크지 않다.

에어비앤비는 전문 청소 업체를 쓰는 일이 많다. 보통 청소 보증금이 따로 없기에 규정과 관계없이 집 내부를 엉망으로 해놓고 퇴실하는 사람이 많기 때문이다. 그리고 이용자가 장기 투숙을 한다면 벽지나 장판, 세면대, 변기 등 기반 시설 자체가 망가지는 경우도 적지 않아 유지, 보수 비용이 많이 들어가는 편이다.

쉐어하우스 창업에 적절한 경우

– 월세 혹은 전세를 세주고 있는 자가주택이 있는데 수익률을 더 올리고 싶다.

– 쉐어하우스에 직접 살며 삶의 질을 높이고, 월급 외 추가 수익도 얻고 싶다.

– 본업이 바쁘기 때문에 최대한 시간적 여유가 많은 부업을 원한다.

에어비앤비 창업에 적절한 경우

– 합법적으로 허가를 받아 운영할 수 있는 조건이다.

– 다양한 국가의 새로운 사람들을 만나기 좋아한다.

– 에어비앤비 이용 경험이 많으며, 인테리어를 잘 꾸밀 수 있다.

– 휴대폰을 다루는 데 능숙하며 영어로 기본적인 소통이 가능하다.

파티룸 창업에 적절한 경우

– 창업 자금이 1,500만 원 미만이다.

– 시간이 여유로워 실시간 응대가 가능하거나 도와줄 동업자나 가족이 있다.

– 나만의 작업실이나 모임 공간이 필요한데 추가적인 수익도 내고 싶다.

포스트 코로나 시대,
공간대여업은 안전할까?

#에어비앤비의발빠른대응 #코로나19에각광받는파티룸

전 세계를 덮친 코로나19 바이러스로 인해 피해를 본 업종이 많다. 상승세이던 공간대여업 시장 역시 몸을 사리고 있는 추세다. 소비 시장이 전반적으로 축소된 상태라 어느 정도 타격은 있을 수밖에 없다. 그러나 공간대여업은 대부분 소수 인원을 대상으로 단독 대관이 이루어진다는 특징이 이점으로 작용했다. 소비자들에게 불특정 다수가 오가는 다중집합시설보다 안전하다고 인식된 것이다. 그래서 코로나19로 인한 공간대여업의 피해는 다른 업종보다 적은 편이라고 볼 수 있다. 또한 코로나19가 지나간 이후에도 한동안 지인 위주의 소수 단위 모임이 더욱 성행할 것으로 예측되어, 공간대여업에 대한 수요 역시 꾸준히 증가할 것으로 보인다.

쉐어하우스

코로나19는 쉐어하우스 운영에도 영향을 미쳤다. 코로나19로 직격탄을 맞고 사업을 접거나 월세 임대로 전환한 쉐어하우스 업주들이 적지 않다. 이들이 운영하던 쉐어하우스의 공통점은 대부분 대학가에 자리 잡았다는 점이다. 코로나19 감염 위험 때문에 전국 각지의 대학교에서는 개강을 연기하거나 대면 강의 대신 온라인 강의로 수업을 대체했다. 이 때문에 방학이 끝나면 전국에서 학교 근처로 몰려들었던 수많은 대학생이 전부 사라져버린 것이다.

코로나19가 없는 세상에서 쉐어하우스가 대학교 근처에 자리 잡고 있다는 것은 큰 강점이다. 기숙사에 들어가지 못한 학생들에게 쉐어하우스가 몹시 매력적인 대안책이 되어주기 때문이다. 대학교 커뮤니티가 활성화되어 있기 때문에 방을 홍보하기도 용이하고, 나이가 어린 학생들은 요구사항이 까다롭지 않으며, 쉐어하우스 이용자끼리 같은 학교 학생이라는 공통점이 있기 때문에 서로 유대감이 생겨 쉽게 친해진다는 다양한 장점이 존재하기도 한다.

하지만 누구도 예측할 수 없었던 코로나19로 인해 숙소가 필요한 대학생들이 장기간 사라져버렸고, 이에 많은 쉐어하우스가 월세를 감당할 수 없어 결국 사라졌다.

반면 대학가에 위치하지 않은 쉐어하우스는 코로나19 이전과 크게 달라진 점이 없었다. 필자가 운영하는 쉐어하우스 '선녀방'도 마찬가지였다. 선녀방은 애초에 취업준비생 혹은 사회초년생, 직장인 등 다양한 구성원이 이용하는 쉐어하우스였으며, 서울에서 보다 안전하게 자취를 하고자 하는 여성들의 수요는 코로나19 이후에도 꾸준하게 이어졌기 때문에 아무런 타격 없이 운영을 이어갈 수 있었다.

이처럼 같은 업종이라 하더라도 성격과 타깃, 상황에 따라 운영 과정과 결과가 완전히 달라질 수 있다. 물론 코로나19가 지나가더라도 언제든 새로운 위기는 닥칠 수 있다. 따라서 쉐어하우스를 운영하고 싶다면 현재 확실해 보이는 하나의 타깃에 올인하기보다 한 가지 가능성이 사라져도 대체할 수 있는 다음 타깃이 존재하는 유연한 콘셉트를 고민해봐야 할 것이다.

에어비앤비

코로나19로 인해 한국을 방문하는 외국인 여행자 수가 급감하면서 외국인의 숙소 예약 문의도 확연히 줄어들었다. 그런데 이러한 상황과 동시에 '자가 격리자'라는 새로운 수요가 탄생했다. 해외에서 갓 입국하거나 코로나19 확진자와 접촉했을 경우 코로나19 감염 위험성이 크다는 판단에 따라 2주간 의무적으로 자가 격리를 해야 한다는 원칙이 생겼고, 자가 격리를 위해 에어비앤비를 이용하는 사람들이 생겨난 것이다.

만약 숙소가 외국인이 많이 방문하는 여행지에 위치했다면 매출에 큰 타격을 입었을 수도 있지만, 도심에서 내국인을 중심으로 운영하는 숙소라면 코로나19 이전과 이후의 차이가 미미하다. 오히려 제주도 등 일부 지역의 경우 국내 여행에 대한 수요가 늘어 매출도 상승한 케이스가 존재한다.

실제로 코로나19로 인해 위기를 맞닥뜨린 에어비앤비 본사는 전체

직원의 25%를 정리해고 하고 근거리 여행 위주로 마케팅을 진행하는 등 발 빠르게 대응했다. 그 덕분에 코로나19로 여행자가 줄어들며 부진했던 실적을 2020년 3~4분기에 흑자로 전환해 위기관리 능력을 입증했고, 나스닥 상장 첫날 시가총액 100조 원을 돌파했다. 이는 호텔 체인 메리어트와 힐튼의 시총을 합한 것보다 크고 세계 최대 온라인 여행사인 익스피디아의 5배에 달하는 규모다.

물론 에어비앤비의 2020년 3분기 총 예약금은 전년 동기 대비 17.5% 감소했지만, 경쟁 업체인 부킹홀딩스(-47.1%)와 익스피디아(-67.9%)에 비하면 압도적인 회복률을 보여주고 있다. 이번 위기로 인해 오히려 치명적인 위기 상황에서 유연하고 빠르게 대처하는 내실이 검증된 만큼, 에어비앤비는 코로나 시대를 무사히 버텨내고 한 단계 더 크게 도약할 것으로 예측한다.

파티룸

필자가 운영 중인 파티룸 '시혜적동물'은 사실 코로나19가 한창 진행 중인 2020년 3월에 운영을 시작했다. 주변의 우려에도 불구하고 시작과 동시에 예약 문의는 줄을 이었고, 오히려 코로나19가 기회가 될 수 있겠다는 판단하에 2020년 8월 2호점을 열게 되었다. 그리고 같은 해 12월 3호점을 오픈한 데 이어 2021년 1월 4호점 계약을 완료한 상황이다.

흥미롭게도 파티룸 매출이 급등했던 시기는 2020년 8월, 코로나19 확진자 수가 급등했던 시기와 일치한다. 타인과 접촉할 수 있는 외부 공간은 위험할 수 있다는 불안감에, 이용자들은 오히려 파티룸을 안전 지

•• 2020년 전국 코로나19 확진자 수와 파티룸 '시혜적동물' 이수점 매출 현황

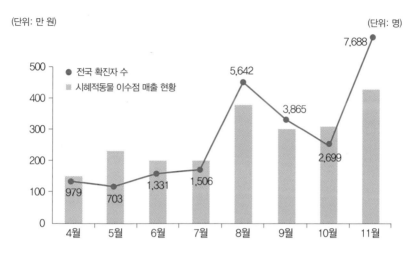

(단위: 만 원)

(단위: 명)

● 전국 확진자 수
■ 시혜적동물 이수점 매출 현황

7,688
5,642
3,865
2,699
979
703
1,331
1,506

4월 5월 6월 7월 8월 9월 10월 11월

대로 인식했고 그에 따라 파티룸이 새로운 모임 장소로 각광받았던 것
이다. 파티룸 매출과 2020년 월별 전국 확진자 수를 그래프로 만들어
비교해보니 실제로 비슷한 추이를 보였다.

물론 모든 파티룸이 이 같은 양상을 보이는 것은 아니다. 시혜적동물
이 코로나19 상황에 강세를 보였던 까닭은 다음과 같다. 첫 번째는 10인
이하의 소규모 파티룸, 두 번째는 1~2시간 정도의 단기 대여 가능, 세
번째는 소수가 사용하기에도 부담 없는 가격이라는 특징 때문이었다. 실
제로 시혜적동물도 7인 이상의 모임 및 동창회, 브라이덜 샤워 등 몇 주
전부터 미리 잡혀 있던 큼지막한 예약들은 코로나19로 인해 대부분 취
소되었다. 대신 2~3명 단위의 소규모 모임 및 즉흥적인 만남 등 새로운
형태의 예약들이 쏟아져 오히려 매출이 상승했던 것이다.

●● 파티룸 운영안 비교 예시

구분	파티룸 A	파티룸 B
인원	10인 미만	최대 50명
시간	1시간부터 가능	낮, 밤 패키지로 가능
가격	시간당 3만 원 이하	패키지 20만~30만 원
콘셉트	오붓하게 도란도란	특별한 날 화려하게

표를 살펴보자. 코로나19 시대에는 어떤 파티룸의 예약률이 더 높을까? 답은 파티룸 A다. 기존 이용자들에게 파티룸은 전국 각지의 지인들이 오랜만에 모이는 특별한 날에 이용하는 곳이라는 인식이 강했다. 따라서 높은 가격대를 감수해 한참 전부터 계획을 세워 예약을 잡아야 하는 장소였다.

그러나 하루하루 어떻게 양상이 바뀔지 모르는 코로나19 시대에는 이런 단체 모임은 취소될 확률이 높다. 대신 연인이나 친구끼리 위험을 줄이기 위해 식당 혹은 카페에 가지 않고 파티룸을 선택하는 소비자가 대폭 늘어났다. 따라서 앞으로는 코로나19 시대에서 살아남기 위한 유리한 운영 방식을 고려해 이를 유연하게 활용할 필요가 있다. 하지만 코로나19 시국에는 단가가 낮아 운영 효율이 떨어지는 소규모 예약만 들어온다. 거기에다 최악의 경우 2020년 연말이나 2021년 연초처럼 정부에서 집합금지명령을 내려 강제로 운영을 중단해야 하는 상황까지 맞닥뜨릴 수 있기에 결국 안정적인 운영을 위해서는 코로나19의 종식이 최우선이다.

그렇다면 코로나19가 완전히 사라진 이후 오히려 파티룸에 대한 수요는 줄어들지 않을까 하는 의문도 들 것이다. 코로나19로 인한 악영향은 분명히 있지만, 이로 인해 오히려 파티룸의 존재가 자연스럽게 대중에게 알려졌다. 그리고 수많은 사람이 코로나19 종결 이후로 모든 모임을 연기한 만큼 코로나19 종식과 더불어 또 한 번 훌쩍 뛰어오를 매출을 기대해봐도 좋을 것이다.

예비 창업자가
가장 궁금해하는 Q&A

Q. 어느 지역에서 시작하는 게 좋을까요? 번화가가 유리하겠죠?

A. 정답은 정해져 있습니다. 무조건 집에서 가까운 곳에서 하세요. 물론 번화가가 집 근처라면 좋겠지만, 그렇지 않더라도 굳이 먼 곳까지 갈 필요는 없습니다. 집에서 가깝든 직장에서 가깝든, 본인이 제일 잘 알고 익숙한 동네에서 시작하는 것이 가장 유리합니다. 공간 대여업을 운영하다 보면 생각보다 크고 작은 사건, 사고가 자주 발생할뿐더러 매니저나 청소 담당이 따로 있더라도 사장의 관리 여부에 따라 장소 및 서비스의 퀄리티가 달라집니다. 그래서 적어도 대중교통으로 30분 이내에 갈 수 있는 거리 안에서 시작하는 것을 추천합니다.

에어비앤비든 쉐어하우스든 파티룸이든, 사람 사는 동네에 위치하고 있다면 수요는 무조건 있습니다. 근방에 비슷한 업종이 없다면 오히려 큰 기회가 될 수도 있습니다. 번화가는 번화가대로, 외곽은 외곽대로 각기 장단점이 있으니 지역은 크게 신경 쓰지 않아도 무방합니다.

Q. **정말 최소로 잡는다면 초기 비용은 얼마가 필요할까요?**

A. 일단 셋 중 가장 적은 비용으로 시작할 수 있는 사업은 파티룸이겠죠. 상가 보증금을 1천만 원으로 잡고, 월세를 30만~50만 원 내외로, 인테리어 비용을 최저 300만 원으로 잡으면 1,500만 원 미만으로도 창업할 수 있습니다. 다만 그 금액만큼 시설 및 인테리어의 퀄리티가 떨어지는 점은 감안해야겠죠. 사실 파티룸이라는 같은 업종이더라도 초기 비용은 몇백만 원에서 몇억 원까지 천차만별입니다. 고급스러운 파티룸이라고 해서 무조건 예약률이 높은 것은 아닙니다. 따라서 금액을 무조건 키우는 것보다 본인이 가용할 수 있는 한도 내에서 최상의 조합을 이끌어내는 것이 중요합니다.

Q. **사업자 등록은 필수인가요? 필수라면 어떤 업종에 속하죠?**

A. 모든 사업은 정식으로 운영한다면 사업자 등록이 필수입니다. 다만 공간대여업 자체가 우리나라에 자리 잡은 지 그리 오래되지 않아 관련 법률이 계속 추가되고 변화되고 있으므로 주의 깊게 지켜봐야 합니다.

쉐어하우스는 그동안 법적인 의무가 없었으나, 2020년부터는 수익이 2천만 원 이하라도 무조건 사업자 등록을 해야 하는 방향으로 바뀌었습니다. 업태는 부동산업, 종목은 자가라면 임대업(일반 주택임대), 전·월세라면 주택전대업에 속합니다.

에어비앤비는 합법적으로 운영하려면 '외국인관광 도시민박업' '농어촌민박업' '한옥체험업' 중 한 가지로 허가받은 후 사업자를 등록해야 합니다. 업태는 숙박 및 음식점업, 종목은 숙박공유업에 속합니다.

파티룸도 마찬가지로 사업자 등록은 필수입니다. 업태는 서비스업, 종목은 공간대여업입니다.

Q. 적절한 가격은 어떻게 정하면 될까요?

A. 주변 시세를 먼저 조사해야 합니다. 지도를 기반으로 도보 20분 내외에 위치한 경쟁 업체의 시설과 금액을 면밀히 검토해보고, 그 자료를 기반으로 자신의 영업장에 대한 가격을 책정해보세요. 내가 고객이라면 어떨지 생각해보는 겁니다. '근처에 비슷한 시설이 많은데 굳이 내 업소를 선택할 이유가 있을까?' '가격이 얼마 정도 되어야 경쟁력이 있을까?' 최대한 객관적으로 고민해보세요. 초반에는 아무래도 후기를 쌓기 위해 다소 저렴하게 시작하는 것을 추천합니다. 예약이 넉넉히 들어오면 가격을 살짝 올리고, 예약이 너무 없으면 가격을 낮춰볼 수도 있습니다. 또 시즌에 따라서 가격을 유동적으로 조절해야 합니다.

Q. **유료 홍보는 필수인가요? 어떤 방법이 가장 효과적일까요?**

A. 상황과 시기에 따라 적절히 사용하면 분명 효과는 있으나 필수 요소라고 보지는 않습니다. 블로그, 인스타그램, 커뮤니티 등 다양한 플랫폼을 적절히 사용하는 것만으로 유료 광고의 필요성을 느끼지 못할 정도로 예약을 꽉 채울 수 있기 때문입니다. 물론 시간적 여유는 부족하지만 금전적인 여유는 넉넉한 상황이라면 오히려 돈을 쓰는 게 효율적일 수 있겠죠.

당연히 가급적 많은 플랫폼에서 최대한 많이 노출시킬수록 좋겠지만, 공간대여업의 주요 고객은 20~30대 청년, 특히 여성들이 많기 때문에 해당 층이 많이 분포한 인스타그램을 집중적으로 공략하는 쪽을 추천합니다.

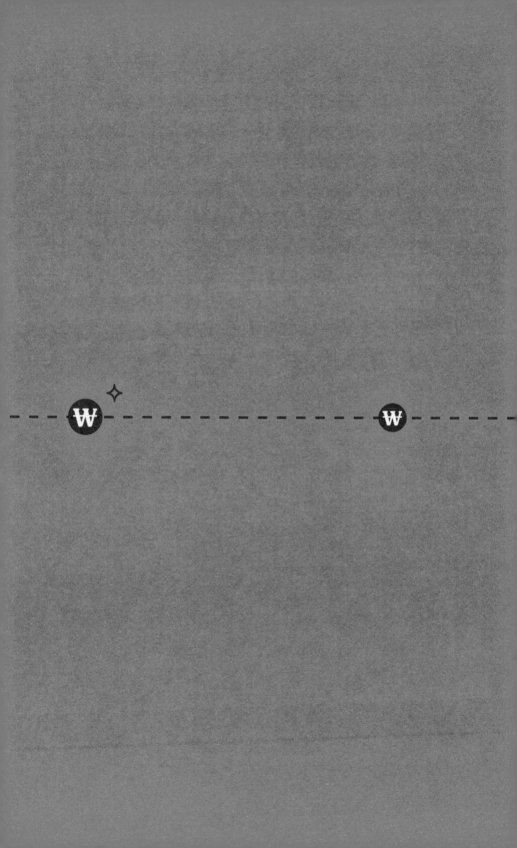

2장

얼마가 필요하고 얼마를 벌 수 있을까?

쉐어하우스, 에어비앤비, 파티룸 비용 및 수익률 비교

#창업비용 #초기자금 #투자대비높은수익률

초기 비용 및 수익률은 공간대여업을 창업하려는 사람들이 가장 궁금해하는 것이기도 하고, 새로운 사업을 시작할 때 가장 중요한 항목이기도 하다. 그런데 사실 업장마다 규모나 콘셉트, 메인 타깃, 운영 방식 등에 따라 초기 투자금 및 매출은 천차만별이기 때문에 평균값을 제시하는 것은 큰 의미가 없다. 대신 필자가 실제 공간대여업을 운영하며 얻은 데이터를 표로 정리해봤다. 자신의 상황과 비교해 참고용으로 활용하면 좋을 듯하다.

표로 정리한 모든 수익률은 가장 낮은 매출값을 기준으로 계산했다. 그럼 표의 각 항목별 세부 내용을 알아보도록 하자.

얼마가 필요하고 얼마를 벌 수 있을까?

53

•• 공간대여 업종 비교

구분	쉐어하우스	에어비앤비	파티룸
매물 특징	주택가, 17평 내외, 다세대주택 3층 방 3개 화장실 2개	주택가, 10평 내외, 다가구주택 2층 분리형 원룸	번화가, 10평 내외, 4층 옥탑
초기 투자금	보증금 3천만 원, 인테리어 600만 원	전세 1억 2천만 원 (대출 8천만 원 + 실투자금 4천만 원)	보증금 1천만 원, 인테리어 400만 원
투자 대비 수익률(1년)	26%	13.5%	154%
월 비용	월세 90만 원 + 관리·유지비 10만 원	대출 이자 + 관리비 15만 원	월세 60만 원 + 관리·유지비 10만 원
월 매출	180만 원	60만~120만 원	250만~300만 원
월 수익률	44%	75%	72%

초기 투자금과 투자 대비 수익률

쉐어하우스

필자가 쉐어하우스로 삼은 첫 번째 집은 서울시 동작구 상도동에 위치한 빌라의 3층 매물이었다. 2018년에 보증금 3천만 원에 월세 90만 원으로 2년을 계약했다. 신축 건물이었으며 주차장과 CCTV, 엘리베이터가 있었고 집 내부에 화장실 2개가 있었기 때문에 당시 상당히 저렴하게 나온 편이었다. 총 5명이 사는 집이므로 각자의 침대와 옷장, 책상, 서랍장과 공용으로 사용하는 에어컨, 세탁기, 건조기 등 생활에 필수적인 가전과 가구를 구매하는 데 600만 원 정도가 들었다.

1년 기준 수익률은 26%로 고정되어 있었다. 필자 본인을 제외한 입주자 4명에게 받는 월세가 항상 일정했으며 공실이 났던 적이 거의 없었기 때문에 가능한 일이었다.

에어비앤비

필자는 기존에 살던 전셋집을 에어비앤비로 활용했기 때문에 초기 투자금이 1억 2천만 원으로 다소 높은 편이었다. 이 중 8천만 원은 전세 대출금이었으며 4천만 원이 실제 투자금이었다. 자취방에 있던 기존 가구와 짐을 거의 그대로 놔뒀고, 집을 이용하지 않을 때만 대여해주는 목적으로 활용했기 때문에 특별히 인테리어 비용으로 들어간 것은 없었다.

1년 기준으로 수익률을 계산할 때 투자금은 실제 자금 4천만 원으로 잡았다. 에어비앤비의 1년 수익률은 13.5%로 셋 중 가장 낮은 편인데, 가장 수익이 높았던 달을 기준으로 계산해보면 수익률은 약 31.5% 정도가 나오니 참고 바란다.

파티룸

파티룸은 '시혜적동물' 1호점을 기준으로 작성했다. 파티룸 공간은 이수역 지하철 출구에서 30초 거리에 위치하고 있어 접근성이 무척 좋았으며, 상가 건물의 4층 옥탑을 단독으로 사용하는 조건이었다. 옥탑은 실내와 실외 공간으로 구분되었고 화장실은 한 층 아래 위치했지만 단독으로 이용할 수 있었다. 번화가에 위치한 매물치고 상당히 저렴한 가격인 이유는 건물이 많이 낡았고, 특히 옥탑이 방치된 상태였기 때문이었다. 관리비 없이 보증금 1천만 원에 월세 60만 원으로 1년을 계약했으며 테이블, 의자, 빔프로젝터, 소파와 책장 등 필요한 가전과 가구 및 소품을 채우는 데 400만 원 정도가 들었다.

파티룸은 154%라는 경이로운 수익률을 보여주는데, 월 최고 매출을 기준으로 하면 200%를 가뿐히 넘어선다. 여러 요인이 있겠지만 무엇보다 파티룸은 다른 두 사업에 비해 보증금으로 들어가는 금액이 압도적으로 적기 때문에 그만큼 수익률이 잘 나오는 편이라 볼 수 있다.

창업 비용

같은 업종이라 하더라도 사업의 방향성 및 여유 자금에 따라 초기 비용은 천차만별로 달라질 수 있다. 아래의 내용을 참고해 본인의 상황에 맞는 대략적인 예산을 짜보도록 하자.

쉐어하우스

쉐어하우스는 주택을 계약해야 하므로 보증금이 최소 몇천만 원에서 시작한다. 작은 집으로도 가능한 에어비앤비와 달리 쉐어하우스는 최소 4명 이상이 살아야 하므로 집의 크기가 커야 하고 보증금도 높을 수밖에 없다. 보통 한 집에 4~6명을 기준으로 잡으며 최소 방 3개, 화장실 2개가 있는 집이 필요하다. 물론 간혹 6명이 화장실 1개를 나눠 쓰기도 하나, 거주자들의 불편함이 크고 어필할 수 있는 장점이 줄어들기 때문에 결국 월세를 낮출 수밖에 없다.

거기에다 쉐어하우스는 인원수만큼 가구를 채워야 해 초기 비용이 상대적으로 높은 편이다. 그래서 중고 가구나 저가의 중소기업 브랜드

제품을 이용하기도 한다. 이 경우 인테리어 비용으로 500만 원 정도면 충분하지만, 품질은 보지 않고 너무 저렴한 제품을 구매한다면 쉽게 망가져 오히려 추가 비용이 들 수 있다. 그리고 거주자들이 컴플레인을 걸 수도 있기 때문에 적당히 합리적인 제품을 찾아야 한다. 쉐어하우스는 잠시 거쳐가는 곳이 아니라 기본적으로 몇 개월 이상 머무르는 '집'이다. 거주자가 실제로 주거 생활을 영위하는 데 불편한 것이 없을지 꼼꼼히 확인하자.

에어비앤비

에어비앤비도 쉐어하우스처럼 보통 빌라 및 주택, 오피스텔 등에서 운영하는 경우가 많다. 이런 주택은 보증금이 최소 몇천만 원부터로 다소 높게 시작한다. 심지어 전세를 받는다면 보증금이 억 단위로 넘어가는 경우가 부지기수다. 공간을 선정할 때 이것만은 꼭 기억하자. 에어비앤비는 호텔처럼 연인이나 가족, 친구 등 소규모 인원이 주로 이용하기에 굳이 큰 규모의 집을 계약할 필요는 없다. 오히려 2인용의 아담한 방을 찾아 그 안을 내실 있게 잘 꾸미는 것이 영업에 더 효과적이다.

인테리어에 들어가는 비용도 콘셉트에 따라 천차만별인데, 이 비용을 아깝다고 생각하지 말자. 일반적으로 돈이 들어간 만큼 숙박료도 더 높게 받을 수 있다. 필자는 기존 자취방을 그대로 활용했으므로 특별한 비용이 들어가지 않았지만 그만큼 저렴하게 빌려줄 수밖에 없었다. 만약 좀 더 투자해서 가구도 통일감 있는 것으로 바꾸고 침대 시트나 액자, 식물 등 소품에 힘을 줬더라면 더 높은 숙박료를 책정할 수 있었을 것이다. 인테리어 비용은 초기에만 발생하고 이후에는 크게 들어가지 않으므로, 처음부터 여유 있게 투자해 손님의 이목을 끌도록 고급스럽고 예쁘게 꾸민다면 오히려 장기적으로 수익률을 올릴 수 있다. 그러나 자금이 충분하지 않다면 초반에 리스크를 감수하고 무리하게 쏟아붓기보다, 일단 최소한의 비용으로 시작한 후 수요를 확인하며 조금씩 업그레이드하는 게 좋다.

파티룸

파티룸은 소음 문제로 인해 대부분 상가 건물을 계약한다. 상가 건물의 장점은 보증금이 500만~1,500만 원 내외로 형성되어 있어 주택에 비해 상당히 저렴하다는 것이다. 이런 이유로 파티룸은 세 가지 사업 중 가장 적은 초기 비용으로 시작할 수 있다.

어느 정도 평균적인 기준치가 정해진 쉐어하우스, 에어비앤비와 달리, 파티룸의 크기와 콘셉트는 그야말로 가지각색이다. 10평 미만의 소규모부터 30평 이상의 대규모 크기도 있고, 럭셔리를 지향하는 화려한 콘셉트부터 아기자기하고 소박한 감성 콘셉트까지 다양한 파티룸이 존재한다. 큰 평수에 고급스러운 인테리어를 접목하면 비용이 5천만 원을 훌쩍 넘어가고, 작은 평수에 셀프 인테리어로 진행한다면 500만 원 미만으로도 인테리어를 마칠 수 있다. 물론 파티룸의 매출 규모가 달라질 수 있으나 그만큼 투자 및 유지 비용도 상이하기 때문에 반드시 큰돈을 들인 파티룸의 수익률이 좋다고 보기는 어렵다. 각자의 장단점이 있으니 자신의 자금 상황에 맞춰 적당한 매물을 구해 신중히 인테리어를 진행하자.

월 비용, 월 매출, 수익률

쉐어하우스

쉐어하우스는 월세 90만 원에 건물 관리비, 소모품비 등을 포함해 매월 약 100만 원 정도의 고정비가 발생했다. 가스, 전기, 수도가 포함된 공과금은 각자 입주한 날짜에 맞추어 나눠 냈기 때문에 고정비에 포함하지 않았다. 초기 월세는 1인실 55만 원, 내부에 화장실이 있는 큰 2인실 42만 원, 2층 침대가 있는 작은 2인실의 경우 35만 원으로 책정했다. 여기에 개인별 관리비 1만 원을 더하면 월 매출은 정확히 178만 원이다(필자 몫의 관리비와 필자가 생활한 2층 침대가 있는 작은 2인실의 1인분 월세는 더하지 않았다). 월 매출에서 비용을 제한 월 수익률은 44%로 거의 고정되었다. 다만 멤버가 바뀔 때마다 환영회 및 송별회를 자비로 열어주었기 때문에 어느 정도 가감은 있을 것이다.

에어비앤비

필자는 기존 자취방을 그대로 에어비앤비 운영에 활용했다. 1~2%대 저금리의 전세 매물이었기 때문에 이자 및 공과금, 소모품을 포함해 매달 나가는 비용이 크지 않았다. 또 퇴근 후에 직접 청소했기 때문에 변동비를 더욱 아낄 수 있었고, 매출에 따라 월 75~90% 정도가 고스란히 수익으로 남았다. 인테리어 등에 전혀 공을 들이지 않은 대신 하루 5만 원 내외로 무척 저렴하게 대여해줬다. 그러나 만약 좀 더 투자해 인테리어에 신경을 쓰고 숙박료를 올렸다면 매출을 보다 많이 올렸을 것이다.

파티룸

파티룸은 운영 비용이 가장 적다. 건물 관리비도 없고, 초기에는 청소도 직접 했기 때문에 비용을 최소화할 수 있었다. 월 매출은 대략적인 평균치를 잡은 것으로 실제 최대 매출은 400만 원이 넘는다. 최소 매출은 처음 오픈했을 당시의 매출로 150만 원 내외다. 이때는 수요 조사를 위해 의도적으로 가격을 최대한 낮게 잡았던 상태인지라 예약이 많았음에도 불구하고 매출이 낮게 나왔다. 이후 가격을 점차 정상화하자 평균 매출은 200만~300만 원 정도로 유지되었다. 결론적으로 월세임에도 불구하고 파티룸의 월 수익률은 70~80%대로 상당히 높은 편이다.

쉐어하우스, 에어비앤비, 파티룸 유지와 수익 관리 팁

#고정적인지출 #비용최소화 #수익상승의길

고정비 및 변동비

공간대여업을 운영하며 꾸준히 발생하게 되는 비용에 대해 알아보자. 고정비는 월 매출과 관계없이 늘 고정으로 발생하는 비용, 변동비는 매출에 따라 추가적으로 발생하는 비용이다.

쉐어하우스

고정비에는 월세, 건물 관리비, 인터넷과 TV 요금, 정수기 요금, 청소비 등이 있다. 공과금은 이용자들이 사용한 만큼 나오기에 나눠서 계산하거나 월세에 고정적으로 추가하므로 비용에 포함하지 않았다. 정수기는 필수라고 보기는 어렵지만 활용도가 높기 때문에 여럿이서 살 때는 갖춰놓으면 큰 장점이 된다. 쉐어하우스는 화장실, 부엌, 분리수거 등 공용공간 청소를 몇 주에 한 번씩 전문 청소 업체를 불러 해결하는 경우가 많아서 청소비 또한 고정비에 포함했다. 물론 업체를 부르는 대신 실거주자들에게 전담시키거나 운영자 본인이 정기적으로 방문해 청소 서비스를 제공하는 방법도 있다.

변동비에는 소모품비, 행사 지원비, 유지·보수비 등이 있다. 보통 '관리비' 명목으로 추가 금액을 걷어 함께 쓰는 물품을 일괄 구매한다. 휴지, 물티슈, 세탁 세제, 쌀, 조미료, 쓰레기봉투 등이 여기에 속하는데 상세 항목은 운영자의 재량에 따라 얼마든지 달라질 수 있다. 관리비 명목으로 돈을 걷지만 실제 소모품비로 지출되는 비용은 쉐어하우스의 인원과 구성원의 행동 양식에 따라 가감될 수 있기에 변동비로 분류했다. 행사 지원비는 환영회, 송별회처럼 거주자의 친목을 위해 여는 작은 파티에 사용하는 비용이다. 일괄적으로 얼마의 비용을 지원해줄 테니 거주자들이 직접 구매하라고 할 수도 있고, 피자나 치킨 등의 음식을 집으로 시켜줄 수도 있다. 이 금액은 집의 멤버가 바뀔 때마다 추가로 발생한다.

에어비앤비

고정비에는 월세, 건물 관리비, 인터넷과 TV 요금, 공과금(가스, 전기, 수도) 등이 있다. 공과금은 손님이 늘수록 커지는 비용이긴 하나, 손님이 없을 때도 공간을 유지하기 위해 최소한으로 나가는 비용이 있으므로 여기에서는 고정비에 포함했다.

변동비에는 소모품비, 세탁비, 청소비, 유지·보수비 등이 있다. 에어비앤비는 숙박업소로 분류되므로, 숙박에 필요한 물품을 제공해줘야 한다. 가령 샴푸, 바디워시, 휴지, 쓰레기봉투, 음식물 쓰레기봉투 등이 여기에 해당한다. 이런 소모품은 손님이 나갈 때마다 얼마나 남았는지 확인하고, 혹시 다음 손님이 이용하는 동안 떨어지는 일이 없도록 여유분을 챙겨놓는 것이 좋다. 또 베개와 이불 등 침구류는 세탁이 필요하므로 여기에 대한 추가 비용이 발생할 수도 있다. 청소는 직접 할 수도 있고 업체를 쓸 수도 있는데, 사람을 쓴다면 1회당 평균 청소비는 최소 3만 원 정도다. 유지·보수비는 가구나 시설 등이 망가져 보수해야 될 경우 발생하는 비용으로, 자주 발생하지는 않지만 발생한다면 큰 금액이 들어간다.

파티룸

고정비에는 월세, 건물 관리비, 인터넷과 TV 요금, 공과금(가스, 전기, 수도) 등이 있다. 파티룸은 상가 건물에 위치한 경우가 많으므로 일반 주택과 달리 가스(내부에 보일러 시설이 없는 경우) 및 수도비(내부에 수도가 들어와 있지 않을 경우)가 발생하지 않기도 한다.

변동비에는 소모품비, 청소비, 유지·보수비 등이 있다. 파티룸의 주요 소모품은 휴지, 물티슈 등이 있을 것이고, 청소비는 에어비앤비와 마찬가지로 직접 할 수도 있으며 업체에 맡기거나 알바를 쓰기도 한다. 파티룸은 에어비앤비에 비해 청소 난이도가 낮기 때문에 아르바이트생을 고용하는 것이 가능한데, 이 경우 전문 업체를 쓰는 것보다 크게 비용을 아낄 수 있다. 구체적인 방법에 대해서는 4장에서 언급하도록 하겠다. 그러나 파티룸은 술을 마시는 손님들이 있기 때문에 잔이나 그릇이 깨지거나 접이식 의자 등 내구성이 약한 가구나 가전이 망가지는 경우가 자주 발생해 유지·보수비가 많이 들 수 있다.

수익 관리

매출을 늘리는 것만큼 고정비 및 변동비를 최소화하는 것도 중요하다. 코로나로 인한 집합금지명령처럼 예상치 못한 상황으로 매출이 줄어들게 된다면 비용을 최소화하는 것이 리스크를 견뎌낼 수 있는 최선의 방어책이다. 일단 공통적으로 자신에게 맞는 기준에서 최대한 낮은 월세 매물을 구하는 것이 핵심이다. 그다음 더 저렴하게 공급받을 수 있는 소모품 구매처를 구한다거나 청소 비용을 최대한 낮추는 등 조금이라도 비용을 낮출 수 있는 체계를 계속해서 구축해야 한다.

쉐어하우스

쉐어하우스 수익의 관건은 적정한 가격 책정이다. 만실이 곧 최대 수익이기에 상한선이 정해져 있고, 입주자 대부분이 장기로 거주하기 때문에 한 번 정한 가격을 바꾸기는 쉽지 않다. 우선 인근에 위치한 다른 쉐어하우스의 시세를 알아볼 필요가 있고, 그와 비교해 내 공간이 가지는 장단점을 객관적으로 분류한 다음 합리적인 가격을 책정해야 한다.

그럼 최상의 수익률을 위해서는 각 방을 몇 인실로 구성하는 것이 좋을까? 같은 방을 활용했을 때 최소 1인에서 3인까지 구분해 적용해본다

구분	월세	관리비	합계
1인실	50만 원	3만 원	53만 원
2인실	40만 원	3만 원	86만 원
3인실	30만 원	3만 원	93만 원

면 한 방에 최대한 많은 사람을 받아야 유리하다는 계산이 나온다.

아무리 좋은 1인실이라 한들, 쉐어하우스에서 책정할 수 있는 가격은 최대 60만 원 내외다. 반면 2인실이라면 1명당 40만 원만 받더라도 한 달에 60만 원을 가뿐히 뛰어넘는다. 3인실은 더욱 수익이 좋다. 그렇다면 무조건 많은 사람을 받는 것이 정답인 걸까? 그렇지만은 않다. 다음 통계 자료를 살펴보자. 서울시 쉐어하우스의 방 인원수별 점유율이

•• 서울시 쉐어하우스 1~4인실 점유율

(단위: %, 2019년 12월 31일 기준)

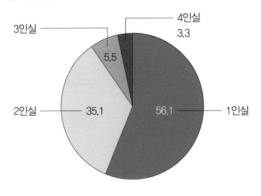

자료: 쉐어킴

다. 1인실의 점유율이 56.1%로 압도적으로 높다. 2인실은 35.1%, 3인실은 5.5%에 불과하다. 실제로 1인실을 원하는 이용자가 압도적이기 때문에 많은 쉐어하우스들이 1인실 위주로 확장하는 추세다.

당연히 만실이 되면 수익이 오르겠지만, 쉐어하우스의 만실을 유지하는 것은 생각보다 쉽지 않다. 대다수의 쉐어하우스가 평균적으로 20~30%의 공실률을 유지한다. 이 때문에 아무리 2인실, 3인실을 잔뜩 만들어놓더라도 정작 아무도 오지 않으면 오히려 마이너스가 발생할 수도 있다. 반면 1인실은 대부분 방이 차기 때문에, 실질적인 이용자 수는 다소 적더라도 수익이 확실히 보장된다. 실제 공실률을 적용해 2인실, 3인실이 한 자리씩 빈다고 가정해보면 1인실일 때와 비교해 수익에 큰 차이가 나지 않는다. 즉 불확실하게 다인실을 운영하는 것보다 1인실 여러 개를 운영하는 것이 리스크를 줄일 수 있는 최선의 방법일 수도 있다.

•• 쉐어하우스의 공실별 월 수익

구분	월세	관리비	공실	합계
1인실	50만 원	3만 원	X	53만 원
2인실	40만 원	3만 원	1자리	43만 원
3인실	30만 원	3만 원	1자리	66만 원

방의 크기와 수익률을 고려해 각 방을 몇 인실로 운영할지 정했다면, 방별 월세를 책정할 차례다. 이 또한 수요와 공급에 맞춰 신중하게 정해야 할 필요가 있다.

필자는 처음에 큰 2인실은 45만 원, 작은 2인실은 30만 원으로 월세를 책정했다. 같은 2인실임에도 불구하고 가격을 다르게 설정한 이유가 있었다. 큰 2인실은 내부에 화장실이 있으며 개별 책상이 딸려 있었지만, 작은 2인실은 2층 침대를 이용해야 했고 책상이 아예 없었기 때문이었다. 작은 2인실은 그야말로 잠만 잘 수 있는 공간이기 때문에 수요가 있을지 우려되어 가격을 낮게 책정했다. 하지만 막상 쉐어하우스를 오픈해보니 결과는 예상과 달랐다. 가장 인기가 많았던 것은 월세가 55만 원인 1인실이었다. 높은 가격에도 불구하고, 1인실이라는 메리트가 더 크게 작용했기 때문에 수요가 가장 많았던 것이다. 그리고 놀랍게도 1인실만큼 문의가 많았던 것은 30만 원짜리 작은 2인실이었다. 마지막으로 큰 2인실은 거의 문의가 없었다. 이는 쉐어하우스를 찾는 사람들의 수요가 크게 두 가지로 나뉘기 때문이었다.

- 무조건 독방을 쓰고 싶은 사람
- 무조건 돈을 아끼고 싶은 사람

어차피 독방을 쓰고 싶은 사람이라면, 좀 더 비싸더라도 무조건 1인실에 가기 마련이다. 아무리 조건이 좋다 한들 2인실에는 관심도 두지 않을 확률이 높다. 반면 돈을 아끼고 싶어서 쉐어하우스에 들어오려는 사람이라면, 2인실이든 3인실이든 크게 중요하지 않고 가격에만 초점을 맞추기 마련이다. 이러한 이유로 그 중간에 애매하게 위치한 큰 2인실은 인기가 없을 수밖에 없었던 것이다.

필자는 이 사실을 깨달은 이후 즉시 월세를 조정했다. 큰 2인실은 42만 원으로 내리고, 작은 2인실은 35만 원으로 올렸다. 실제로 월세를 조정한 후 각 2인실에 대한 수요는 적정 수준으로 맞춰졌다. 그리고 책정된 월세는 몇 년간 유지되었다.

월세를 매번 조정하기 어렵다면 처음에 가격을 조금 높게 책정하고, 수요가 없을 경우 동반 입주 할인, 여름 방학 특가 등 시기마다 적절한 이벤트를 적용해 손님을 유입시키는 방법도 있다. 맞닥뜨린 상황에 따라 적절히 활용하면 도움이 될 것이다.

에어비앤비

에어비앤비는 별점 높은 후기를 많이 쌓는 것이 예약률을 올리는 데 큰 영향을 미친다. 따라서 아직 수익성이 검증되지 않은 운영 초기라면 오픈 특가의 개념으로 가격을 예상보다 낮게 올린 후 예약을 최대한 많이 받아 좋은 후기를 쌓는 데 집중하자. 이후 어느 정도 후기가 쌓였다 싶으면 조금씩 가격을 올려가며 공급과 수요의 적정선을 찾으면 된다. 또 일별로 이용 가격을 다르게 설정할 수 있으므로 주말이나 공휴일, 성수기에 더 높은 가격을 책정해 수익률을 올릴 수 있다. 이렇게 직접 관리하는 것이 번거롭게 느껴진다면 에어비앤비에서 자체적으로 제공하는 '스마트 요금' 기능을 사용해보자. 스마트 요금은 수요에 따라 자동으로 가격이 조절되는데, 같은 종류의 숙소를 검색하는 사람의 수, 원하는 여행 날짜, 다른 숙소의 예약 여부, 숙소의 장점 등으로 요금이 결정된다.

파티룸

파티룸 역시 이용 가격에 따라 예약률이 크게 영향을 받는다. 따라서 수익률을 올리기 위해서는 최대한 신중하게 가격을 책정해야 한다. 필자가 운영했던 파티룸 한 곳의 매출 및 예약 수 통계를 예시로 함께 살펴보자.

•• 파티룸 매출과 예약 수

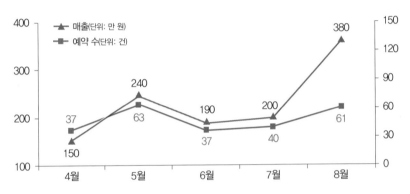

오픈 첫 달인 4월과 5월에는 매출이 순조롭게 상승해 예약 수가 37건에서 63건으로 올랐고 그만큼 매출도 상승했다. 그런데 6월을 보면 예약 수가 37건으로 뚝 떨어졌다. 이는 처음에 방어적으로 낮춰놓았던 가격을 살짝 높이자 그만큼 예약률이 떨어진 것을 보여주는 좋은 예시다. 이 파티룸은 5월까지는 1시간당 6천 원으로 이용할 수 있었으나, 6월부터 시간당 9천 원으로 올렸고 예약 수가 급격히 감소했다. 이용 가격을 올렸는데 매출은 오히려 줄어든 것이다. 9천 원도 충분히 저렴한 가격이기에 6천 원일 때와 수요가 크게 달라지지 않으리라 예상했으나 결과는 완전

히 빛나갔다. 조사해보니 바로 근방에 비슷한 규모와 콘셉트의 파티룸이 시간당 6천 원 가격을 유지하고 있었다. 그러니 가격 경쟁력을 잃어 뒤처질 수밖에 없었던 것이다.

가격을 다시 내릴 수도 있지만, 저렴한 비용으로 여러 명에게 빌려주는 방식은 그만큼 운영 효율이 떨어질 수밖에 없다. 즉 장기적으로 크게 성장할 수 있는 방법은 아니다. 시간당 9천 원은 소비자 입장에서도 충분히 합리적인 가격이라 생각했고, 가격을 내리는 대신 홍보에 더 힘을 쓰고 고유한 이미지를 브랜딩하는 쪽으로 방향을 틀었다. 물론 여러 가지 요인이 작용했겠지만 예약률은 점차 회복되어 8월에는 5월 수준을 거의 회복했다. 여기서 주목할 점은 가격을 낮추지 않았더니 5월과 거의 동일한 예약 수이지만 매출은 무려 63% 상승했다는 것이다.

이처럼 수익률을 끌어올리려면 적정한 가격을 찾는 것이 매우 중요하다. 실제로 해당 지점은 주말 밤 패키지 비용이 5만 원에서 15만 원으로 점차 상향 조정되었다. 5만 원으로 운영할 때 폭발적인 반응을 경험했고, 조금씩 가격을 올렸을 때도 꾸준히 수요가 이어지는 것을 확인했다. 이 과정에서 가격을 15만 원까지 올려도 수요가 충분하겠다고 예측할 수 있었다.

같은 지역에 있다 해도 업장의 가치와 제공되는 서비스는 천차만별이다. 따라서 그 누구도 공간대여업 운영에 정해진 답을 제시할 수 없다. 본인이 직접 다양한 시도를 해보며 상한선을 찾는 작업이 중요하다.

총 4단계로
창업 마스터하기

#매물부터운영까지 #인테리어꿀팁 #플랫폼등록법

앞에서 업종별 장단점과 비용, 수익을 짚어봤다. 이번에는 실제로 매물을 어떻게 구하는지부터 인테리어와 공사 진행, 플랫폼 등록 및 운영까지 창업 단계별로 상세히 알아보도록 하자.

🏠 1단계 매물 구하기

업종을 불문하고 매물을 구할 때는 당연히 보증금과 월세, 관리비 등이 낮을수록 좋다. 다만 가격이 낮아지면 건물이 허름하거나 외곽에 위치할 확률이 높고 이로 인해 추가적인 수리나 공사가 필수이거나 수요가 떨어질 수 있다. 그렇기에 매물을 구할 때는 자신만의 기준을 정해두고 그 기준을 벗어나지 않는 선에서 원하는 매물을 찾는다.

자신이 원하는 공간 그리기

무턱대고 매물을 찾아나서기 전에, 먼저 자신이 원하는 공간을 머릿속에 선명히 그려보자. 주로 이용하게 될 고객은 어떤 사람인지, 그 사람을 위한 인테리어는 어떤 분위기여야 할지, 그것들을 실현하기 위해 절대 포기할 수 없는 조건이 있다면 어떤 것인지 등 구체적일수록 좋다. 이러한 항목들을 먼저 정하고, 매물을 보기 시작한다면 훨씬 빠르고 효율적으로 일이 진전될 것이다. 이제 공간대여업의 각 업종별 대표적인 형태를 살펴보자. 물론 이 중 어디에도 속하지 않는 새로운 유형의 숙소도 존재할 수 있기에 이 표에 너무 국한되어 생각할 필요는 없다.

쉐어하우스

우선 쉐어하우스는 여성 전용이 90% 이상이라고 보아도 무방하다. 여성의 수요가 그만큼 더 많기 때문에 남성 관리자들도 여성 전용 쉐어하우스를 운영하는 경우가 있다. 이처럼 쉐어하우스 대부분은 이용 가능한 성별이 구분되어 있으나 콘셉트에 따라 남녀가 섞인 혼합형 쉐어하우스가 존재하기도 한다.

가장 대표적인 형태는 대학생을 타깃으로 하는 기숙사형 쉐어하우스다. 대학생들은 학기 중에 단기로 머무르는 경우가 많은데, 자금이 넉넉

쉐어하우스	지역	목표 고객
기숙사형	대학가 주변	대학생
글로벌형	홍대, 이태원 등 외국인 밀집지역	외국인 유학생, 장기체류자
고시생형	고시촌 밀집지역	고시생, 취업준비생
코워킹형	타깃 직업군 기업 밀집지역	직장인, 프리랜서

하지 않고 기숙사에 떨어질 경우 대안책이 필요하다. 이런 이유로 대학생은 쉐어하우스에 최적화된 고객군이다. 그러나 코로나19로 인해 수업이 온라인으로 이뤄지며 학생들이 학교 근처로 올 필요가 없게 되면서 가장 큰 타격을 받고 줄줄이 폐업으로 이어진 것도 이 분류다. 이처럼 사업을 운영하는 도중 어떤 돌발 상황이 발생할지 모르므로, 장기적으로 보았을 때는 타깃 고객군의 종류가 되도록 다양한 것이 유리하다.

글로벌형 쉐어하우스는 국내에 거주하는 외국인 유학생 및 장기체류자를 대상으로 하는 쉐어하우스다. 외국인이 많은 홍대, 이태원 등에 위치한 경우가 많으며 외국인과 함께 어울려 문화와 언어를 체험하고 싶어 하는 내국인도 대상이 될 수 있다.

고시생형 쉐어하우스는 공부를 목적으로 하는 고시생과 취업준비생을 메인 타깃으로 하는 쉐어하우스다. 이들은 학원과의 거리를 최소화하고 싶어 하므로 신림, 노량진 등 고시원 밀집지역에 위치하는 것이 유리하다. 실제 경쟁 업체 역시 고시원이 될 것이다. 거주자들이 공부에만 전념할 수 있도록 집안 분위기 형성에 신경을 써야 하고 청소 같은 서비스를 더욱 꼼꼼히 지원해줄 필요가 있다.

코워킹형은 직장인 및 프리랜서를 대상으로 하는 쉐어하우스다. 특정 대기업이나 공단, 병원 근처에 위치한다면 해당 기업의 직원 및 간호사를 대상으로 홍보하기에 유리하다. 프리랜서에게 1인 사무실이 필요한 경우도 있기에 이러한 수요를 파악해 사무실 겸 주거 공간으로 방향성을 잡을 수도 있다.

에어비앤비

여행지에 위치한 에어비앤비는 성수기에 장사가 잘될 확률이 높지만, 비수기에 적자가 날 수도 있다. 또한 대다수 이용자가 여행객이기 때문에 술을 마시거나 파티를 하는 등 숙소를 더럽게 사용할 확률이 높다.

도심에 위치한 경우 회사원들이 비즈니스 출장 등의 목적으로 자주 이용하며, 요즘엔 도심 속 바캉스를 위한 젊은 세대들의 이용 또한 늘고

•• 에어비앤비 위치별 장단점

에어비앤비	장점	단점
여행지	성수기 때 높은 수익률	비수기 적자 위험, 숙소 함부로 사용
도심	다양한 고객군	높은 건물 시세
시골	낮은 건물 시세, 합법적인 운영 가능	한정적인 수요
병원 근처	안정적인 수요, 깨끗한 숙소 이용	전염병 등의 가능성

있다. 이들은 따로 목적이 있어서가 아니라 보통 단지 힐링이나 휴식, 데이트를 위해 이용한다. 그만큼 수요는 안정적이나 도시에 위치했다면 합법적으로 운영하기 위한 허가를 받기 어렵다는 점을 감안해야 한다.

시골에 위치한 숙소는 농어촌민박업 허가를 받기 쉬우며 상대적으로 건물 시세도 낮다. 대신 숙소를 방문하는 고객의 수가 한정적일 수 있다.

병원 근처에 있다면 환자 및 환자 가족들의 수요가 꾸준하기 때문에 비교적 안정적으로 운영할 수 있고, 숙소를 깨끗이 쓴다는 큰 장점이 있다. 다만 병원을 자주 오가는 사람들이 드나들기 때문에 매번 숙소를 소독하는 등 청결에 특히 더 유의해야 한다.

파티룸

파티룸을 시작하기 전 큰 방향성을 잡기 위해 해당 공간에 꼭 포함해야할 것과 포기해도 될 요소를 먼저 체크해보자.

●● 파티룸의 큰 틀 정하기

고려 요소	포함할 경우	포기할 경우
신발	서양식, 청결에 관대	실내화 비치, 바닥 보일러 가능
화장실	안전, 편리	공용일 경우 청소하지 않음
싱크대	컵·식기·조리도구 비치, 음식물 뒤처리 용이	일회용품 사용, 음식물·음료 처리함 제공
번화가	유동인구 많음, 찾아오기 쉬움	월세 저렴, 비밀 아지트 느낌

신발은 실내화 착용 여부에 따라 파티룸의 분위기와 관리에도 영향을 미친다. 이용자가 자신의 신발을 그대로 신는다면 서양식 스탠딩 파티와 같은 느낌이 나고, 이용자가 바닥을 유심히 볼 일이 없기에 그만큼 청결에 관대하다는 장점이 따른다. 반면 이용자가 신발을 벗어야 한다면 실내화를 비치해야 한다. 그리고 대부분 바닥에 보일러가 되기 때문에 겨울철에 더 유리하고 한국 정서와도 잘 맞는다는 것이 장점이다. 대신 그만큼 청결에 신경 써야 한다.

화장실은 내부에 위치하는 것이 훨씬 안전하고 편리하다. 하지만 대다수 상가 건물은 화장실이 밖에 위치하거나 공용으로 사용하는 곳이 많다. 우리가 식당이나 술집에 갈 때 화장실이 바깥에 위치하더라도 개의치 않는 것처럼, 파티룸의 화장실도 무조건 안에 있어야 할 필요는 없다. 다만 최소한 같은 층에 위치하거나 시설이 깨끗해야 한다는 기준을 분명히 정해두고 매물을 보는 것이 좋다. 공용으로 사용하는 화장실은 따로 청소를 할 필요가 없다는 점이 편리하다.

싱크대가 없더라도 파티룸을 운영할 수는 있다. 다만 음식물 및 음료를 버리기 위해 따로 대형 수거함 등을 필수로 제공해줘야 한다. 싱크대가 있다면 컵, 식기 등 조리도구를 같이 준비해줘야 하지만, 싱크대가 없는 곳은 손님 대부분이 음식을 배달해 먹거나 간단히 먹기 때문에 알아서 일회용품을 사용하게끔 하면 된다. 전자레인지와 전기 포트 정도로 웬만한 음식은 조리할 수 있기 때문에 의외로 손님들의 불만은 크지 않다. 또 싱크대가 있다면 설거지 상태가 엉망이거나 그릇이 깨지는 사고도 자주 일어나는데 이러한 일에 대한 번거로움도 줄어든다. 그러나 여러모로 싱크대가 있는 편이 유용하기 때문에, 수도를 끌어오는 것이 어렵지 않다면 싱크대 설치를 추천한다.

번화가에 위치한 파티룸은 그만큼 유동인구가 많아서 포털 사이트 검색이나 게시물 조회가 더 잘될 확률이 높다. 다만 그만큼 경쟁 업체도 많다는 것을 인지해야 한다. 반면 외곽에 있는 파티룸은 번화가의 반 이상으로 월세가 저렴할 수 있고, 주변에 경쟁 업체가 거의 없다는 장점이 뚜렷하다. 그리고 주택가에 위치한다면 동네 주민이나 유치원 및 학교 학생들과 교직원, 학부모 등 새로운 고객층이 생기기도 한다. 확고한 콘셉트와 합리적인 가격이 갖춰진다면 어디든 사람들은 찾아오니 무리해서 번화가에 매물을 구할 필요는 없다.

매물 찾기

많은 이들이 매물을 찾을 때 가장 어려움을 호소한다. '슬슬 보다가 괜찮은 매물이 나오면 그때 시작하지, 뭐.' 정도로 생각한다면 한 해가 지나도록 제자리걸음일 확률이 높다. 모든 기준에 부합하는 완벽한 매물이란 세상에 존재하지 않기 때문이다. 그러나 조금만 손보면 얼마든지 좋아질 수 있는 적당한 매물은 항상 존재한다.

오래 본다고 해서 좋은 매물을 찾을 확률이 높아지는 것은 아니다. 오히려 초심을 잃고 느슨해질 수 있다. 그렇기 때문에 정확한 목표 기간을 설정해두는 것을 추천한다. 필자는 새 매물을 찾을 때 딱 일주일 안에 가계약을 거는 것을 목표로 한다. 일주일이 부담스럽다면 최대 한 달을 목표로 설정해보자. 그 기간 동안 열심히 찾아본다면 빠른 시일 안에 괜

'네이버 카페' 애플리케이션에서 키워드 알림 설정하기

찮은 후보 여러 개를 확보할 수 있을 것이라 장담한다.

대신 정해진 목표 기간 동안 그야말로 끊임없이 매물을 검색하고 발품을 팔아야 한다. 네이버 부동산, 직방, 네모 등 다양한 애플리케이션을 총망라하는 것은 물론, 개인이 부동산 매물을 거래하는 네이버 카페 '피터팬의 좋은방 구하기'도 빼놓아서는 안 된다. 진짜 알짜배기 매물은 올라오는 순간 문의가 쏟아지며 당일 계약이 완료되기도 한다. 뒤처지지 않기 위해서는 반드시 카페 애플리케이션을 다운받고 관심 있는 키워드는 알림을 설정해 게시글이 올라오는 대로 가장 먼저 확인할 수 있도록 하자.

부동산이 관리하는 매물이 아닌 개인이 양도하는 매물은 치열한 경쟁이 일어나기도 한다. 여기에서 우위를 차지하기 위해서는 다음과 같은 순서를 꼭 기억하자.

1. 네이버 카페 애플리케이션 키워드 알림 설정
  - 옥탑을 찾을 경우: 옥탑, 옥상, 루프탑, 옥탑방 등
  - 지하를 찾을 경우: 지하, 지하실, 창고, 아지트 등

2. 방문 일정 잡기
  키워드 알림이 오면 가장 먼저 게시글을 확인하고, 마음에 들면 바로 연락처로 전화를 걸어 최대한 빨리 방문 일정을 잡는다. 이때 확신에 넘치는 태도로 자신의 강력한 의지를 전달하자. 나 이전에 방문하는 사람이 있더라도 내 순서까지 기다려줄 확률이 높아지기 때문이다.

3. 방문 전 매물 검증하기
  - 로드뷰: 포털 사이트에서 제공하는 로드뷰를 통해 실제 건물 외관과 주변 편의시설(마트, 편의점, 병원 등), 교통편(지하철역, 버스 정류장 등)을 확인한다.
  - 등기부등본: 인터넷 대법원 사이트에 접속해 해당 주소지로 등기부등본을 확인한다. 불법건축물은 아닌지 융자는 어느 정도 수준인지 살핀다.

4. 실물 확인 및 가계약

미리 알아보았던 사진이나 정보와 다른 것이 있는지 최대한 꼼꼼히 확인한

다. 하자가 없을 경우 가계약 의사를 밝힌다.

3번과 4번의 순서가 바뀌는 경우가 많다. 일단 방문부터 해보고, 마음에 들면 추가로 다른 정보를 조사하며 고민해보는 것이다. 물론 나온 지 한참 된 매물이라면 며칠 고민한다고 해서 그 사이에 사라지진 않겠지만, 진짜 알짜배기 매물은 이런 과정을 거치는 사이 이미 계약이 완료될 확률이 무척 높다.

만약 3번 과정에서 자신이 바라는 용도에 적합하지 않다는 판단이 들면 실제 방문하기 전에 미리 일정을 취소함으로써 쌍방의 시간과 노력을 아낄 수 있다. 또 4번까지 넘어갔는데 실물이 마음에 들지 않는다면 굳이 그 자리에서 직접적인 거절 의사를 밝히지 않더라도 괜찮다. 방문 대부분이 계약으로 바로 이어지지는 않기 때문이다.

이러한 방식은 아주 약간의 수고로 누구나 탐내는 알짜 매물을 따낼 확률을 높여주고 비용적으로 손해가 발생할 위험은 전혀 없기에 알아두면 분명 도움이 된다.

쉐어하우스

쉐어하우스용 매물을 구할 때는 아래의 요소들을 꼭 확인하자.

첫 번째는 화장실 개수다. 최소 5명 이상이 사는 집이라면 화장실은 가급적 2개 이상 확보하는 것이 좋다. 각자 생활 패턴이 다르다면 큰 문

제가 되지 않을 수도 있지만, 3명 이상의 출근 시간이 겹친다면 분명 불편함을 이기지 못하고 중도 퇴실을 요청하는 거주자가 발생할 것이다.

두 번째는 보안이다. 미혼 여성을 대상으로 하는 쉐어하우스가 많기에, 치안에 신경 써야 할 필요가 있다. 너무 으슥한 골목에 위치하고 있지는 않은지, 가로등은 잘 설치되어 있는지, 건물 입구에 비밀번호가 걸려 있고 CCTV가 작동하는지 등을 꼼꼼히 확인하자. 거주 희망자가 방을 구할 때 의외로 가장 신경 쓰는 부분이다.

세 번째는 '내 집이라면 어떨까?'라고 가정하는 것이다. 좋은 쉐어하우스 매물을 구하고 싶다면 먼저 자신이 그 집에 살고 싶을지 가정해보자. 실제 자신이 살 집을 구하는 것이라 생각한다면 일조량과 곰팡이, 수도, 벌레 같은 여러 조건을 더욱 철저하고 꼼꼼하게 볼 수밖에 없을 것이다. '나 혹은 내가 사랑하는 누군가가 이 집에 살아도 괜찮을까?'의 기준에 부합하는 집을 찾는다면 아마 누구든 살고 싶은 집일 것이고, 그만큼 방을 채우기도 쉬워진다.

에어비앤비

에어비앤비용 매물을 구할 때는 아래의 요소들을 꼭 확인하자.

첫 번째는 풀옵션이다. 처음부터 냉장고, 세탁기, 에어컨 등이 갖춰진 풀옵션 집을 구한다면 인테리어 비용을 크게 줄일 수 있다.

두 번째는 지하철역이다. 외국인에게 가장 중요한 요소는 지하철역과의 거리다. 외국인이 버스를 이용하기에 다소 어려움이 있기 때문이다. 실제로 외국인 이용자가 가장 먼저 던지는 질문 중 하나는 "가까운

지하철역이 어디인가?"다. 또 공항에서 바로 올 경우 지하철역과의 거리가 멀면 무거운 짐을 들고 이동하는 데 어려움이 있기도 하다. 이런 점 때문에 집이 지하철역에서 멀다면 아예 택시비를 지원해주는 서비스를 제공하는 것도 손님을 끌 수 있는 한 방법이다.

세 번째는 주차 여부다. 여행지에 위치한 숙소는 차를 가져오거나 자동차를 렌트하는 경우가 대다수이기 때문에 주차 공간을 확보하는 것이 유리하다. 반면 도심에 위치해 있다면 굳이 주차 공간을 제공하지 않아도 무방하다.

파티룸

파티룸용 매물을 구할 때는 아래의 요소들을 꼭 확인하자.

먼저 첫째도 둘째도 방음이다. 파티룸은 소음 문제가 없는 매물을 구한다면 이미 90% 성공이다. 그만큼 24시간 소음 문제에서 자유로운 매물을 구하는 것은 어렵다. 소음 문제는 사전에 확인하기 어렵고, 사후에 발견되었다면 이를 해결하는 데도 큰 비용과 노력이 필요하기 때문에 몇 번을 확인해도 모자라지 않는다.

필자의 경험을 예로 들어보겠다. 한 번은 상가 건물을 계약할 때 분명 전 세입자와 건물주에게 소음 문제가 없다는 점을 몇 번이고 확인했으나, 막상 운영을 시작한 이후 바로 위층 상가에 취침을 하는 사람이 있다는 것을 알게 되었다. 위층 상가는 모두 밤에 영업을 하지 않는 업종이라 10시 이후로는 아무도 없을 것이라 잘못 예측했던 것이다. 결국 매일 이어진 컴플레인 때문에 약 일주일간 영업을 정지하고 200여만 원의 돈을 들여 천장 방음 공사를 진행했다. 다행히 그 이후로는 소음 문제에서 해방될 수 있었다.

반드시 모든 벽과 천장의 재질을 확인하고 같은 건물에 밤까지 영업하는 곳이 있는지, 옆에 위치한 주택까지 소음이 흘러나가지는 않을지, 방음 시공을 한다면 효과가 좋을지 등 최대한 꼼꼼히 확인해야 한다.

두 번째는 잠재력이다. 아직 파티룸은 보편화된 업종이 아니기 때문에 원래부터 파티룸을 하던 매물을 찾기가 쉽지 않다. 따라서 매물을 구할 때 사무실, 상가 등 본래 완전히 다른 목적으로 사용하던 곳을 알아볼 수밖에 없다. 이때는 그 공간이 가진 잠재력을 파악하는 눈을 키워야 한다. 현재의 공간을 통해 미래의 공간을 그려보자. 공간 안에 있는 것을 모두 비우고 다른 색과 재질로 천장과 바닥을 채워서 자신이 원하는 대로 인테리어를 채웠을 때의 모습을 상상해보자. 공간은 꾸미기 나름인지라 작은 노력으로도 분위기가 얼마든지 바뀔 수 있다. 0의 상태에서 자신이 원하는 대로 색을 칠하고 가구를 배치해보면 곳곳에 숨어 있던 진주 같은 매물들이 모습을 드러낼 것이다.

연기 연습실이었던 파티룸 '시혜적동물' 상도점의 운영 전과 후

낡은 사무실이었던 파티룸 '시혜적동물' 신림점의 운영 전과 후

세 번째는 전기와 수도, 가스다. 이전에 다른 목적으로 사용되던 공간이라면 파티룸으로 운영하기 위해 추가적인 공사가 필요할 수도 있다. 가령 전력 용량이 파티룸으로 운영하기에 충분하지 않아 전기 증설 공사를 해야 할 수도 있고, 내부에 수도가 없는 경우 수도 공사를 진행해야 할 수도 있다. 또 보일러가 되지 않는다면 겨울철을 대비해 난방기가 따로 필요하거나 바닥에 열선을 깔아야 할 수도 있다. 이런 부분들은 계약 전 미리 확인해서 어느 정도 지원이 가능한지 건물주와 협의해두는 것이 좋다.

매물 계약하기

부동산을 끼고 계약을 진행한다면 부동산에서 등기부등본과 건축물대장 등을 미리 준비해서 계약 전 쌍방에게 확인시켜주기 때문에 크게 걱정할 필요는 없다. 그러나 개인 간 직거래로 계약을 진행한다면 대법원 인터넷등기소를 통해 등기부등본을 미리 확인해보자. 그럼에도 불안한 경우 부동산에서 대필 수수료만 내고 계약서를 작성할 수도 있다. 수수료는 보통 5만~10만 원 정도 발생한다. 어떤 방식으로 계약을 진행하든 아래 사항들을 꼭 확인하도록 하자.

신분증

등기에 기재된 소유주와 계약 당사자, 또 계약금을 받는 통장 주인이 모두 동일한지 반드시 확인한다. 서로 신분증을 교환해 이름과 얼굴이 일치하는지도 확인한다. 가족 등 대리인이 나온다면 소유자의 인감도장이 찍힌 위임장과 인감증명서를 꼭 확인해야 한다.

계약 기간

부동산 임대 계약은 보통 2년을 기준으로 계약하나, 만일 집주인이 동의한다면 계약 기간은 최대한으로 늘리는 것을 추천한다. 월세를 최대한 오래 동결할 수 있기 때문이다. 만약 계약이 연장되지 않는다면 인테리어와 공사를 다 완료했는데 2년 후 울며 겨자 먹기로 나와야 하는 상황이 생길 수도 있다. 반대로 정 사업이 되지 않아 장사를 접어야 하는 경우에는 계약이 끝나지 않았더라도 복비를 지불하고 나오거나 직접 다음 세입자를 구해주면 되기에 계약이 짧을 경우의 리스크가 더 크다고 볼 수 있다.

렌트 프리

렌트 프리는 상가 건물에서 인테리어 공사가 진행되는 동안 월세를 면제해주는 개념이다. 보통 짧게는 3일, 길게는 한 달 정도까지 가능하다. 공사를 진행한다면 꼭 계약 전에 렌트 프리를 집주인에게 요청해서 비용을 최대한 아끼도록 하자.

전대 동의

쉐어하우스 및 에어비앤비는 집주인의 사전 동의가 반드시 필요하다. 자신이 임대한 집을 다른 이에게 재임대해준다는 '전대' 동의를 사전에 집주인에게 받지 않고 무단으로 운영하는 것은 불법이기 때문이다. 몰래 운영하다 나중에 적발될 경우 즉시 퇴출될 수 있으며 법적인 문제로까지 불거질 수 있다. 그러니 공간대여업 운영 전 미리 집주인에게 해당 목적으로 운영한다는 내용을 고지하고, 계약서에도 전대 동의에 관한 내용을 기입하도록 하자.

원상 복구

보통 형식적으로 '퇴실 시 모든 시설을 원상 복구함에 동의한다'는 요지의 문구를 계약서에 넣는다. 이 때문에 인테리어를 할 때 고민되기도 하는데, 이는 실상 원래보다 상태가 안 좋아지거나 시설이 망가지는 경우를 대비하기 위한 항목이다. 누가 봐도 이전보다 훨씬 보기 좋아진 상태인데 굳이 이전의 모습으로 돌려놓으라고 하지는 않는다. 또 현재의 인테리어를 그대로 인수할 다음 세입자를 찾으면 권리금까지 받고 나갈 수 있기 때문에 이 문구에 너무 무게를 둘 필요는 없다.

🏠 2단계 내부 꾸미기

적당한 매물을 구하고 계약을 완료했다면, 이제 바로 인테리어에 착수할 차례다. 인테리어 기간 동안은 당연히 수익이 발생하지 않기 때문에 이 기간은 짧으면 짧을수록 좋다. 공사 기간을 고려해 기한은 최대 한 달로 잡는다. 무조건 그 안에 공사를 끝낸 후 그다음 달부터 바로 손님을 받을 수 있도록 전력을 다해야 한다. 육체적으로 가장 힘든 시기일 수 있으나, 나만의 공간을 직접 꾸며간다는 점에서 많은 업주들이 가장 즐거워하는 단계이기도 하다. 이 시기를 지나면 크게 손 갈 일이 없으므로 탄탄히 기반을 쌓는다는 느낌으로 공간을 잘 꾸며보도록 하자.

콘셉트 구현하기

앞서 내가 운영할 공간은 어떤 유형, 어떤 콘셉트를 갖출지 고민해본 바 있다. 이제는 이를 눈앞에 구현할 차례다. 백지처럼 텅 비워져 있는 공간을 앞에 두고, 이제 무엇을 어떻게 채워나갈지 상상해보자.

시설

눈에 잘 보이지 않지만 가장 기본적인 요소부터 고민해보자. '해당 공간에 전력은 충분한가?' '콘센트는 곳곳에 위치해 있는가?' '조명은 기존에 있던 걸 교체만 하면 될까? 아니면 추가로 확장해야 할까?' '냉난방기는 어디에 놓는 게 좋을까?' '수도와 가스 공사도 필요할까?' 이처럼 많은 요소를 고민해 추후 불편함이 없도록 처음부터 마련해두는 것이 좋다.

기반

이제 인테리어의 큰 축을 차지하는 천장과 벽, 바닥을 살펴보자. 비용을 줄이려면 이것들을 최대한 건드리지 않는 편이 낫다. 그러나 그대로 활용할 수 없을 정도로 벽이 더럽거나 분위기 전환이 필요하다면 도배와 페인트칠 중 선택한다. 기왕 색을 새로 칠한다면 한쪽 벽을 달리해서 포인트를 주는 것도 나쁘지 않다. 아무것도 없는 흰 벽이라면 빔프로젝터 등을 위한 훌륭한 스크린이 되어줄 수도 있다. 장판을 새로 깐다면 카펫이나 데코타일을 깔 수도 있다.

내부

마지막으로는 가구와 가전을 어디에 어떻게 놓을지 그 순서와 배치를 최대한 구체적으로 그려본다. 테이블과 소파는 어디에 위치하는 것이 가장 적절할지, 스크린은 어디에 놓는 것이 좋을지, 의자는 몇 개를 놓는 것이 적당할지 등. 이 과정을 거치면 해당 공간에 필요한 모든 소품의 사이즈와 형태가 대략적으로 파악된다.

　상상이 끝났다면 이제 실측을 할 차례다. 모든 공간의 가로, 세로, 높이를 측정하고 창문과 문의 사이즈까지 꼼꼼히 기록해두자. 해당 수치를 기준으로 배치도를 그려본다면, 내가 원하는 결과물을 얻기 위해 각 가구들의 사이즈가 어느 정도여야 할지 추측하기 쉽다. 간단히 종이에 그려봐도 좋고 좀 더 정확하고 효율적인 시뮬레이션을 원한다면 플로어플래너(floorplanner.com)와 같은 인테리어 도면 프로그램을 이용해 직접 구현해볼 수도 있다.

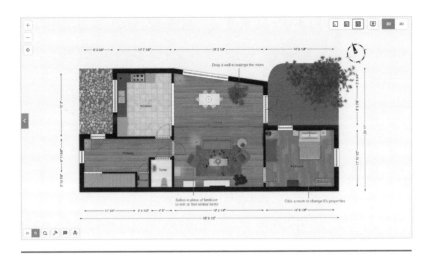

플로어플래너 사용 화면

공사하기

콘셉트가 머릿속에 명확히 정리되었다면, 가장 먼저 시작해야 할 일은 시공이다. 이미 공간의 기반 시설이 훌륭해 별다른 작업이 필요 없다면 시간과 비용을 크게 아낄 수 있지만 공사를 해야 한다면 최대한 여러 업체에 의뢰해 견적서를 받아보자.

쉐어하우스와 에어비앤비는 이미 거주 목적으로 사용되던 곳을 주로 계약하기에 도배, 장판, 조명 외에는 크게 공사가 필요하지 않을 것이고, 이전에 다른 목적으로 이용되던 상가에 파티룸을 연다면 종종 큰 공사가 필요한 경우도 있다. 값비싼 공사 비용이 걱정된다면 직접 작업해서 예산을 아낄 수도 있다. 특히 페인트칠은 인터넷에서 재료를 구하기도 쉽고 큰 기술이 필요하지 않기 때문에 경험이 없더라도 직접 시도해

볼 것을 추천한다. 하지만 그 외의 경우 괜히 어설프게 시도했다가 비용이 2배로 들 수도 있고 나중에 쉽게 망가질 수도 있으니 자신 있는 것이 아니라면 전문가에게 맡기는 것이 현명하다.

필자가 지하에 위치한 25평 파티룸을 공사할 때, 최소 열 군데 이상 연락을 돌렸고 다섯 곳 이상의 업체가 직접 방문해 견적을 낸 것을 받았다. 가장 비쌌던 A업체는 바닥 공사만 450만 원을 불렀고, 가장 저렴했던 B업체는 페인트와 바닥 공사를 모두 포함해서 260만 원을 불렀다. 사실 A업체의 가격이 높았던 이유는 그만큼 퀄리티가 높았기 때문이다. 경우에 따라서는 A업체가 정답이 될 수도 있다.

하지만 당시 예산은 한정적이었고 화려하고 고급스런 바닥은 필요하지 않았다. 그래서 상대적으로 퀄리티는 낮더라도 최소한의 예산에 맞춰 진행이 가능한 B업체와 계약했다. B업체는 중간 업체를 끼지 않고 철거부터 시공까지 모든 것을 직접 진행해서 더 저렴한 견적을 제시할 수 있었다. 이처럼 견적을 많이 받으면 받을수록 자신의 예산에 가장 적합하고 합리적인 선택지가 늘어난다. 지인 추천, 지도 및 포털 검색, 숨고 애플리케이션, 인근 발품 등 다양한 경로를 이용해보자.

만약 소음 문제가 우려된다면 벽 혹은 천장 방음 공사를 일찌감치 해놓는 것이 정답일 수 있다. 음악연습실처럼 공간 전체를 방음 처리할 필요까진 없으나 신경 쓰이는 벽 몇 면과 천장, 창문 등에 어느 정도 방음 시공을 한다면 안 하는 것보다는 확연히 효과를 볼 수 있다. 만일 영업을 시작한 이후에 문제가 생겨 뒤늦게 공사를 시작한다면 내부의 물건을 다시 다 빼야 할 수도 있고, 들어와 있는 예약도 취소해야 해 리스크가 더욱 커지니 주의하자. 비용은 공간 크기 및 시공 종류에 따라 천차만별이지만 보통 벽 한 면에 100만 원 내외 정도로 생각하면 된다.

공사를 진행할 때는 커튼 설치, 조명 교체, 선반 및 거울 달기, 문고리 및 스위치 커버 교체 등 추가적으로 손이 가는 부분도 업체에 부탁해 함께 진행하면 보다 편리하다.

셀프 인테리어

공사가 마무리되었다면 이제 내부를 채울 차례다. 인테리어는 사실 운영자의 개성과 재량이 가장 크게 반영되는 부분이라 정해진 답은 없지만, 업종 특성상 각각 추구해야 할 지향점이 다르다는 점은 짚고 넘어가자.

- 쉐어하우스: 홈, 스위트 홈(Home, Sweet Home), 따뜻하고 밝은 느낌을 추구한다.
- 에어비앤비: 공간 자체가 여행지다. 깔끔하고 개성 있게 꾸민다.
- 파티룸: 포토존은 필수, 여백의 미학을 살린다.

먼저 쉐어하우스는 장기적으로 거주하는 집이기 때문에 화려하거나 감각적인 것보다 편안하고 따뜻한 감성이 적합하다. 지나치게 강한 컬러를 쓰거나 유행 타는 소품을 놓기보다는, 오래 보아도 질리지 않고 누구에게든 호불호가 크지 않은 무난한 인테리어로 가는 것을 추천한다.

반면 에어비앤비는 숙소로 이용되는 곳이기 때문에 첫인상에서 쾌적한 느낌을 주는 것이 중요하다. 또 호캉스(호텔에서 보내는 바캉스) 문화가 보편화된 것에서 알 수 있듯이 젊은 세대에게 숙소란 단지 잠만 자는 곳이 아닌, 하나의 여행지로 인식되기도 한다. 사진 한 장으로 가보고 싶다는 느낌이 들 만큼 눈길을 끄는 인테리어를 적용한다면 더욱 유리하다.

파티룸은 순백의 화이트 콘셉트도 가능하고, 어두컴컴한 던전 콘셉트도 가능하지만 공통적으로 주의해야 할 점이 있다. 반드시 한쪽 벽면은 포토존으로 이용할 수 있도록 깨끗이 비워놓아야 한다는 것이다. 이용자들은 직접 풍선, 가랜드 등을 가져와 공간을 꾸미고 그 앞에서 기념사진을 찍는다. 그렇기에 텅 빈 벽이 많을수록 좋고, 테이블과 의자 등 가구들도 쉽게 이동해 원하는 모습으로 바꿀 수 있도록 공간을 적당히 비워두는 것이 좋다.

콘셉트 동기화하기

본래 인테리어 감각이 뛰어나거나 자취방을 멋지게 꾸며본 경험이 있는 이들이라면 텅 빈 공간을 자신만의 색으로 채우는 것이 그리 어렵지는 않다. 하지만 반대로 어디서부터 어떻게 시작해야 할지 막막한 셀프 인테리어 초보자라면 다음과 같은 방법이 많은 도움이 될 것이다.

첫 번째는 이미지 구체화하기다. 내가 원하는 인테리어는 어떤 것인지 떠올려보자. 하얗고 뽀샤시한 느낌, 안락하고 따뜻한 느낌, 빈티지한 보헤미안 느낌 등. 머릿속에 둥둥 떠다니는 막연한 이미지를 실체화하기 위해 먼저 각종 포털과 SNS 등에 해당 키워드로 검색한다. 그리고 '내가 원하는 느낌이야!' 하고 생각되는 사진을 모두 모아보자.

두 번째는 공통분모 찾기다. 참고할 만한 사진을 여러 장 찾았다면 이들을 나란히 늘어놓아 보자. 분명 다른 장소, 다른 시간, 다른 각도에서 찍은 제각기의 사진이지만 전체적으로 보았을 때 비슷비슷하게 느껴질 것이다. 우리의 목표는 이 사진들이 왜 비슷한 느낌을 주는지 그 구체적인 요소를 하나씩 찾아보는 것이다. 아래 사진을 보자.

목표 인테리어 사진 모아보기

해당 사진들을 예시로 공통점을 찾아가는 과정은 아래와 같다.

전체적으로 어두컴컴하다. → 왜? → 천장과 벽이 검은색과 회색이기 때문이다. → 그리고? → 가구와 소품들도 거의 어두운 색이다. → 다른 느낌은 없는가? → 화려하고 럭셔리한 분위기도 있다. → 왜? → 화려한 조명 때문인 것 같다.

그다음 이런 느낌의 인테리어를 탄생시키는 핵심 키워드를 찾는다.

검은색 천장, 회색 벽, 어두운 색의 소품들, 화려한 조명

세 번째는 동기화하기다. 굳이 비싼 돈을 들이거나 전문 업체를 이용하지 않고도, 두 번째 과정에서 찾아낸 키워드를 그대로 적용만 한다면 '비슷한 느낌'을 낼 수 있다. 필자는 위에서 다룬 이미지와 비슷한 느낌을 내기 위해 천장은 검은색, 벽은 회색으로 칠하고 내부는 최대한 검은색과 회색 소품들로 채웠다. 또 조명이 중요한 포인트인지라 샹들리에가 필수였는데, 가격이 너무 비싸기 때문에 해외 직구를 통해 조명 8개를 40만 원에 구입했다. 그 결과물은 아래와 같다.

파티룸 '시혜적동물' 인테리어 결과물

마지막으로 처음에 찾았던 레퍼런스 사진들에 자신의 영업장 사진을 끼워 넣어도 큰 이질감이 없다면 인테리어는 성공이다.

자신의 공간을 목표 인테리어 사진에 끼워보기

인터넷에서 찾은 인테리어는 실제 전문가들이 많은 시간과 노력을 들여 완성한 '비싼' 인테리어일 확률이 높지만, 몇 가지 주요 요소를 가져오는 것만으로 충분히 그와 비슷한 느낌을 낼 수 있다는 것을 기억하자.

3컬러의 법칙

내부를 채울 가구와 가전을 구매할 때 가장 중요한 건 무엇일까? 가격이나 성능도 중요하겠지만, 핵심은 인테리어의 완성도를 위해 컬러감을 맞추는 것이다. 만일 물건의 색상톤을 고려하지 않고 구매한다면 소품 하나하나를 보았을 때는 예쁘지만 전체적으로 보았을 때는 전혀 조화롭지 않은 결과물이 나올 가능성이 크다. 특히 사진을 찍을 때 촌스럽고 중구난방인 느낌이 든다면 전체적인 통일감이 없을 확률이 높다. 아무리 비싸고 좋은 물건들을 갖춰놓더라도 '태'가 나지 않는 것이다.

이런 불상사를 피하기 위해서는 처음부터 딱 세 가지 색상을 정해두고 모든 물건을 그 안에서 구매하면 간편하다. 색상은 '콘셉트 동기화하기' 과정에서 검색했던 참고 사진들에서 뽑아내면 된다. 아래 사진을 예시로 보자.

색상 뽑아내기 예시 사진

공통적으로 많이 쓰인 색상은 무엇일까? 보는 사람의 취향에 따라 다르겠지만 필자는 푸릇푸릇한 식물의 초록색, 원목 중에서도 약간 어두운 갈색, 마지막으로 무게감을 줄 수 있는 검은색 이렇게 세 가지 색깔을 추출하기로 결정했다.

그 결과물은 아래와 같다. 냉장고는 검은색으로 구매했고, 싱크대에도 검은색 시트지를 붙여줬다. 전자레인지와 빔프로젝터, 의자 등 모든 소품도 무조건 검은색으로 통일했다. 같은 나무 재질이라 할지라도 색상은 천차만별인데, 모든 색을 어두운 갈색인 '멀바우' 톤으로 통일하기 위해 기존에 있던 밝은 색 선반을 짙은 색 오일스테인으로 칠해 색감을 맞춰주는 작업을 거쳤다.

파티룸 '시혜적동물' 인테리어 결과물

반면 지하 아지트는 검정색, 회색 그리고 금속 느낌을 주는 메탈 이렇게 세 가지 색을 사진에서 추출하고, 모든 소품을 이 범주 안에서 구매하도록 노력했다.

색상 뽑아내기 예시 사진

　책상과 의자, 소파 등 커다란 가구는 물론이고 전기 포트, 휴지통, 선풍기, 빗자루 등 존재하는 모든 소품들을 되도록 같은 컬러감으로 통일했다. 냉장고는 오래된 중고 제품이라 누렇게 바랜 상태였지만 메탈 시트지를 구매해 새로 붙여줬다.

　이렇게 3컬러의 법칙을 따르면 혼자서도 쉽고 빠르게 전문가 못지않은 멋진 셀프 인테리어를 완성할 수 있다. 물론 자신이 원하는 콘셉트에 맞춰 색 개수를 더하거나 뺄 수 있지만, '알록달록'한 인테리어가 목표가 아닌 이상 너무 많은 색을 쓰는 것은 통일감을 해치기 때문에 되도록 자제하자.

파티룸 '시혜적동물' 인테리어 결과물

중고 거래의 달인이 되자

예산을 최대한 아끼기 위해서는 중고 제품을 적극적으로 활용해야 한다. 네이버 카페 '중고나라'나 당근마켓, 번개장터 등과 같은 중고 거래 플랫폼과 친해지도록 하자. 사실상 모든 물건을 중고로 구매하더라도 무방하지만, 가구는 디자인과 색상, 가격, 수량 등 마음에 쏙 드는 제품을 찾기가 쉽지 않다. 또 운반할 때 화물 비용이 추가로 들기 때문에 오히려 새 제품을 사는 편이 더 효율적일 수도 있다. 반면 가전은 웬만하면 중고로 살 것을 추천한다. 디자인과 기능이 엇비슷하며 대부분 고장이 나더라도 A/S가 가능하기 때문이다. 특히 가격대가 높은 냉난방기나 빔프로젝터, TV, 세탁기 및 건조기, 냉장고, 공기청정기와 제습기 등은 중고로 구매하면 비용을 크게 아낄 수 있다.

새 제품을 구매하기 전 동일하거나 비슷한 제품이 중고 플랫폼에 올라와 있지 않은지 검색하는 습관을 들이자. 반드시 중고로 구매하고 싶은 품목이 있을 경우, 키워드 알림(네이버 카페 및 당근마켓 알림)을 설정해 놓고 글이 올라오자마자 확인하자. 좋은 물건은 경쟁이 치열하다. 반면 자잘한 소품과 집기류 등은 새 제품과 중고 제품의 가격 차이가 그리 크지 않으므로 이케아 및 인터넷 최저가 검색 등을 적극적으로 활용하자.

중고 거래를 하는 것은 적극 추천하지만, 비용을 아끼기 위해 무조건 최저가만 찾는 것은 추천하지 않는다. 지나치게 저렴한 제품은 내구성이 약해 쉽게 망가지거나 고장날 확률이 높기 때문이다. 저렴한 제품을 여러 번 구매하는 비용이 오히려 좋은 제품을 한 번 사는 것보다 높을 수도 있다. 특히 공간대여업의 경우 가구와 소품을 이용하는 사람이 매번 바뀌고 사용 횟수 또한 많기 때문에 물건이 더욱 쉽게 망가진다. 따라서 장기적으로 봤을 때 무조건 가성비, 최저가만 찾기보다는 어느 정도 품질이 보장되는 합리적인 제품을 구매하는 것이 효율적이다.

 3단계 플랫폼 등록하기

사진 찍기

인테리어가 완성되었다면 이제 멋진 사진을 찍을 차례다. 사진은 꼭 영업 시작 전 깨끗하고 비어 있는 상태에서 찍어놓도록 하자. 초반에 찍은 사진은 영업하는 내내 활용할 수 있기 때문에 한 번 찍을 때 최대한 정성을 들여 찍으면 좋다. 전문가용 고화질 카메라가 없더라도 요즘에는 스마트폰만으로도 얼마든지 퀄리티 좋은 사진을 찍을 수 있으므로 초보자라 하더라도 너무 큰 부담을 가질 필요는 없다. 아래의 규칙만 따르면 누구든지 손쉽게 그럴듯한 사진을 건질 수 있다.

첫째, 사진을 찍기 전 먼저 해야 할 일은 공간을 최대한 비우는 것이다. 큼직한 가전과 가구 그리고 인테리어용 소품을 제외한 모든 것을 치워놓도록 하자. 또 옷걸이나 의자 등 소소한 물건들도 각을 맞춰 반듯하게 정리하자. 눈으로 볼 때 크게 티가 나지 않더라도 사진으로 찍으면 지저분해 보일 수 있기 때문이다. 또 공간 안의 모든 조명은 환하게 켜고, 햇빛이 가장 잘 들어오는 시간대를 선정한다. 반대로 아늑한 콘셉트라면 불을 끄고 스탠드 등의 간접 조명만 켜는 편이 좋다.

둘째, 사진을 찍을 때는 모서리에 선다. 광각촬영을 지원하는 기종이라면 한 컷 안에 더 넓게 담을 수 있는 광각모드로 찍는 것을 추천한다. 먼저 스마트폰 카메라를 켠 후, 공간의 모서리 한쪽에 등을 바짝 붙이고 서보자. 피사체를 가장 넓어 보이게 찍을 수 있는 각도다. 최대한 스마트폰을 몸 쪽으로 바짝 붙이고 위, 중간, 아래 등 다양한 높이에서 찍어보자. 사진을 찍은 후 다음 모서리로 이동한다. 동일한 방식으로 공간 안에 있는 모든 모서리에 등을 대고 사진을 찍었다면 미션 완료다.

마지막으로 최소한의 보정도 필요하다. 여러 각도와 여러 높이에서 찍은 결과물 중 분명 더 마음에 드는 몇 장이 있을 것이다. 가장 잘 나온 사진들을 고르면 이들이 곧 대표 사진이다. 적절한 빛과 조명 덕분에 사진이 잘 나왔다면 굳이 보정을 하지 않아도 된다. 더 잘 보이게 하기 위해 좀 더 밝게 한다든지, 대비를 늘리거나 줄이는 정도의 보정도 괜찮다. 전문적인 보정 툴을 쓸 필요 없이 스마트폰에서 제공하는 기본 사진 편집 기능만으로도 충분하다. 밝기와 대비 위주로 최대한 자연스럽게 보정하고, 색이 잘못 나온 경우 살짝 조절해주자. 보정을 조금이라도 과하게 하면 확연히 인위적인 느낌이 들며 포토샵을 거친 사진이라는 느낌을 줘 오히려 손님들의 반감을 살 수 있다.

이 방법으로 촬영했을 때 결과물은 다음과 같다. 각 모서리에 등을

4곳의 모서리에서 촬영한 파티룸 '시혜적동물' 이수점의 모습

대고 사진을 찍는 것만으로 한 공간에서도 다양한 각도의 사진을 얻을 수 있다. 특히 예시와 같이 좁은 공간에서 더욱 활용하기 좋은 방법이다. 이 중 가장 한눈에 잘 들어오는 사진을 대표 사진으로 쓰고, 나머지는 상세 사진으로 적절히 활용한다. 사진 몇 장만으로 공간 전체의 구조를 파악하기는 어려우므로 비슷비슷해 보이는 사진이더라도 최대한 여러 장을 올려 놓는 것이 예약을 유도하는 데 큰 도움이 된다.

안내글 및 주의사항 작성

에어비앤비, 스페이스클라우드, 피터팬의 좋은방 구하기 등 어떤 종류의 플랫폼이든 공간을 소개하는 안내글 게시는 필수다. 거창하거나 장문일 필요는 없다. 한두 문장이라도 괜찮으니, 간략하게 이 공간의 아이덴티티를 설명할 수 있다면 충분하다. 막막해할 필요 없이 아래의 항목들에 대한 답변을 찾다 보면 쉽게 방향성을 잡을 수 있을 것이다.

- 어떻게 이 공간을 만들게 되었나요?
- 공간의 이름이 가진 뜻은 무엇인가요?
- 이 공간만의 특별한 점이 있을까요?
- 왜 이 공간에 애정을 가지고 있나요?
- 이 공간을 거쳐가는 사람들이 얻었으면 하는 건 무엇인가요?

아래는 선녀방과 시혜적동물의 소개글이니 참고하도록 하자.

선녀방 이야기

서울에서 홀로 원룸 생활만 5년째 하다가 '더 좋은 집에서, 더 좋은 사람들과 따뜻하게 살아가고 싶다'는 목표 하나로 시작하게 된 소박한 쉐어하우스예요. 공용 거실과 부엌, 세탁실 그리고 방 3개와 화장실 2개로 구성된 집이랍니다. 선녀방은 제가 혼자 좁은 곳에서 사느라 이루지 못했던 로망을 하나씩 실현해나가는 꿈의 장소예요. 저와 함께할 하우스메이트에게도 꼭 그런 공간이 되었으면 좋겠어요. 아직 채우지 않은 것들이 많으니 꼭 함께 로망 속의 집을 만들어갔으면 해요.

이수역 루프탑 아지트, 시혜적동물을 소개합니다

'시혜적동물'은 마음껏 글을 쓰고 책을 읽고 음악을 듣고 영화를 보고 요리를 하고 술을 마시고, 좋은 사람들과 얕고 깊은 대화를 밤새 나누고자 하는 갈망에서 탄생한 개인 작업실이에요.
끝없이 타인을 찾아 헤매는 사회적 동물인 우리들이 이곳에서는 시혜적 동물로 한 발 더 나아갈 수 있기를 바라는 마음을 담아 이름을 지었답니다.

주의사항은 공간 및 플랫폼의 종류에 따라 굳이 명시하지 않아도 된다. 다만 최소한의 가이드라인이 있어야 문제가 발생했을 때 원활히 해결할 수 있기 때문에 아래 항목 정도는 만들어두는 것이 좋다.

- 이용 시간
- 입·퇴실 규칙

- 주차 안내

- 이용 가능 연령(미성년자 여부)

- 취소 및 환불 규정

- 쓰레기 처리 방법

- 파손 및 도난 사고 발생 시 대처

- 시설 이용 중 사고 발생 시 대처

- CCTV 안내(내부에 있을 경우)

이러한 내용을 작성할 때는 기존에 운영되고 있는 다른 업장의 페이지를 참고하면 많은 도움이 된다. 여러 곳의 안내문을 참고해 자신만의 주의사항을 만들어보도록 하자. 이 내용은 손님이 결제나 입실을 하기 전에 미리 고지하는 것이 좋다. 나중에 혹여 문제가 발생했을 때, 분명 해당 내용을 사전에 안내했고 손님 역시 동의하에 시설을 이용했다는 사실이 핵심적인 증빙으로 남기 때문이다.

기타 정보

플랫폼에 등록할 때 사진, 소개글 및 주의사항 외에 필수는 아니지만 들어가면 좋은 항목들이 있다.

- 카카오톡 채널 URL

- SNS 계정 URL(인스타그램, 페이스북, 유튜브, 블로그 등)

- 기타 채널 URL(홈페이지, 지도 등)

카카오톡 채널은 실시간으로 1:1 채팅 상담이 가능하므로 활용도가 아주 높다. 누구든 무료로 계정을 만들 수 있으므로 미리 개설해두고, 해당 URL 주소를 소개글 밑에 함께 삽입해 접근성을 높이도록 하자. 전화 문의가 부담스럽거나, Q&A 게시판은 답변을 받는 데 시간이 오래 걸린다는 이유로 카카오톡 상담을 선호하는 이들이 많기 때문이다.

공간 홍보를 위해 운영하는 SNS가 있다면 해당 URL 주소 또한 소개글에 함께 기입해두도록 하자. 관심 있는 이들은 사진, 영상, 설명 등을 추가로 보기 위해 쉽게 링크를 클릭하게 된다. 플랫폼 내에서 소개할 수 있는 것들은 한정적이기 때문에, 최대한 다양한 매체를 이용해 내 공간을 어필한다면 예약률을 올리는 데 많은 도움이 될 것이다.

자체 홈페이지가 있다면 플랫폼을 군이 통하지 않고도 바로 예약을 받을 수 있으니 최대한 많이 노출시키자. 또 해당 공간이 등록되어 있는 지도 링크를 함께 삽입한다면 좀 더 쉽게 위치를 파악할 수 있어 도움이 된다. 이 외에도 운영하는 공간에 관한 기사라든가, 안내문 등 무엇이든 고객 입장에서 어필이 될 만한 것은 함께 올려두도록 하자.

4단계 운영하기

개념 짚고 넘어가기

사업을 운영할 때 꼭 알아야 할 주요 개념들을 정리해보았다.

쉐어하우스

첫째, 보증금이다. 쉐어하우스도 일반 자취방처럼 입주자에게 보증금을 받는다. 월세가 밀릴 경우에 대한 최소한의 안전장치가 필요하기 때문이다. 월세의 2~3배 정도를 받는 것이 일반적이며, 원룸 계약에 비해 보증금이 매우 낮은 편이기 때문에 목돈이 없는 입주자에게 큰 이점으로 작용한다.

둘째, 월세다. 자취방 월세와 동일한 개념이다. 보통 선불로 받으며 1인실과 다인실에 따라 가격은 상이하다. 주변에 있는 다른 쉐어하우스의 시세와 집 퀄리티, 제공하는 서비스를 감안해 월세가 형성된다. 일반적으로 30만~50만 원 내외다.

셋째, 관리비다. 월세와 별도로 생활을 유지하기 위해 추가로 들어가는 비용이다. 보통 월세와 함께 선불로 받는다. 관리비의 범위는 운영자가 정하기 나름인데, 입주자들이 함께 사용하는 소모품을 구입하는 비용으로 쓰인다. 관리비로는 쌀, 기본 조미료, 세제, 휴지, 물티슈, 쓰레기봉투 등이 포함될 수 있으며 항목은 운영자의 재량에 따라 달라진다. 그 외건물 관리비, 인터넷과 정수기 요금, 청소비까지 여기에 포함시키기도 한다. 관리비는 보통 3만~5만 원 내외가 많으며, 오피스텔일 경우 10만 원 이상으로 책정되기도 한다.

넷째, 공과금이다. 입주자들이 수도, 가스, 전기를 사용한 비용이다. 사용한 만큼 나오기 때문에 매월 달라진다는 특징이 있다. 입주일에 따라 후불로 정산해서 몇 개월 단위로 입금을 안내해주는 경우도 있고, 매번 나눠 내기가 번거롭다면 평균값을 적용해 월세 및 관리비와 함께 선불로 받을 수도 있다. 물론 여름과 겨울처럼 공과금이 급증할 때는 추가 비용을 설정해야 할 수도 있으며, 반대로 비용이 너무 높을 경우 입주자에게서 투명하게 내역을 공개해달라는 등 컴플레인을 받을 수도 있으니 합리적인 가격을 정하는 것이 중요하다.

다섯째, 옵션이다. 입주자들의 편의를 위해 추가적인 선택 옵션을 제공할 수도 있다. 얼마의 비용을 더 내면 반찬을 배달해준다거나, 세탁물을 관리해준다거나 하는 식으로 말이다. 굳이 비용을 따로 받지 않고 다른 쉐어하우스에는 없는 특별한 서비스를 추가로 제공해주는 것도 새로운 전략이 될 수 있다. 가령 고시원처럼 라면과 김치를 무한으로 제공해주는 곳도 존재한다. 과연 자신이 운영하는 쉐어하우스의 메인 타깃층에게는 어떤 아이템이 가장 유용하고 매력적일지 고민해보자.

마지막으로 계약 기간이다. 대부분 6개월 정도며, 짧으면 3개월 미만부터 길면 1년까지 다양하게 설정할 수 있다. 기간이 짧으면 입주자 입장에서 그만큼 부담이 없기 때문에 수요는 늘어날 수 있지만, 계약 기간이 끝날 때마다 새로운 사람을 구하는 과정이 번거롭다. 반면 계약 기간이 길다면 입주자를 구하기 어려울 수는 있지만 계약한 이후 크게 손 갈 것이 없다. 또 계약 기간 전에 이용자의 사정으로 인해 방을 비워야 할 경우, 직접 다음 이용자를 구해서 양도하게 하는 방법도 있다.

에어비앤비

첫째, 요금이다. 요금은 호텔, 펜션 등과 마찬가지로 이용자가 하루 숙박을 할 때 지불해야 하는 비용이다. 운영자가 원하는 가격을 고정으로 설정해놓을 수도 있고, 에어비앤비에서 제공하는 '스마트 요금'을 통해 자동으로 수요에 맞춰 적절한 가격을 제시해주는 기능을 이용할 수도 있다. 주말 비용도 따로 설정할 수 있으며 인원에 따른 추가 비용도 받을 수 있으니 적절히 활용하도록 하자.

둘째, 청소비다. 청소비는 기본 요금 외에 따로 설정할 수 있다. 에어비앤비에서는 청소비를 5천~60만 원 사이에서 책정하도록 제한하고 있다. 고객 입장에서는 요금과 청소비를 합산한 것이 최종 이용료가 되기 때문에 이를 감안해 적정한 가격을 설정하자.

셋째, 보증금이다. 에어비앤비에서는 보증금 옵션을 제공하고 있지만, 실질적으로 이를 활용하는 호스트는 많지 않다. 보증금으로 설정할 수 있는 금액이 10만~600만 원 사이로 제한되어 있기 때문이다. 1박에 10만 원 미만인 숙소를 이용하며 10만 원 이상의 보증금을 내려는 사람은 거의 없을 것이다. 또 대다수 호스트가 이 보증금 옵션을 사용하지 않기에, 보증금을 받는 숙소는 경쟁력에서 밀릴 수밖에 없다. 이런 정황 때문에 보증금 옵션을 활용하는 숙소는 의외로 찾아보기 힘들다. 그런 만큼 에어비앤비는 숙소를 더럽게 이용하고 가는 고객의 비율이 높아 청소 난이도가 높은 편이다.

넷째, 이용 기간이다. 이용 기간은 최소 하루, 최대 몇 개월이 될 수 있다. 단기 손님을 받는다면 집이 비교적 깨끗하게 유지되겠지만, 매번 청소를 해야 하니 번거롭고 청소비가 많이 든다는 단점이 있다. 반면에 장기 손님을 받는다면 그 기간 동안 청소할 필요가 없어 편하지만, 단기에 비해 수익률이 떨어지고 손님의 성향에 따라 집이 크게 상할 수 있다는 단점이 있다. 청소를 잘 하지 않거나 함부로 이용하는 손님이 장기로 머무를 경우, 곰팡이와 벌레가 생기기도 하고 가구와 세면대 등 시설이 망가질 수도 있다. 에어비앤비에서는 최소 및 최대 예약일수를 설정할 수 있으니 본인의 상황에 맞춰 조절해놓도록 하자.

파티룸

첫째, 이용료다. 파티룸을 이용하기 위해 지급하는 비용이다. 보통 시간 당으로 단가가 형성된다. 다만 한두 시간을 대여해줄 경우 청소 인건비도 나오지 않을 수 있다. 보통 최소 예약 시간을 4~5시간 정도로 설정해놓는다. 또 파티룸에는 '패키지'라는 용어가 있는데, 보통 낮이나 밤으로 시간을 구분해 시간당 예약보다 저렴하게 통으로 빌려주는 개념이다. 저녁부터 다음 날 아침까지 올나이트(all night)로 이용할 수 있는 밤 패키지가 가장 인기가 많다. 공간이 작은 편이라면 소규모 이용자가 많아 가격이 높은 패키지보다 시간당 예약이 인기가 많고, 단체가 많이 오는 곳이라면 밤새 편하게 놀 수 있는 패키지가 인기가 좋다. 공간의 유형에 따라 이 둘을 적절히 활용할 필요가 있다. 에어비앤비와 마찬가지로 특정 인원 이상 추가될 경우 따로 비용을 받을 수도 있다. 예를 들어 4인 이상 시 1인당 1만 원씩 추가하는 것이다.

둘째, 보증금이다. 파티룸은 이용한 사람이 직접 청소를 하게 되어 있다. 이를 위해서 입실 전에 이용료 외 보증금을 별도로 받으며, 퇴실 상태를 확인한 후 아무 문제가 없을 시에 돌려주는 개념이다. 규모에 따라 다르지만 보증금은 3만~10만 원 선에서 형성되어 있다. 보증금을 온전히 돌려받기 위해 대부분의 이용객들은 공간을 깨끗이 이용한다. 에어비앤비보다 파티룸 청소가 훨씬 수월한 이유도 바로 여기에 있다. 물론 음주가무 등 여러 이유로 청소를 제대로 하지 못하거나 물건 등이 파손되었다면 보증금에서 그 정도에 따라 금액을 차감하면 된다. 필요하다면 추가로 보상을 청구할 수도 있다. 해당 내용은 논란의 여지를 줄이기 위해 결제 전 주의사항에 반드시 명시해놓는다. 보증금이 높다면 그만큼 신경 써서 청소를 하고 갈 확률 또한 높다. 그러나 이용 금액에 비해 지나치게 높다면 애초에 부담스러워 예약을 하지 않을 가능성도 있다. 이를 참고해 적정한 금액을 잘 찾아보도록 하자.

참고로 필자의 경험상 약 85%의 손님들이 보증금을 온전히 받아가며, 10%의 손님들은 본인의 과실을 인정하고 보증금 차감에 수긍하거나 오히려 사과했다. 단 나머지 5%는 보증금 차감에 강력하게 이의를 제기하거나 추가 입금을 거부하는 등 블랙 컨슈머일 수 있으니 어느 정도 각오는 필요하다.

셋째, 이용 시간이다. 파티룸은 기본적으로 24시간 운영하는 곳이 대부분이다. 특히 평일보다는 금요일과 토요일, 낮보다는 밤 시간의 수요가 많다. 따라서 이용 가격을 수요에 맞춰 평일 낮을 가장 저렴하게, 주말 밤을 가장 비싸게 설정하기도 한다. 물론 코로나와 같은 예외적인 상황에서는 아예 21시 이후로 영업이 제한될 수도 있을 수 있다. 또 24시간 운영이라는 특성상 예약 문의 및 이용 중 문의도 주말과 밤낮을 가리지 않고 온다는 것을 기억해두자.

운영 사이클 알아보기

실제 공간대여업을 운영할 때 어떤 과정을 거쳐 문의 및 예약이 들어오고 또 순환되는지 업종별로 상세히 알아보도록 하자.

•• 기본적인 운영 사이클

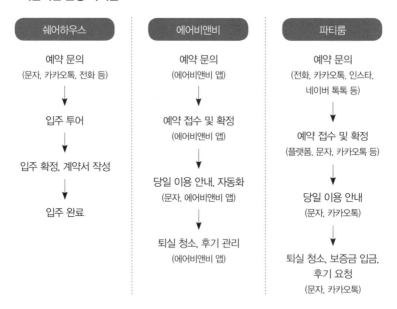

쉐어하우스

쉐어하우스는 주로 블로그나 인스타, 카페의 홍보글을 보고 연락이 온다. 문자나 전화로 소통하고, 원한다면 입주 투어 일정을 잡는다. 이때 노쇼를 방지하기 위해 소정의 입주 투어비를 받기도 한다. 그다음에는 기존 이용자들에게 미리 고지하고 새로운 사람에게 집을 보여준다. 부동산 중개업자가 집을 보여주는 것과 흡사하다. 공용 공간과 쓰게 될 방, 화장실 등을 꼼꼼히 보여주고 궁금한 점이 해소될 때까지 답변해준다.

입주 투어 당일에 바로 계약을 하는 경우도 있지만, 대부분은 여러 개의 숙소를 동시에 찾아보며 입주를 결정하기 때문에 며칠 후에 연락을 주는 경우가 많다. 생각보다 경쟁이 치열하니 연락이 오지 않더라도 너무 실망하지 말자. 만약 예비 이용자가 계약 의사를 밝힌다면, 입주일을 정하고 예약금을 받는다. 예약금은 10만 원 내외의 금액을 받기도 하고 보증금 전체 금액을 받기도 한다.

입주 당일, 계약서를 작성하고 이 집에서 지내는 동안 필수적으로 지켜야 하는 생활 규칙들을 안내한다. 남은 보증금 및 월세, 관리비 등도 계약일에 입금받는다. 할인 혜택 등으로 인해 월세를 한 번에 지불할 수도 있지만, 대부분 한 달 단위로 입금하는 경우가 많다. 입주 이후에는 굳이 들릴 일이 많이 없지만 정기적으로 청소 업체를 보내 공용 공간 청소와 분리수거 등을 돕기도 한다.

에어비앤비

에어비앤비는 자체 사이트 및 애플리케이션이 있기 때문에 대부분의 운영이 해당 플랫폼을 통해 이루어진다. 가장 먼저 플랫폼의 메시지 기능을 통해 손님에게 문의가 오고, 보통 몇 가지 질문이 오간 다음 예약 이탈 혹은 예약 접수로 이어진다. 에어비앤비는 예약이 확정되기 전까지는 연락처나 홈페이지, 계좌번호 등을 주고받지 못하게 막고 있으므로 보통 예약 전까지 모든 질의응답은 메시지로 진행된다.

손님이 결제를 진행하고 예약이 확정되면 서로의 연락처 및 개인 정보가 공개되어 자유롭게 연락할 수 있다. 또 예약자는 운영자가 미리 등록해놓은 숙소 이용 정보 등을 애플리케이션을 통해 미리 볼 수 있기도 하다. 예약 당일이 되면 운영자는 손님에게 에어비앤비 애플리케이션 혹은 개인 연락처를 통해 도어락 비밀번호와 찾아오는 길 등이 포함된 예약 안내 메시지를 보낸다.

손님이 이용을 마치고 퇴실하면 청소를 할 차례다. 인건비를 아끼기 위해 직접 청소할 수도 있고, 효율성을 위해 청소 업체를 이용하기도 한다. 청소에는 1~2시간 정도가 소요되며, 샴푸나 휴지 등 빈 소모품을 채워 넣고 수건과 이불, 베개 커버 등을 교체하는 과정도 포함된다.

이후 운영자와 이용자는 각각 서로에 대한 별점 및 평가를 플랫폼에 남길 수 있다. 상대방이 남긴 후기를 보려면 본인도 후기를 작성해야 하므로, 후기를 작성하는 비율이 비교적 높은 편이다. 이용대금은 수수료 약 3%를 제한 후 영업일 기준 3일 후에 계좌로 들어온다.

파티룸

파티룸은 스페이스클라우드와 같은 플랫폼이나 네이버 지도, 블로그, 인스타 등 다양한 경로를 통해 예약 문의를 받는다. 다만 스페이스클라우드 등 결제 기능을 제공하는 플랫폼에서 손님이 바로 예약할 경우에는 문의를 주고받는 과정이 생략될 수 있다. 기타 경로라면 원하는 날짜와 시간, 인원, 연락처 등을 확인한 후 계좌 정보가 포함된 결제 안내 메시지를 보내준다. 입금이 확인되면 예약이 확정된다. 당일 입실 안내와 보증금 반환 안내 등이 포함된 메시지를 고객에게 보내준다.

이용을 마치고 나면 퇴실 청소를 할 차례다. 손님이 청소를 잘 하고 갔다면 운영자가 나머지 정리를 한다. 쓰레기 비우기, 정리 정돈 등이 주 업무이기 때문에 평균 청소 시간은 30분 내외다.

청소 상태에 따라 손님 계좌로 보증금을 반환해주거나 차감하고 해당 내용에 대한 안내 메시지를 보낸다. 보증금은 퇴실 이후 바로 입금해줄 수도 있고, 매번 이렇게 하는 것이 번거롭다면 요일 등을 지정해놓고 정기적으로 한꺼번에 송금해줄 수도 있다. 어느 쪽이든 크게 상관없으나 사전에 미리 고지하는 것이 중요하다.

참고로 스페이스클라우드를 통해 예약을 받는다면 수수료는 약 10%이며 이용 대금은 대부분 월 2회로 나누어져 입금된다.

하루 일과 적용하기: 자동화 도전

공간대여업은 한번 세팅해둔 이후로는 청소 외 크게 손 갈 일이 없고, 기본적으로 무인으로 운영되기 때문에 시간적 여유가 많아 투잡으로 운영하기에 적합한 사업 아이템이다. 스마트폰과 더불어 적절히 인력을 사용한다면 거의 자동화가 가능하다. 업종별로 나누어 알아보도록 하자.

쉐어하우스

쉐어하우스를 운영할 때 인력이 크게 3번 필요하다. 입주 투어를 시켜줄 때, 계약서를 쓸 때, 입주 당일 이용 안내를 할 때다. 물론 쉐어하우스는 이용자가 자주 바뀌는 곳이 아니기 때문에 이러한 과정은 1년에 한 손

•• 자동화, 어디까지 가능할까?

에 꼽을 정도로 많지 않다. 따라서 이 과정 자체가 그다지 번거롭지 않게 느껴질 수도 있지만 최소한으로 줄일 수 있는 방법도 있다. 입주 투어 및 이용 안내에 이미 쉐어하우스에 살고 있는 기존 거주자를 활용하는 것이다. 월세 할인이나 기타 추가적인 혜택 등을 주고 가장 오래 산 거주자에게 이를 부탁하면 굳이 운영자가 직접 갈 필요도 없고, 투어를 받는 사람 입장에서도 실제 사는 사람에게 더 생생한 설명을 들을 수 있어 나쁘지 않다. 부탁할 만한 거주자가 없다면 소정의 비용을 지급하고 근처 부동산에게 투어를 대신 맡겨도 된다. 계약서 작성도 이메일이나 우편을 통해 언택트로 해결할 수도 있겠지만, 신뢰감이 떨어질 수도 있으니 가급적 한 번은 직접 만나 작성하는 것을 추천한다.

에어비앤비

에어비앤비는 대부분 앱을 통해 소통하기 때문에 스마트폰만으로 90% 이상 해결된다. 다만 청소는 사람이 직접 관리해야 한다. 운영자가 직접 할 수도 있겠지만 에어비앤비의 청소 강도가 다소 높기 때문에 전문 청소 업체를 쓰는 경우가 많다. 보통 최소 비용은 1회당 3만 원 내외다.

파티룸

파티룸도 청소 외에는 굳이 직접 가지 않고도 운영할 수 있다는 점에서 에어비앤비와 흡사하지만, 하나의 플랫폼이 아닌 여러 개의 플랫폼을 통해 연락이 오가고 예약이 진행된다는 점은 다르다. 또 에어비앤비는 대부분 메시지를 통해 문의가 오는 반면, 파티룸은 전화로 문의가 오는 비율이 높기 때문에 실시간으로 응답하는 것이 오히려 가장 까다로울 수 있다. 전화를 받지 못할 경우 예약 기회가 날아갈 확률이 높기 때문이다.

파티룸은 청소 난이도가 그리 높지 않으므로 전문적인 청소 업체를 굳이 쓸 필요는 없다. 청소를 업으로 삼지 않더라도 누구든 쉽게 할 수 있는 수준이므로 근처에 거주하는 주민을 청소 아르바이트생으로 고용하면 저렴한 가격에 높은 효율로 활용이 가능하다. 청소 알바를 구하는 방법은 뒤에서 상세히 알아보도록 하자.

업종별 창업
필수 품목 리스트

공간대여업 창업을 준비할 때 필수적으로 구매해야 하는 기본 품목 리스트를 준비했다. 보편적으로 구매하는 품목 위주로 나열했으며, 본인의 운영 스타일 및 장소의 특성에 따라 항목은 얼마든지 달라질 수 있으므로 참고하자.

쉐어하우스

쉐어하우스는 거주 인원이 여러 명인 만큼 의자, 수저, 컵 등 기본 세팅의 가짓수가 늘어난다. 반대로 장기 거주자를 위한 장소이기 때문에 목욕 용품 및 침구류에는 신경 쓰지 않아도 된다.

- 거실: 책장 혹은 수납장, 스탠드 에어컨, TV 혹은 빔프로젝터(TV는 굳이 두지 않는 경우가 더 많다), 스크린(빔프로젝터용), 소파(공간에 따라 선택 가능), 커튼, 무선 공유기 등
- 주방: 거주 인원수에 맞춘 식탁 및 의자(공간에 따라 거실로 가기도 한다), 냉장고, 전자레인지, 밥솥, 전기 포트, 에어프라이어(선택 옵션), 토스트기(선택 옵션), 커피 머신(선택 옵션), 휴지통 및 분리수거함, 음식물 쓰레기통, 식기건조대, 국그릇, 밥그릇, 접시(다양한 크기 및 용도별), 컵(머그컵, 유리잔, 와인잔 등 종류별로), 수저, 냄비 및 프라이팬, 도마, 냄비받침, 조리도구(칼, 가위, 집게, 국자 등), 행주 등
- 방: 침대(싱글 또는 슈퍼싱글 사이즈), 책상, 의자, 스탠드, 옷장, 수납함, 에어컨(혹은 선풍기 등), 전신 거울, 커튼, 개인 휴지통 등
- 세탁실: 세탁기(대용량 통돌이 세탁기 추천), 건조기(가급적 갖추어놓는 것을 추천), 건조대, 구급함, 소화기 등
- 화장실: 칸을 나누어 쓸 수 있는 넉넉한 수납함, 수납 선반, 칫솔 걸이, 발매트, 욕실화, 변기솔, 청소솔, 뚫어뻥 등
- 기타: 인테리어 용품(액자, 식물, 쿠션, 캔들, 장 스탠드 등), 청소 용품(청소기, 빗자루, 밀대 등) 등
- 소모품: 휴지, 키친타올, 물티슈, 쌀, 일반·음식물 쓰레기봉투, 조미료(소금, 후추, 설탕, 기름, 간장 등), 주방 세제, 수세미, 세탁 세제, 손 세정제, 락스 등

에어비앤비

에어비앤비 이용자를 위한 필수 구매 리스트는 일반 가정집과 크게 다

르지 않다. 단기 숙박을 위한 장소이므로 샴푸, 바디워시 등의 목욕 용품을 제공하고 수건과 이불 등도 매번 교체해야 한다는 점을 유의한다.

- 거실: 책장 혹은 수납장, 스탠드 에어컨, TV 혹은 빔프로젝터, 스크린(빔프로젝터용), 소파, 커튼, 카펫, 무선공유기 등
- 주방: 식탁 및 의자, 냉장고, 전자레인지, 밥솥, 전기 포트, 에어프라이어(선택옵션), 토스트기(선택 옵션), 커피 머신(선택 옵션), 휴지통 및 분리수거함, 음식물쓰레기통, 식기건조대, 국그릇, 밥그릇, 접시(다양한 크기 및 용도별), 컵(머그컵, 유리잔, 와인잔 등 종류별로), 수저, 냄비 및 프라이팬, 도마, 냄비받침, 조리도구(칼, 가위, 집게, 국자 등), 행주 등
- 방: 침대, 옷장, 수납함, 에어컨(혹은 선풍기), 전신 거울, 커튼 등
- 세탁실: 세탁기, 건조대, 구급함, 소화기 등
- 화장실: 칫솔 걸이, 발매트, 욕실화, 변기솔, 청소솔, 뚫어뻥 등
- 기타: 인테리어 용품(액자, 식물, 쿠션, 캔들, 장 스탠드 등), 청소 용품(청소기, 빗자루, 밀대 등)
- 소모품: 휴지, 키친타올, 물티슈, 일반·음식물 쓰레기봉투, 조미료(소금, 후추, 설탕, 기름, 간장 등), 주방 세제, 수세미, 세탁 세제, 손 세정제, 치약, 샴푸, 린스, 바디워시, 락스 등
- 교체품: 매트리스 커버, 이불, 베개 커버, 수건 등

파티룸

파티룸은 숙박을 위한 공간이 아니기 때문에 필요한 가짓수도 상대적으

로 적은 편이다. 숙박업소가 아니기 때문에 목욕 용품과 침구류 등을 제공하면 불법이라는 사실을 꼭 기억하자.

- 가구: 테이블, 의자, 접이식 의자(추가 인원을 위한 여분), 소파(콘셉트에 따라 생략 가능, 쉽게 오염되지 않는 재질의 소파 베드 추천), 행거(너무 낮지 않고 여러 벌 수납이 가능한 제품) 등
- 가전: 냉난방기(에어컨과 난방기를 따로 사는 것보다 공간 활용 및 장기적인 비용 절약을 위해 결합된 제품 추천), 냉장고(130리터 내외 추천), 전자레인지(작동이 쉬운 모델), 전기 포트(대용량), TV 혹은 빔프로젝터(고화질), 블루투스 스피커 등
- 소품: 인테리어 조명(거실, 주방, 스탠드 등 종류별로), 전구(주광색이 흰색, 전구색이 노란색 빛을 내니 구매 시 유의), 휴지통 및 분리수거함(대용량), 담요 및 쿠션(겨울 대비), 스크린(빔프로젝터용), 커튼(인테리어용), 거울(셀카존), 청소 도구(청소기, 빗자루, 밀대, 욕실 청소 용품 등), 소화기(비상시 대비, 인테리어용 소화기 추천), 우산꽂이, 옷걸이, 멀티탭, 발매트 및 카펫, 삼각대(셀프 사진 촬영 용도), 무선공유기, 식물 등
- 주방 관련(싱크대가 있을 경우): 그릇장(레인지대 겸용), 휴대용 인덕션 혹은 하이라이트(가스레인지가 없을 경우), 식기건조대, 음식물수거함, 접시 및 그릇(다양한 크기 및 용도별), 컵(머그컵, 유리잔, 와인잔 등 종류별로), 커트러리(수저, 나이프, 포크), 냄비 및 프라이팬, 도마, 냄비받침, 조리도구(칼, 가위, 집게, 국자 등), 행주 등
- 소모품: 휴지, 키친타올, 물티슈, 일반·음식물 쓰레기봉투, 주방 세제, 수세미, 손 세정제, 락스 등

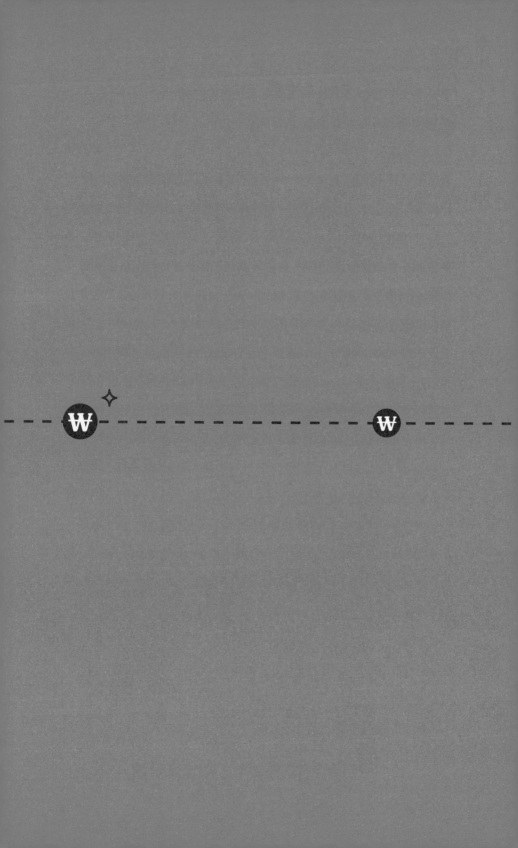

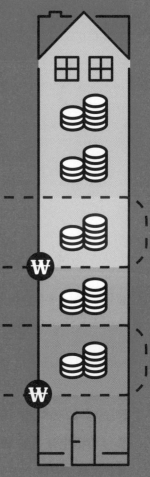

0원
마케팅
실전
노하우

재화가 아닌
가치를 팔자

공간대여업 시장은 시대의 흐름을 타고 빠르게 성장하고 있다. 진입장벽과 리스크가 비교적 낮은 사업인 만큼 창업에 쉽게 뛰어드는 이들도 많아 홍대나 이태원 같은 밀집지역은 이미 레드 오션이 되었다고 봐야 할 정도다. 이러한 시장 상황 속에서 거대한 자본금을 투자해 시설과 인테리어 면에서 압도적으로 앞서 나갈 수 있는 상황이 아니라면, 손님을 끌어들일 수 있는 가장 쉽고 확실한 방법은 가격을 낮추는 것이다. 하지만 이 방법은 결코 장기적인 해결책이 아니다. 가격이 낮아지면 당장 예약 수는 늘어나겠지만 그만큼 업무 효율도 낮아질 것이고, 다른 경쟁 업체가 가격을 낮추는 순간 바로 우위를 빼앗기기 때문이다. 또한 시장 전체

●● 현재와 과거의 소비자 구매 사유 비교

현재의 소비자

친환경적
트렌디　　　　감성적
착한기업　　　　가치관

과거의 소비자
가격
기술력
안전성
디자인

의 평균 단가를 낮추게 되어 업계에 부정적인 영향을 미치게 된다.

　장기적으로 안정적인 운영과 매출 상승을 이끌 수 있는 방법은 오직 적절한 마케팅뿐이다. 공간대여업의 주요 이용자는 1980년 초부터 2000년 초반에 태어난 MZ세대다. 이들은 인터넷 문화에 무척 익숙한데, 이들이 사용하는 다양한 온라인 플랫폼의 특성을 알맞게 활용한다면 비용을 거의 들이지 않고도 얼마든지 자신의 공간을 홍보할 수 있다. 전문가가 아니라도 누구든 활용할 수 있는 가장 효율적이고 효과적인 마케팅 비법을 공개한다.

　마케팅의 세계는 넓고도 깊지만 궁극적인 목적은 단 한 가지다. 사람들의 눈길을 끌고 결국엔 지갑을 열게 하는 것. 2000년대 이후 현재까지 수많은 브랜드에서 적극적으로 활용하고 있는 대표적인 마케팅 기법은 바로 '감성 마케팅'이다. 감성 마케팅은 단순히 제품의 기능을 강조하던 시대에서 벗어나, 분위기나 추억처럼 손에 잡히지 않는 추상적인 개념을 광고하는 시대로 넘어왔음을 알려준다. 21세기의 소비자는 무언가를 구매할 때 기본적으로 높은 기술력과 합리적인 가격을 비교한다. 여기서 한 발 더 나아가 해당 물건을 사용함으로써 자신이 얻을 수 있는 가치와 브랜드가 지향하는 선한 영향력까지 폭넓게 고려한다.

이러한 소비 시장의 변화 속에서 감성 마케팅이 주목받는 이유 중 하나는, 기술 개발의 보편화로 인해 상품 대부분이 제공하는 기능과 품질이 상향 평준화되었기 때문이다. 공간대여업의 사정도 크게 다르지 않다. 파티룸을 예로 들어보자. 만약 어떤 공간에 테이블과 의자만 있다면 '다수가 모여 모임을 진행하는 공간'이라는 파티룸의 기본 목적에 충분히 부합한다. 따라서 멋진 조명이나 커다란 냉장고 등 몇 가지 차별화된 옵션이 있더라도 소비자 입장에서 결정을 번복할 만큼 크게 고려할 만한 요소는 아니다. 따라서 최소한의 기본 요건만 충족된다면 대부분 고객들은 이동하기 편하거나 가격이 저렴한 순으로 예약을 진행할 것이다. 그런데 이러한 보편적인 의사결정 과정에 끼어들어 선택지를 고르는 데 큰 영향을 미칠 수 있는 유일한 요소가 바로 '감성'이다. 이것이 바로 업계의 경쟁이 더욱 치열해질수록 고객의 머리가 아닌 가슴을 움직이는 데 주목해야 하는 이유다.

MZ세대의 취향을 저격하라

본격적으로 감성 마케팅을 파악하기 전에 공간대여업의 주요 소비자층인 MZ세대의 대표적인 소비 트렌드 중 하나, '미닝 아웃(Meaning Out)'

에 대해 알아보자. 미닝 아웃은 신념을 의미하는 영어 단어 '민(Mean)'과 드러낸다는 뜻의 '커밍 아웃(Coming out)'을 합쳐 만든 신조어다. '신념을 커밍 아웃 한다'는 의미로, 자신의 신념이나 가치관을 표현할 수 있는 상품을 구매하고 그것을 SNS에 공유하는 행위를 일컫는다. 소비를 통해 자신의 정치 및 사회적 신념을 당당히 드러내는 MZ세대의 특징을 담아낸 용어다. 간단히 말해, 구매를 일으키는 데 가장 큰 영향을 미치는 요소가 개인의 신념이라는 것을 반영한다.

실제로 MZ세대는 아무리 저렴하거나 타인의 평가가 좋더라도 해당 상품 혹은 브랜드가 자신이 설정한 기준에 미치지 못한다면 절대 지갑을 열지 않는다. 그러나 반대로 본인의 신념과 스타일에 부합한다면 가격이 꽤 높더라도 망설임 없이 결제한다. 이들은 본인의 신념을 기반으로 움직이기 때문에, 그만큼 마음을 사기 어려우나 한 번 마음을 얻으면 높은 충성도를 보인다는 장점이 있다. 그 예로 애플이나 스타벅스 같은 브랜드들이 끊임없이 구설수에 오르내림에도 불구하고 전 세계적으로 수많은 충성 고객을 보유하고 있음을 떠올려보자. 스타벅스보다 훨씬 저렴하거나 커피 맛이 좋은 카페가 있다 한들, 고객들은 스타벅스의 고유한 감성과 분위기 때문에 기꺼이 더 비싼 값을 지불하고 스타벅스를 선택한다. 동물복지유정란이 일반 달걀보다 2배 이상 비싸지만 그 안에 담긴 가치를 더 높게 평가하는 자신의 신념에 따라 더 높은 값에 달걀을 구매하는 소비자도 많다. 이처럼 독보적인 브랜드 이미지와 정체성이 확립된다면 굳이 가격으로 경쟁할 필요가 없어진다.

이러한 MZ세대의 특성은 감성 마케팅이 추구하는 방향성과 그 결이 같다. 따라서 MZ세대의 신임을 얻기 위해서는 단순히 가성비나 예쁜 인테리어를 뛰어넘어 그들의 고유한 '감성'과 '취향'을 정확히 저격해야 한다.

감성 마케팅의 시작, 스토리텔링

감성 마케팅의 핵심은 고객에게서 '공감'을 이끌어내는 것이다. 그러기 위해서는 스토리텔링 기법을 적극적으로 활용할 필요가 있다. 스토리텔 링은 말 그대로 이야기를 풀어내는 방식을 의미한다. 같은 스토리라 할 지라도 말하는 주체에 따라 흥미진진하고 매력적인 모험담이 되기도 하 고, 무미건조하고 진부한 이야기가 되기도 한다. 뛰어난 만담꾼 주변으 로는 사람들이 홀린 듯 모여드는 것을 생각해보자. 이처럼 감성 마케팅 으로 효과를 보기 위해서는 자신의 상품이 가진 이야기를 발굴하고 갈 고닦아 그럴듯하게 전시할 필요가 있다.

　여기서 본래 있던 스토리를 매력적으로 포장하는 것과 거짓으로 만 들어내는 것에는 큰 차이가 있다는 점을 주의한다. 자극적인 설정은 쉽 게 사람들의 눈길을 끌고 화제를 불러일으키는 데 유리하겠지만, 진위가 드러났을 때 거짓에 대한 대가를 수십 배로 치러야만 한다. 따라서 자신 이 가진 이야기가 아주 평범하고 재미없게 느껴지더라도, 솔직함은 아주 강력한 무기라는 것을 잊지 말고 자신만의 진정성을 담아내보자. 평범한 이야기가 가진 힘은 생각보다 크다. 평범하다는 것은 곧 보편적이라는 뜻이고, 보편적이라는 말은 그만큼 공감해줄 사람이 많다는 의미이기 때 문이다. 좀 더 쉬운 이해를 돕기 위해 다음 예시를 함께 보자.

스토리 A

쉐어하우스를 오픈했습니다. 집은 ○○역에서 걸어서 5분 거리며, 신축 건물이라 아주 넓고 깨끗해요. 보안 시스템도 잘 마련되어 있습니다. 함께 사실 입주자 분은 연락해주세요.

스토리 B

저는 유명 여행 작가 △△입니다. 베스트셀러 작가이기도 하고, 인플루언서로서 광고와 방송 출연 등 다양한 활동을 하고 있어요. 이번에 쉐어하우스를 오픈하게 되었는데 저와 함께 살아보시겠어요?

스토리 C

저는 평범한 직장인입니다. 서울에서 외로운 자취 생활을 5년간 이어왔습니다. 결혼은 언제 할지 모르겠고 더 이상 혼자 살기 싫어서 결국 쉐어하우스를 열게 되었어요. 혹시 저 같은 분이 또 계실까요?

당신이 현재 쉐어하우스를 알아보고 있다면 스토리 A, B, C 중 어느 곳에 가장 관심이 가겠는가?

우선 스토리 A는 구성이 몹시 익숙할 것이다. 대다수의 공간대여업 자들이 선택하고 있는 형태이기 때문이다. 역에서 얼마나 가깝고, 집이 몇 평이고, 화장실이 몇 개인지 내세운다. 또는 보증금과 월세가 얼마인 지 전형적인 '재화'에 집중한 스토리텔링이다. 이 글에서 당신은 집주인 이 어떤 유형의 사람이고, 왜 쉐어하우스를 오픈하게 되었는지에 대한 조금의 힌트도 얻기 어렵다.

그다음으로, 스토리 B에 눈길이 가는 이들이 가장 많을 것이다. 셋 중 가장 흥미로운 이야기이기 때문이다. 집주인은 유명인이기 때문에 조금만 검색해보면 그가 쓴 책과 출연한 방송 등을 쉽게 찾아볼 수 있고, 유명 연예인과 스캔들이 난 적도 있다. 셀럽의 실제 지인, 그것도 함께 사는 친밀한 사이가 될 수 있다는 점 때문에 실제로 B 같은 집이 있다면 입주 문의가 폭주할 것이다. 이 경우 집의 퀄리티가 A보다 다소 떨어지더라도, 유명한 집주인의 동거인이 된다는 메리트가 굉장히 크다. 심지어 가격이 더 높더라도 A보다는 B의 수요가 훨씬 클 것이다.

마지막으로 스토리 C는 어떨까? C의 주인은 아주 평범한 사람이다. 우리와 별반 다르지 않은 사람인 것 같다. 평범한 이들처럼 대학교를 졸업하고 서울로 취업을 한 것 같고, 못 간 건지 안 간 건지 결혼은 머나먼 일이고, 쭉 이어진 1인 가구 생활에 많이 지치고 질린 것 같다. 여러분도, 여러분 주변의 수많은 지인들도 한 번쯤은 느껴본 감정이다. 너무 평범하기 때문에 너무나 공감이 갈 수밖에 없는, 우리 모두의 이야기다. 만나본 적 없는 집주인이지만, 벌써 친근하게 느껴지기 시작한다.

스토리 C는 필자가 운영 중인 쉐어하우스 '선녀방'의 실제 이야기다. B와의 수요 경쟁에서 밀릴지는 모르겠지만, 선녀방은 실제로 많은 이들의 공감을 얻었다. 그 덕분에 운영 3년 차에 접어든 현재까지 공실률 0%를 이어가고 있다. 이 스토리에 감명받아 입주 문의를 준 사람도 많고, 서울시와 EBS, 닷페이스 등의 매체를 통해 소개되기도 했다. 스토리 A처럼 재화적인 가치만 강조했더라면 결코 얻을 수 없었을 결과물이다.

쉐어하우스 '선녀방'을 이용한 사람들

자료: 유튜브 채널 '서울시건강가정지원센터'

    스토리 A, B, C 중에서 B의 스토리가 가장 자극적이라는 것은 모두가 동감할 것이다. 본인이 B와 같이 매력적인 스토리를 가지고 있다면, 최대한 적극적으로 활용하기를 바란다. 사실 대다수는 자신이 아주 평범하고, 재미없는 삶을 살아왔기 때문에 감성 마케팅이나 스토리텔링으로 써먹을 만한 요소가 없다고 생각할 것이다. 하지만 세상에는 수많은 사람들이 있고 우리의 목표는 결코 그들 모두를 고객으로 만드는 것이 아니다. 그중 0.1%도 되지 않는 아주 극소수만이라도 내 이야기에 귀를 기울이고 마음이 움직인다면, 내 사업은 충분히 성공할 수 있다. 따라서 자신이 가진 이야기가 그리 뛰어나거나 최고가 아니라고 해서 스토리텔링을 포기하지 말자. 사실 우리가 살아온 삶 자체가, 가장 효과적인 마케팅 수단이 되어준다. 그렇다면 이제 나만의 이야기를 어떻게 발굴해서 포장해야 할지 다음 단계에서 알아보도록 하자.

너 자신을 알라

매력적인 이야기를 만들기 위해서는 가장 먼저 스스로를 면밀히 돌아볼 필요가 있다. 모든 것은 '나'로부터 시작되기 때문이다. 내가 좋아하는 것과 싫어하는 것부터 시작해서 전공, 직업, 관심 분야 등 다른 사람보다 조금이라도 더 잘 알거나 관심 있어 하는 것들을 낱낱이 나열해보자. 내용은 자세하고 구체적일수록 좋다. 아무리 사소한 것이라도 모두 적어 내려가보자. 마인드맵을 그려보면 더욱 도움이 될 것이다.

이 중에서 자신이 특별히 강조하고 싶거나, 타인과 공유하고 싶은 가치를 골라보자. 이유가 무엇이든 좋다. 가령 사람들이 잘 모르는 개념이

●● **나의 삶 마인드맵 그리기**

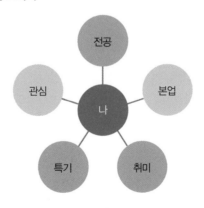

라 널리 알리고 싶어도 좋고, 반대로 사람들에게 익숙하고 유명한 대상이라 함께 공유하고 싶어도 좋다. 몇 가지를 골랐다면 이제 자신이 가진 공간과 적절하게 결합해볼 차례다. 쉐어하우스, 에어비앤비, 파티룸, 그 어떤 것이라도 괜찮다. 이 공간에 특색을 더해줄 만한 요소가 있을지 하나하나 살펴보자.

가령 자신이 영화 마니아고 영화 포스터를 수집하는 것이 취미라면, 그동안 수집해온 포스터를 액자에 넣어 벽 여기저기에 전시할 수 있을 것이다. 공간의 이름도 영화와 관련된 것으로 짓고, 다른 영화 마니아들의 마음을 설레게 할 수 있는 요소들을 잔뜩 집어넣는 것이다. 기능이 좋은 영상 장비와 스피커, 벽 한 면을 채우는 커다란 스크린, 영화관 의자보다 안락하고 편안한 소파 등. 그리고 마케팅을 할 때는 '영화 찐덕후가 버킷리스트를 이루려고 만든 꿈 속의 홈 씨어터'와 같은 방향으로 스토리텔링을 해보자. 그럼 이 공간은 영화 동호회나 온라인 콘서트 등 영상 관람을 목적으로 하는 사람들에게 높은 인기를 끌 수 있을 것이다. 이게 바로 공간이 가진 스토리의 힘이다.

취미뿐 아니라 직업 요소도 공간에 색깔을 더해줄 수 있다. 그 예로 '건축가의 서재'라는 부제가 붙어 있는 대관 공간, '로운쌀롱'을 살펴보자. 실제로 건축을 전공한 협동조합 구성원들의 손을 거쳐 완성된 공간이다. '건축가는 어떤 서재를 가지고 있을까'를 주제로 많은 고민을 했고 그 결과로 세련되면서도 독특한 서재 공간이 탄생하게 되었다. 그저 평범할 수 있는 모임 공간에 '건축가'라는 직업 요소가 가미되어 고유한 스토리가 생겨났고, 건축과 관계없는 일반인들로 하여금 한 번쯤 방문해보고 싶은 호기심과 욕구를 불러일으키는 것이다.

자신만의 마케팅 포인트를 찾아내는 것은 생각보다 어렵다. 이럴 때 꼭 기억해야 할 것은, 반드시 '거창하고 대단한 무언가'일 필요가 없다는 것이다. 아무리 작은 요소라 하더라도 공간의 이름이나 소개글, 인테리어 등에 살짝 녹여두기만 한다면 충분한 차별점이 될 수 있다. 중요한 것은 그 이유, 즉 뒷배경에 대해 잘 풀어줘야 한다는 것이다. 가령 '내가 왜 이 일을 시작하게 되었는지' '내가 이 공간에 담고 싶은 가치는 무엇인지' '고객이 이 공간에서 무엇을 느꼈으면 좋겠는지' 등에 대해 자신만의 해답을 나열하는 과정이다. 한마디로 어떤 상품의 비하인드 스토리를 보여주는 과정이 곧 감성 마케팅의 출발점이 되는 것이다.

우리는 영화나 드라마를 보며 주인공의 감정에 이입해 함께 울고 웃는다. 그 이유는 주인공이 겪은 스토리를 모두 알고 있기 때문이다. 감성 마케팅도 마찬가지다. 사람들이 내 상품에 공감하게 하려면, 숨겨진 이야기를 모두 드러내야 한다. 요즘에는 예능 프로그램의 PD나 스태프가 카메라 앞에 자주 등장하고, 기관의 SNS를 운영하는 담당자도 본인의 존재를 유머러스하게 드러낸다. 스타트업 홈페이지에 들어가보면 직원들의 얼굴과 소개글을 볼 수 있다. 이제 '만든 이'는 철저히 숨겨지고 완성된 상품만이 주목받던 시대는 지나갔다. 21세기의 소비자들은 '그래서 누가 이걸 만들었고' '왜 만들었고' '앞으로 어떻게 할 건지'를 더 궁금해한다. 상품의 퀄리티를 떠나 만든 이의 행보에 동감하고 응원해주고 싶다면 기꺼이 소비자가 된다. 감정적으로 만든 이에게 동기화가 되었기 때문이다. 반대로 악덕 기업이나 악행을 저지른 이가 관여된 상품이라면 아무리 품질이 좋다고 하더라도 곧바로 불매 운동이 일어난다. 지금 시장에선 MZ세대를 필두로 실시간 권선징악이 행해지고 있다.

물론 브랜드와 제품에 따라 스토리텔링도 여러 종류가 있겠지만, 사실 1인 기업이나 소규모 업장에서 가장 쉽고 빠르게 적용할 수 있는 스토리텔링 방법은 운영자 본인에 대한 긍정적인 면을 전시하는 것이다. 따라서 '나는 이런 사람이고, 이런 이유로 인해서 이런 사업을 운영 중이다. 내가 이것으로 인해 더 행복해졌듯이 당신들도 그랬으면 좋겠다.'라는 메시지를 직간접적으로 드러내어 예비 소비자와 공감대를 형성하는 것이 매우 중요하다.

물론 이러한 작업은 공간을 운영하는 데 필수적인 요소가 아닐 수도 있다. 이미 아무런 스토리 없이 운영되고 있는 영업장도 넘쳐나기 때문이다. 다만 마케팅의 목적은 단순히 '팔리게' 하는 것을 넘어서 '더 잘 팔

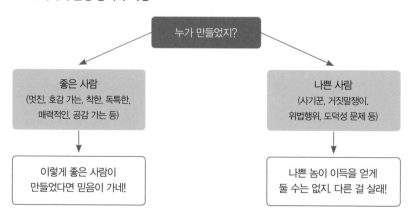

•• 소비자의 감정 동기화 과정

내 집 없이 월세 받는 쉐어하우스, 에어비앤비, 파티룸 재테크

136

리게' 하는 데 있다는 것을 기억하자. 지금의 성과에 이미 만족하고 있을 수도 있지만, 감성 마케팅을 적절히 활용한다면 홍보 비용을 크게 들이지 않고도 몇 배로 매출이 뛰어오를 수도 있다는 점을 간과해서는 안 된다.

시선을 끄는
마케팅 비법

#이름짓기 #프로모션진행노하우 #맞춤형혜택까지

앞서 이야기한 과정을 통해 대략적인 마케팅 방향성을 정했다면, 이를 자신이 선정한 공간과 사업에 적절히 녹여낼 차례다.

첫 단추는 이름부터

영업장의 이름은 작품의 제목과도 같다. 제목만 듣고도 그 알맹이가 궁금해지는 책과 영화, 노래, 드라마를 떠올려보자. 반면 내용은 너무 좋은데 제목이 아쉬운 작품들도 있다. 제목이 너무 밋밋하거나 평범해서 쉽게 잊혀지는 경우 혹은 알맹이를 제대로 담아내지 못한 경우가 그렇다. 물론 내용이 이를 상쇄할 정도로 훌륭하다면 제목의 퀄리티와 관계없이 빛을 발할 수도 있겠지만, 적은 노력과 비용으로 가장 쉽고 빠르게 주목을 끌 수 있는 방법은 이름에 많은 공을 들이는 것이다. 지금부터 좋은 이름이 충족해야 할 기준을 하나씩 알아보자.

감성을 담아라

모든 글자와 단어에는 고유한 감성이 담겨 있다. 가령 '김현석'이라는 이름과 '박춘자'라는 이름을 들었을 때, 머리에 가장 먼저 어떤 이미지가 떠오를까? 사람마다 조금씩 차이는 있겠지만 김현석이라는 이름에서는 20~30대의 젊은 남성이, 박춘자라는 이름에서는 중년 혹은 노년 여성의 이미지가 떠오른다. 동시에 김현석은 숫자에 강하거나 공대를 나왔을 것 같고, 박춘자는 보수적이거나 시골에 살 것 같다는 느낌이 들 수도 있다. 물론 실제 결과는 정반대라고 하더라도, 사회적으로 학습된 고정관념이 가진 힘은 생각보다 강력하다.

따라서 영업장의 이름은 실제 공간의 분위기를 잘 담아내야 한다. 이름만 듣고도 누구든 직관적으로 도시적, 로맨틱, 아늑함, 화려함 등 그 공간이 추구하는 감성을 파악할 수 있어야 한다.

쉐어하우스 '선녀방'을 예시로 들어보자. '선녀방'은 사실 '선한 여자들의 방'이라는 뜻을 담고 있다. 하지만 그러한 내용을 모르더라도 일단 '녀'라는 글자가 들어가기 때문에 대다수는 이곳이 여성 전용 공간이라는 것을 쉽게 파악한다. 또한 '선녀'가 가진 보편적인 이미지 덕분에 전반적으로 상냥하고 따스한 이미지를 떠올린 사람들도 많았다. 실제로 선녀방이라는 공간이 추구하는 방향성과 포근한 인테리어 콘셉트와도 잘 맞아떨어진 것이다.

영업장의 이름은 앞서 고민한 마케팅적인 가치를 담아낼 수도 있고, 단지 인테리어 방향성에 충실할 수도 있다. 정해진 답은 없다. 다만 이름에 담긴 감성에 따라 해당 공간을 찾는 메인 타깃도 완전히 달라질 수 있기에, 혹시 이름이 실제 공간과 상반된 분위기를 풍기고 있지는 않은지 각별히 주의하자.

호기심을 유발하라

이름은 되도록 발음하기 쉽고, 한 번 보아도 오래 기억에 남는 것이 유리하다. 소비자 입장에서는 당장 이용하지 않더라도 나중에 필요한 경우 가장 먼저 떠오르는 곳을 이용하게 될 확률이 크기 때문이다. 예전에 한 번 찾아봤던 것이 뇌리에 박혀 있다면 가장 먼저 연락해보겠지만, 이름이 영 기억나지 않는다면 금세 포기하고 새로운 장소를 찾을 수 있다. 이것이 이름이 가진 힘이다.

이러한 측면에서 이름을 통해 고객의 호기심을 어느 정도 유발하는 것을 추천한다. 이름에 담긴 뜻이 궁금해서 고객 스스로가 추가로 검색하게 되고, 이를 통해 홈페이지나 블로그, SNS 등으로 유입될 가능성이 열리기 때문이다. 이렇게 호기심을 가지고 자발적으로 정보를 찾아보게 된다면 그냥 한 번 보고 지나친 것보다 훨씬 기억에 오래 남는다. 그리고 이름에 담긴 뜻이 고객의 감성 어딘가를 자극하는 데 성공한다면 바로 충성 고객으로 전환될 가능성이 크다. 단지 이름만 보여줬을 뿐인데, 벌써 감성 마케팅이 시작된 것이다.

파티룸 '시혜적동물'은 이러한 효과를 톡톡히 보고 있다. 이 특이한 이름에는 '인간의 본능인 사회적 동물에서 나아가 시혜적(은혜를 베푸는) 동물이 되어보자!'라는 의미가 담겨 있다. 사실 '시혜적'이라는 단어는 자주 쓰이는 단어가 아니기에 사람들 대부분 이 단어 자체를 낯설어한다. 의미를 안다 하더라도 왜 이런 특이한 이름을 붙이게 되었는지 의아해하는 사람들도 몹시 많다. 그래서 이름에 담긴 의미를 물어보는 손님이나 주변 지인들, 거래처 등이 많은데 이는 곧 내 공간이 가진 감성을 손님에게 직접적으로 한 번 더 홍보할 수 있는 기회가 된다. 파티룸 시혜적동물의 이름이 무슨 뜻인지 궁금해하는 사람들에게는 다음과 같이 이야기해준다.

"파티룸은 오직 모임만을 위한 공간입니다. 인간이 끊임없이 교류와 연대를 필요로 하는 사회적 동물이라는 점을 잘 나타내는 장소라고 생각했어요. 우리가 함께 모여 즐거운 시간을 보내며 웃고 떠드는 것도 좋지만, 기왕 모인 김에 좀 더 좋은 사람, 선한 사람이 되기 위해 함께 노력해보는 건 어떨까 생각했습니다. 이러한 마음을 담아 지은 이름입니다."

이렇게 한 번 설명을 들은 이들은 절대 그 이름을 잊지 않는다. 또한 설명을 듣고 해당 공간이 가진 가치에 동감할수록, 자연스럽게 충성 고객의 대열에 합류하게 되는 것이다.

고유명사가 되자

이름을 지을 때 뜻이 좋거나 어감이 예쁜 단어를 적극적으로 활용하는 것은 좋다. 하지만 여기서 유의해야 할 점은 이미 비슷한 조합의 이름이 존재하지는 않는지 반드시 확인해야 한다는 것이다.

만약 동네에서 영업장 앞을 오가는 주민들을 대상으로 하는 장사라면, 비슷한 이름들이 많더라도 크게 문제는 되지 않는다. 가령 '김밥천국'과 같은 분식점은 가게 앞을 실제로 지나가다 들어오는 손님이 대다수이지 미리 인터넷으로 검색을 해보고 예약을 해서 오는 경우는 거의 없을 것이다.

하지만 공간대여업은 업종 특성상 99%의 손님이 검색을 통해 영업장을 알게 되고, 미리 예약을 한 후에 이용하게 된다. 따라서 비슷한 이름이 많다면 일단 정확히 기억하기 어렵다는 큰 단점이 있다. 그리고 무엇보다도 자세한 정보를 찾으려고 네이버와 구글 등 포털 사이트에 검색했을 때 원하는 결과를 찾기가 어렵다.

만약 파티룸의 이름이 '블루스카이'라고 했을 때, 손님이 이곳에 대한 정보를 더 얻기 위해 검색해본다고 가정해보자. 일단 검색창에 '블루스카이'라고 치면 사전적 의미를 비롯해 동일한 이름을 가진 온갖 종류의 웹사이트와 블로그, 상품 및 다양한 종류의 사업자 정보가 쏟아질 것이다. 이러한 검색 결과 속에서 개인이 운영하는 페이지가 가장 상위로 올라가기란 결코 쉽지 않다. 물론 원하는 결과가 나올 때까지 계속 페이지를 넘겨보거나, '홍대 블루스카이' '파티룸 블루스카이'와 같이 검색어의 범위를 좁혀가며 추가적인 시도를 해보는 이들도 있을 것이다. 그러나 대부분은 이러한 과정 없이 빠르게 이탈할 확률이 더 높다.

따라서 공간대여업의 특징에 맞춰 보다 쉽고 빠른 검색을 위해서라도 이름은 되도록 흔하지 않은, 세상에 하나밖에 없는 새로운 고유명사를 만들어내는 것을 추천한다.

프로모션에도 스토리 담기

공간도 준비되었고, 그럴듯한 이름도 준비되었다면 이제 적극적인 홍보에 나설 때다. 단순히 '우리 집 싸요' '우리 집 잘해요' 하고 남들과 똑같은 방식으로 소리쳐봐야 길바닥에 나뒹구는 전단지 신세가 될 뿐이다. 공간에 맞춰 전략적으로 똑똑하게 프로모션 하는 방법을 알아보자.

클릭을 부르는 제목

공간대여업의 특성상 다양한 애플리케이션, 온라인 카페, 커뮤니티 등 여러 인터넷 공간에 홍보글을 올리는 경우가 많다. 이러한 모든 형식의 게시글에는 제목이 필수다. 온라인 사용자의 입장에서 가장 먼저 제목을 보기 때문에, 사실 제목을 잘 짓는 것이 게시글 작성의 핵심이라 해도 과언이 아니다. 그렇다면 어떤 제목을 지어야 할까?

월세든 전세든 집을 구해본 경험이 있다면, 다음과 같은 제목 형식에 매우 익숙할 것이다.

[서울/서초] 방배역 도보 5분/신축 1.5룸/전세 대출 가능/월세 조정 가능

단순하고 명료하게 정보를 나열했다. 본인의 여건에 맞는 조건이라면 빠르게 클릭을 하겠지만, 하나라도 맞지 않는 요소가 있다면 그냥 넘어갈 확률이 높다. 또 비슷한 형식의 게시물 수십, 수백 개가 앞뒤로 나열되어 있기 때문에 눈에 잘 들어오지 않아 그냥 지나치게 될 가능성도 있다. 그런데 이러한 게시글 중에, 만약 아래와 같은 제목의 게시글이 있다면 어떨까?

[서울/서초] 현실판 청춘시대?! 꿈과 낭만이 가득한 우리 집, 새로운 식구를 기다려요!

우선 내용을 떠나서 형식 자체가 다르기 때문에 쉽게 눈에 띌 것이다. 문장형이라서 글이 더 익숙하게 읽히기도 한다. 제목으로 추측해서는 일반 원룸이 아니고 룸메이트 혹은 하우스메이트를 구하는 것으로 보인다. 이러한 감성이 본인의 취향에 맞을 수도 있고 아니면 완전히 맞지 않을 수도 있지만 일단 호기심은 생긴다. '어떤 곳인지 구경이나 해보자'는 마음으로 글을 클릭할 확률이 크다. 이러한 제목을 클릭하게 되는 이유를 정리해봤다.

1. 제목이 눈에 띄어서(실제로 갈 생각은 없음)

2. 대체 어떤 곳인지 궁금해서(실제로 갈 생각은 없음)

3. 드라마 〈청춘시대〉를 인상 깊게 봐서(한 번쯤 살아보고 싶긴 함)

4. 실제로 해당 지역의 쉐어하우스를 알아보고 있어서(조건이 맞으면 가고 싶음)

조회 수의 90% 이상은 1~3번이 차지하겠지만, 실제 문의로 이어지는 경우는 4번, 그중에서도 아주 일부에만 해당할 것이다. 그러나 실제 타깃이 아니더라도 1~3번의 시선을 끄는 것은 결코 무의미하지 않다. 일단 어떤 이유로든 조회 수가 높아지면 단순히 조회 수가 높다는 이유만으로 더더욱 사람들이 몰리기 때문이다.

대부분의 게시글 조회 수가 20~50회 사이인데, 하나의 글만 100회가 넘는다고 가정해보자. 제목이나 사진이 자신의 흥미를 끌지 않더라도 대체 왜 이 게시글이 인기가 높은지 궁금해서 클릭하는 사람들이 생기게 된다. 그렇게 유입이 늘다 보면, 점점 더 인기 게시글이 될 가능성은 커지고 조회 수가 올라가는 만큼 노출이 잘되기 때문에 실제로 내가 필요한 4번 고객의 유입 수도 전체 조회 수에 비례해서 늘어나게 되는 것이다.

이러한 이유로 조회 수를 높이는 것은 무척 중요하다. 감성적인 제목을 쓰는 것도 중요하지만, 그보다도 어떻게 하면 비슷비슷한 수많은 글들 중에서 시선을 끌지 고민해보자. 게시판의 제목 형식이 정해져 있는 것이 아니라면 기존의 틀을 깬 새로운 방법을 계속 시도해보며 어떤 제목의 조회 수가 가장 높았는지 테스트해볼 수도 있다. 주의할 점은 제목과 내용이 너무 상반되거나, 시선을 끌기 위해 너무 자극적인 표현을 사용하거나, 지나친 과장과 거짓 등이 포함될 경우 오히려 이용자들의 반감을 사 역효과를 낼 수 있으니 반드시 적정한 선을 지켜야 한다는 것이다.

우리 집이 특별한 이유

여러분이 바닷가에 조개구이를 먹으러 갔다고 상상해보자. 해변가를 따라 휘황찬란한 불빛을 자랑하는 조개구이 가게들이 쭉 늘어서 있어 그 끝이 보이지 않을 정도다. 큼직한 간판에 흰 조명, 좌식형 테이블 등 상호명만 가리면 구분이 안 갈 정도로 대부분 가게들의 모습은 엇비슷하다. 이럴 때 어느 한 곳을 선택해 입구를 열고 들어가게끔 만드는 결정적인 요소는 어떤 것일까?

주차 공간이 넉넉하게 확보되어 있어서일 수도 있고, 호객 행위를 하는 사장님의 웃음이 인심 좋아 보여서일 수도, 아니면 술 한 병을 무료로 증정하는 이벤트를 진행 중이어서일 수도 있을 것이다. 이처럼 여러 가지 요인을 종합해서 비교 분석한 끝에 우리는 '저 집이 다른 곳보다 낫다'는 결론에 다다르게 된다. 손님의 시선을 끌기 위한 '우리 집만의 차별점'을 꼭 고민해봐야 하는 이유다.

만약 생전 모르는 타인과 같은 집에서 살아야 한다면, 사람들은 어떤 하우스메이트를 원할까? '똑똑한 사람' '재미있는 사람' 등 저마다 각각의 장점이 있겠지만, 결국엔 '착한 사람'과 사는 것이 가장 평화롭다는 점에 모두 동감할 것이다. 나 역시 착한 사람들과 어울려 살고 싶었고, 그들이 우리 집의 문을 두드려줬으면 하는 마음을 담아 '선녀방(선한 여자들의 방)'이라는 이름을 짓게 되었다. 이름도 준비되고, 집도 완성되었으니 이제 열심히 소개를 하고 사람을 불러 모아야 할 차례인데, 어떻게 해야 실제로 선한 마음을 가진 사람들이 우리 집에 관심을 가져줄까?

고민 끝에 '착한 선서문'이라는 것을 만들었다. 양치컵을 쓰고 일회용품 사용을 줄이는 등 세상에 선한 일을 하겠다는 내용이 포함된 간단한 선서문이다. 5개의 항목 중 마지막은 본인이 직접 하루에 한 번씩 실천할 선한 일을 지정해야 한다.

선녀방 착한 선서문

하나, 양치할 때 꼭 양치컵을 사용하겠습니다.

둘, 플라스틱과 일회용 빨대를 사용하지 않겠습니다.

셋, 일회용 컵 대신 머그잔과 텀블러를 사용하겠습니다.

넷, 비닐봉지 대신 에코백과 장바구니를 사용하겠습니다.

다섯, 하루에 한 번 세상에 선한 일을 하겠습니다.

선녀방에 입주할 때, 이 선서문에 서명을 하고 함께 실천하겠다고 약속한다면 관리비 1만 원을 할인해주겠다는 프로모션을 내걸었다. 단지 이름만 내세우는 것이 아니라, 실제로 함께 실천해갈 수 있는 가치를 마케팅적으로 풀어낸 것이다. 예상보다 반응은 뜨거웠다. 좋은 일을 함께 하겠다는 선서문의 취지가 많은 이들의 마음을 흔든 것이다. 운영자의 가치관에 동감해서 함께하고 싶다며 입주 문의를 하는 사람들도 많았고, 쉐어하우스에 들어갈 상황은 아니지만 몹시 감명받았다며 훈훈한 메시지를 남겨주는 사람들도 많았다.

물론 모든 이들에게 이 선서문이 매력적인 것은 아니다. 선서문에 대해 소개할 때 "우와 너무 좋아요!"라며 적극적인 호응을 해주는 사람이 있는가 하면 시큰둥하거나 부담스러워하는 사람도 분명 있기 때문이다. 하지만 그 덕분에 오히려 실제로 환경과 세상에 관심을 가지고 작은 실천부터 해나가겠다는, 최소한의 선한 의지를 가진 사람들이 선녀방에 모여들게 되었다. 착한 선서문이 입주자를 선별하는 첫 번째 관문이 되어 '선한 이들의 보금자리'가 되겠다는 본래의 목표를 순탄히 달성하게 된 것이다.

맞춤형 혜택

선녀방처럼 운영자가 추구하는 가치까지 담아낸 프로모션을 진행할 수 있다면 물론 좋겠지만, 이론을 실전에 적용하는 것은 생각보다 쉽지 않을 것이다. 또한 모든 공간이 반드시 어떤 거창하고 원대한 지향점을 가져야 할 필요도 없다. 그렇다면 현실에서 좀 더 쉽게 적용할 수 있는 프로모션의 종류에는 어떤 것들이 있는지 알아보자.

●● 쉐어하우스의 종류

쉐어하우스	지역	목표 고객
기숙사형	대학가 주변	대학생
글로벌형	외국인 밀집지역	외국인 유학생, 장기체류자
고시생형	고시촌 밀집지역	고시생, 취업준비생
코워킹형	타깃 직업군 기업 밀집지역	직장인, 프리랜서

에어비앤비나 파티룸보다 상대적으로 홍보에 품이 많이 들어가는 쉐어하우스를 예시로 함께 보자. 앞서 설명했던 것처럼 쉐어하우스는 크게 네 종류로 나눌 수 있다. 그렇다면 프로모션 역시 각각의 특성에 따라 방향성이 달라져야 한다.

기숙사형이나 글로벌형처럼 학생을 주로 상대하는 쉐어하우스라면, 친구와 동반 입주를 하거나 지인 추천으로 들어온다면 할인을 해주는 프로모션이 효과가 좋다. 실제로 친한 친구와 함께 방을 쓰고 싶어 하는 케이스도 많다.

고시생형은 경제적으로 여유가 없거나 매 끼니를 챙겨 먹기 번거로운 학생들이 많기 때문에 하숙처럼 쌀과 반찬, 라면 등을 기본으로(혹은 시중가보다 저렴하게) 제공해주고, 청소도 알아서 처리해준다면 타 업체보다 우위를 차지할 수 있다.

반면 코워킹형처럼 직장인들이 많이 사는 쉐어하우스는 경제 및 직업이 안정적인 거주자들이 많기 때문에 장기 계약 혹은 월세 일괄 선입금 시 할인을 적용해주는 이벤트를 자주 진행하는 편이다.

앞서 소개한 프로모션은 모두 실제로 많은 쉐어하우스에서 활용되고 있는 기본적인 방식들이라 생각하면 된다. 물론 이 정도로 만족할 수도 있겠지만, 좀 더 많은 주목을 받고 싶다면 여기에 추가적으로 내 공간의 콘셉트와 메인 타깃층에 맞춰 어떤 요소를 넣고 뺄 수 있을지 고민해보자. 얼마든지 과감하거나 재치 넘쳐도 좋다. 가령 고시생형 쉐어하우스라면 입주자가 최종 시험에 합격할 시 상품이나 상금 등을 증정하는 프로모션을 진행해보면 어떨까? 외국인을 대상으로 하는 곳이라면 정기적으로 한국 문화 체험 프로그램에 참여하게 해주거나 문화 교류 파티를 열 수도 있다. 이처럼 기존의 틀에서 벗어나 최대한 고객의 눈높이에 맞춰 생각하는 습관을 들이자. 내 공간을 더욱 빛나게 해줄 번뜩이는 아이디어가 떠오를지도 모른다.

놓쳐서는 안 될
3대 플랫폼

공간대여업의 실질적인 마케팅은 99% 온라인에서 이루어진다. 업종 특성상 길을 지나가다 우연히 들어오게 되는 곳이 아니라, 인터넷으로 미리 찾아보고 예약을 한 후에 방문하는 곳이기 때문이다. 또 공간대여업의 주요 이용자는 인터넷 문화에 익숙한 20~30대 젊은 층이기 때문에 그들의 눈높이에 맞춰 다양한 온라인 마케팅을 진행할 필요가 있다. 여러 가지 채널이 있겠지만, 그중에서 가장 장벽이 낮고 효과가 좋은 세 가지 플랫폼을 소개한다. 이 세 가지 플랫폼은 블로그와 인스타그램, 네이버 지도다. 차례대로 하나씩 살펴보자.

블로그

블로그는 다양한 연령층에 쉽게 접근할 수 있어 가장 기본적인 온라인 홍보 채널이다. 초보자라면 무료로 간단히 시작할 수 있는 네이버 블로그를 추천한다. 만약 기존에 운영하고 있던 개인 블로그가 있다면 게시판을 추가로 개설하는 방법도 있겠지만 기왕이면 공간대여업 전용 블로그를 따로 생성하는 것이 좋다. 보다 전문적이고 공식적인 느낌이 나고 마케팅 타깃도 더 뚜렷해지기 때문이다.

블로그의 핵심은 스토리텔링

감성 마케팅에 블로그를 활용하는 목적은 명확하다. 앞서 설계한 본인만의 '스토리텔링'을 디테일하고 장황하게 늘어놓을 수 있는 플랫폼이라는 점을 적극 활용해야 한다. 블로그는 장문의 글을 쓰기에 최적화된 채널이라 글 중간중간에 사진과 영상 등을 쉽게 삽입할 수도 있다. 마케팅적인 효과를 극대화하기 위해서는 게시글을 쓸 때 단순히 상품이 좋다는 요지의 홍보글만 쓰는 것이 아니고, 그 대상에 대한 배경 스토리와 탄생 비화, 창업 계기, 과정 등 공간과 관련된 모든 상세 내용을 포함시키는 것이 중요하다.

파워블로거도 아니고 게시글이 많지 않은 작은 블로그에 대체 누가 찾아올까 생각될 수도 있다. 그러나 정성 들인 포스트에 적절한 키워드만 배치된다면 거대 포털 사이트의 특성상 유입되는 사람들의 수는 어느 정도 보장된다. 물론 키워드 광고나 파워링크 광고 등을 통해 유료 홍보를 한다면 그만큼 유입량은 늘어날 수 있다. 그러나 이러한 홍보를 통해 어느 정도 효과를 보기 위해서는 생각보다 큰 예산이 필요하기에 개인이 활용하기에는 부담스럽다. 또한 유입이 많이 된다 해도 콘텐츠의 품질이 좋지 않다면 결국에는 예약까지 이어지지 않기에 밑 빠진 독에 물 붓는 격이 되는 것이다.

한정된 자원으로 높은 홍보 효과를 이끌어내기 위한 방법은 간단하다. 100명이 들어왔다가 99명이 뒤로 가기를 누르는 블로그 대신, 10명이 들어와도 3명이 문의를 남기는 블로그를 만들면 되는 것이다. 그렇다면 어떻게 이게 가능할까?

검색을 통해 우연히 자신의 블로그에 예비 고객이 접속했다고 가정하자. 처음에는 검색에 노출된 게시글 하나를 읽었는데, 이 내용이 무척 진솔하고 공감되어 흥미를 느꼈다. 자연스럽게 다음 글, 또 그다음 글을 하나하나 읽어가게 될 것이다. 그러다 보면 자신도 모르는 새 운영자의 가치관과 공간이 가진 감성에 동화된다. 감정적인 공감은 곧 브랜드에 대한 신뢰로 이어지고, 이 고객은 실제로 문의를 해 예약까지 진행하게 될 확률이 아주 높다. 당장 예약을 하지 않더라도, 블로그의 콘텐츠에 큰 흥미를 느꼈기 때문에 이웃 추가 혹은 즐겨찾기를 해놓고 언젠가 기회가 될 때 이어질 수 있는 자발적 잠재 고객이 되는 것이다.

블로그를 통한 홍보의 핵심은 우연히 들어온 누군가의 발목을 최대한 오래 잡는 것이다. 블로그에 머무는 시간을 늘리려면 그만큼 콘텐츠 하나하나의 퀄리티가 중요하다. 보다 쉬운 이해를 위해 쉐어하우스 선녀방의 블로그를 함께 살펴보도록 하자.

쉐어하우스 '선녀방' 블로그 게시글 목록

선녀방 블로그를 오픈하고 초기에 올렸던 글의 목록이다. 아랫줄 가장 오른쪽에 위치한 글이 제일 처음 쓴 글로서, 제목은 '서울 원룸 구하기의 달인이 되다! 4년간 거쳐온 자취방 톺아보기'다. 제목에서부터 알 수 있듯이 처음부터 대놓고 쉐어하우스 이야기를 하고 있지는 않다. 실제로 이 글에서는 이제까지 필자가 살아왔던 자취방들을 순서대로 다루고 있다. 처음 서울에 올라와 구한 보증금 500만 원에 월세 30만 원짜리의 물 새는 허름한 원룸에서 시작해서 전세 1억 2천만 원짜리 연희동 집에 가기까지의 연대기가 고스란히 담겨 있다. 이 주제를 제일 처음 올리기로 마음먹은 이유는 필자가 왜 쉐어하우스를 시작하게 되었는지 그 배경을 설명할 필요가 있다고 느꼈기 때문이다. 실제로 이 글은 많은 이

세어하우스 선녀방

선한 세어하우스, 선녀방을 소개합니다

시에작 선녀 2018. 11. 24. 18:13   URL 복사   +이웃추가

선 녀 방
선한 여울의 세번시바

•선녀방 이야기

서울에서 홀로 원룸 생활 5년해 하다 '더 좋은 집에서, 더 좋은 사람들과 따뜻하게 살아가고 싶다' 는 목표 하나로 시작하게 된 소박한 쉐어하우스에요. 공용 거실과 부엌, 세탁실 그리고 방 3개, 화장실 2개로 구성된 집이랍니다. 선녀방은 제가 혼자 사느라, 또 좁은 곳에서 사느라 이루지 못했던 로망을 하나씩 실현에 나가는 꿈의 장소인데 저와 함께할 하우스메이트에게도 꼭 그런 공간이 되었으면 좋겠어요. 그래서 아직 채우지 않은 것들이 많으니 꼭 함께 로망 속의 집을 만들어 갔으면 해요.

•나만 고양이 없어?

선녀방이 특별한 점 중 하나는 터줏대감 '호동이'와 함께 한다는 점이에요. 호동이는 곧 열여덟살이 되는 나이가 아주 많은, 하지만 아직도 아기같이 귀엽고 사랑스러운 페르시안 고양이랍니다. 집에 오면 반갑게 마중나오고 모르는 사람 무릎 위에서도 꾹꾹이를 하며 시도때도 없이 그르릉 소리를 달고 사는 초특급 개냥이에요. 가구도 긁지 않고 책상 위의 물건도 안 떨어뜨리고, 화장실 실수도 절대 하지 않는 연륜 있는 냥이랍니다. 사람을 정말 좋아하는 호동이와 한 가족이 되어 주실, 그럴 분을 기다려 봐요.

•인근 환경

선녀방은 신대방삼거리 지하철역에서 성인 여자 기준 빠른 걸음 5분, 느린 걸음 10분이 걸리는 곳에 위치하고 있어요. 마을버스도 자주 다녀서(2정거장 거리) 버스를 타도 되지만 걸어 가는게 더 빠르고 편합니다. 상도 시장 뒷쪽이락 역에서 집까지 오는 길에 편의점, 슈퍼마켓, 빵집, 호프집, 밥집, 떡집, 세탁소, 수선실 등 온갖 종류의 편의 시설이 자리 잡고 있고 길목도 환해서 무서울 일이 없답니다. 오는 길에 언덕도 없구요. 집 바로 앞 정말 10초 거리에 편의점이 위치하고 있어요.

쉐어하우스 '선녀방' 소개글

들의 공감을 이끌어냈고 전체 게시글 중 가장 높은 조회 수를 기록하고 있기도 하다.

그다음에 올린 글은 '쉐어하우스, 〈프렌즈〉와 〈청춘시대〉의 어느 중간쯤을 꿈꾸다'다. 앞서 내가 혼자 살아봤다는 이야기를 실컷 했으니, 이제 그다음 단계로 넘어간 것이다. 이 글의 주제는 1인 가구 생활에 종지부를 찍고, 나의 로망을 실현하기 위해 쉐어하우스를 만든다는 이야기다. 그리고 그다음 쉐어하우스 선녀방에 대한 소개글이 처음으로 등장한다.

소개글에서도 재화적인 가치(가격, 위치, 평수 등)보다 감성적인 가치에 집중하고 있음을 알 수 있다. 사람을 감성적으로 설득할 수 있다면 재화적인 가치는 어느 정도 합리적인 범주에 속해 있는 이상 결정에 큰 영향을 미치지 못하는 경우가 많다. 실제로 해당 글에는 현재 70개가 넘는 입주 문의 관련 댓글이 달려 있는 상태다. 이렇게 3개의 게시물을 거쳐 '배경 - 과정 - 대상'에 대한 스토리텔링을 진행했고, 이 3개의 글을 모두 읽은 사람이라면 선녀방 입주에 대해 긍정적으로 고려하고 있을 가능성이 매우 크다. 따라서 그 이후에 추가적인 정보를 얻을 수 있도록 거실, 주방, 각 방을 나누어 디테일한 소개글을 따로 썼다. 또 가격 정보는 상황에 따라 유동적일 수 있기 때문에 굳이 언급하지 않고, 실제 문의로 쉽게 이어질 수 있도록 인스타그램과 카카오톡 채널, 연락처 등 추가적인 정보를 글 하단에 기입해뒀다.

실제로 창업을 했을 때 선녀방처럼 감성적인 스토리텔링이 어려울 수도 있다. 개인의 어떤 가치관이나 신념 때문이라기보다, 단순히 부수입원 확보를 목적으로 공간대여업을 시작하는 경우가 더 많기 때문이다. 하지만 이것 자체도 충분히 흥미로운 스토리가 될 수 있다. 요즘에는 투잡이나 N잡이 많은 주목을 받고 있기에 아예 경제적 자유를 주제로 잡는 것이다. '공간대여업 도전기'와 같은 콘셉트로 블로그를 운영한다고 생각해보자. 처음 공간대여업을 시작하게 된 계기부터 정보를 얻는 방법, 실제로 부동산을 찾아 다니고, 매물을 계약하고, 인테리어를 진행하고, 공간을 오픈하기까지의 모든 과정이 매력적인 콘텐츠로 재탄생할 수 있다.

이 외에도 평소에 자신이 여행 다니는 걸 좋아해서 그 경험을 모두 녹여낸 특별한 에어비앤비를 만들고 싶었다든지, 자유롭게 모임과 파티를 열고 싶어서 파티룸을 만들게 되었다는 이야기 등 얼마든지 녹여낼 수 있는 소재는 많으니 본인의 솔직한 이야기를 잘 풀어내보자.

시선을 끄는 콘텐츠 만들기

내 공간에 대한 기본적인 스토리텔링과 디테일한 공간 소개까지 순서대로 업로드되었다면, 이제는 블로그에 어떤 글을 올려야 할까? 필요한 건 모두 올라갔으니 더 이상 업데이트할 필요가 없을까? 물론 양질의 콘텐츠가 수백 건 이상 업로드되어 있다면 굳이 꾸준히 글을 올리지 않아도 유입 수가 높게 유지될 수도 있다. 하지만 계속해서 새로운 블로그와 게시물이 수없이 생성되기 때문에 시간이 지날수록 검색 결과에서 뒤로 밀릴 수밖에 없다. 노출이 잘되어야 블로그 유입 수도 늘어나기 때문에 꾸준한 업로드는 블로그에 숨결을 불어넣는 일과도 같다.

그렇다면 소재가 한정적인 배경 및 공간 소개 외에 꾸준히 올릴 수 있는 게시글은 어떤 것들이 있을까? 크게 세 가지로 나누어봤다.

공지글

첫 번째는 새로운 소식이나 안내 등을 전하는 공지글이다. 진행 중인 프로모션과 이벤트를 안내하거나, SNS 계정 등을 알리는 글, 공실이나 예약 가능·불가능한 일정을 소개하는 글 등이 모두 여기에 포함된다. 이러한 공지글은 많은 이들에게 알리는 것이 목적이므로 블로그를 포함해 운영하는 모든 온라인 채널에 실시간으로 업데이트하는 것이 중요하다.

쉐어하우스 '선녀방' 공지글

일상 및 후기

그다음에는 실제로 공간을 이용한 사람들의 이야기를 담은 일상 및 후기 게시글이다. 쉐어하우스의 실제 생활이 어떤지, 또 어떤 일들이 일어나는지 일기처럼 연재할 수도 있고, 살았던 친구들이 남긴 메시지나 편

[상도동쉐어하우스] 만남이 있으면 헤어짐도 있는 법, 그래도 괜찮아요
2019. 5. 16. ⓐ 1

[상도동쉐어하우스] 함께 살아서 좋은 점#1. 먹고 마시니 즐겁노라
2019. 5. 7. ⓐ 1

[중앙대쉐어하우스] 일상이 드라마가 되는 특별한 쉐어하우스, 선녀방입니다
2019. 2. 10. ⓐ 0

[장승배기쉐어하우스] 선녀방에서 광고 촬영을?!
2019. 1. 30. ⓐ 1

쉐어하우스 '선녀방' 일상 게시글

지 등을 소개할 수도 있다. 파티룸이나 에어비앤비는 추천 후기를 선별해서 캡쳐한 다음 게시글로 업로드하거나, 손님과 있었던 훈훈한 일화 등을 소개할 수도 있다. 배달 음식을 시킬 때 꼭 이용자들이 준 별점과 후기를 확인하는 사람들이 많아진 것처럼, 운영자의 홍보 문구보다 실제 이용 후기의 신뢰도가 훨씬 높기 때문에 이를 적극적으로 활용할 필요가 있다.

관련 콘텐츠 제작

마지막으로는 꼭 자신이 운영하는 특정 공간이 언급되지 않더라도, 관련 있는 흥미로운 콘텐츠를 업로드하는 방법이 있다. 공지글과 일상 게시글에 비해 공이 더 많이 들어가지만 유입량을 늘리는 데 가장 효과적이다. 앞서 다룬 게시글이 이미 해당 공간에 관심을 가지고 있는 이들을 위한 게시물이라면 관련 콘텐츠는 해당 공간을 전혀 몰랐던 이들을 잠재 고객으로 확보하게끔 해주기 때문이다.

쉐어하우스 '선녀방' 콘텐츠 게시글

선녀방 블로그에서는 일반적으로 사람들이 쉐어하우스에 가지고 있는 호기심과 의문들을 해결해주기 위한 다양한 콘텐츠를 연재하고 있다. 쉐어하우스는 아직 국내에서 보편적인 개념이 아니기 때문에 실제로 살아보면 어떤지, 실제 쉐어하우스의 장단점 등을 알려주며 막연한 호기심과 불안감을 해결해주는 것이다. 이뿐만 아니라 쉐어하우스와 원룸, 고시원을 비교 분석하는 글을 통해 쉐어하우스를 선택지로 고려하지 않았던 이들까지 추가로 유입될 수 있도록 유도하고 있다.

에어비앤비라면 숙소 근처의 여행지에 대해 포스팅할 수도 있고, 파티룸이라면 공간에서 진행할 수 있는 다양한 형태의 모임에 대해 이야기할 수 있다. 검색량이 많은 키워드를 중심으로 게시글을 제작하면 그만큼 검색 결과에 노출될 확률이 올라간다. 이렇게 유입된 사람들이 관련된 정보도 얻어가면서, 이런저런 게시글을 구경하다 "어, 여기 좋아 보이는데 이쪽으로 연락해볼까?"라는 마음이 생기게 된다면 우리의 목표를 달성한 것이다.

 **인스타그램**

공간대여업의 주요 고객인 MZ세대가 자주 사용하는 SNS 중 하나는 인스타그램이다. 인스타그램은 사진을 기반으로 하는 소셜 미디어 플랫폼으로, 정사각형 형태의 사진 또는 영상에 글을 함께 업로드하는 구조다. 또 해시태그(#)를 통해 다양한 게시물들을 주제에 따라 쉽게 검색할 수 있다. 실제로 20~30대는 무언가를 검색할 때 인스타그램에서 해시태그 검색을 이용한다. 예를 들어 연남동에서 친구와 만나기로 했다면, 인스타그램에서 '#연남동맛집 #연남동레스토랑 #연남동디저트'와 같은 키워드를 검색해 분위기와 메뉴, 가격 등을 미리 확인하고 마음에 드는 장소를 고른다. 에어비앤비나 파티룸, 쉐어하우스를 고를 때도 마찬가지다. '#○○숙소 #○○○파티룸 #○○쉐어하우스'와 같은 키워드를 인스타그램에서 미리 검색한다. 따라서 인스타그램을 적극적으로 잘 활용한다면, 가장 강력한 무료 마케팅 수단이 될 수도 있을 것이다.

인스타그램 피드가 곧 간판이다

인스타그램 피드란 자신의 계정을 클릭했을 때, 이제까지 올렸던 사진들이 세 줄로 정렬되어 나란히 보이는 모습을 의미한다. 인스타그램은 사진을 기반으로 하는 플랫폼이기 때문에 메인 페이지도 사진을 중심으로 보이며 그만큼 계정에 대한 첫인상이 직관적으로 남을 가능성이 크다. 따라서 사진을 올릴 때는 자신이 원하는 공간의 분위기를 잘 반영할 수 있도록 사진 한 장의 퀄리티에도 신경을 써야 한다.

감성적이고 감각적인 피드를 위해서라면 아예 구도나 색감 등 전반적인 사진의 분위기를 철저히 통일하는 방식도 있다. 하지만 본인이 디자인이나 사진 전공이 아니라면 실제로 적용하기에 어려운 부분도 있고, 많은 품이 들어가기에 너무 무리할 필요는 없다. 우리의 목적은 그저 해당 공간이 어떤 곳인지에 대한 느낌만 전달해주면 되는 것이기 때문이다.

선녀방의 인스타그램 피드를 한번 보자. 어떤 키워드가 떠오르는가? 귀여운 고양이, 맛있는 음식, 영화와 피아노, 포근한 인테리어 등이 기억에 남을 것이다. 선녀방이 가지고 있는 가치와 전달하고 싶은 메시지가 사진 몇 장만으로 표현된다. 이러한 분위기나 콘셉트가 자신의 취향에 잘 맞는다면, 선녀방 인스타그램에 우연히 들어왔다가 피드를 구경하게 될 것이다. 자신이 추구하는 바와 잘 맞는다고 판단되면, 이 사람은 선녀방 계정으로 디엠(DM; Direct Message)을 보내 공실을 문의할 것이다.

시혜적동물 인스타그램 피드는 어떨까? 푸릇푸릇한 식물과 우드톤 인테리어, 술과 풍성한 안주 같은 키워드들이 떠오른다. 파티룸이나 모임 공간 관련된 키워드로 검색하는 사람들이 우연히 피드에 들어와보고, 본인이 원하는 취향이라 생각되면 마찬가지로 디엠을 통해 예약을 진행하게 되는 것이다.

사진을 업로드할 때 너무 완벽하거나 멋진 사진만을 올리려고 하지 않아도 된다. 물론 좋은 사진이 가진 힘은 강력하지만, 그보다 여러 장의 사진을 자주 업로드하는 것이 보다 효과적이기 때문이다. 다만 모든 게시물에는 분명한 목적이 있어야 한다. 사진과 글을 올려

파티룸 '시혜적동물'의 인스타그램 피드 일부

보여주고 싶은 것은 무엇이고, 하고 싶은 이야기는 무엇인지 반드시 생각해보자. 멋진 인테리어를 보여주고 싶은지, 이곳에 머무는 사람들의 성향을 보여주고 싶은지, 새로 산 예쁜 소품을 자랑하고 싶은지, 영화를 보고 노래를 부를 수 있다는 걸 알려주고 싶은지, 공유 공간을 자랑할 수 있는 목적이라면 무엇이든 괜찮다. 다만 피드를 형성하는 전반적인 분위기를 깨뜨리지 않도록 유의해야 한다. 아무리 예쁘거나 감성적인 사진이라 해도 공간과 관련 없는 개인적인 일상이나 취향 등을 업로드하는 것은 자제하자. 보는 입장에서 이질감을 느낄 수 있기 때문에 개인 계정은 따로 분리하는 것을 추천한다.

인스타그램 홍보, 팔로워가 많아야만 의미 있을까?

인스타그램에서 팔로워란 계정을 팔로우하는 사람들의 수를 의미하고,

팔로잉이란 반대로 계정의 주인이 팔로우하는 계정을 의미한다. 팔로워 수가 많다면 새로운 게시물을 업로드했을 때 이를 보는 사람들이 많다는 뜻이다. 그렇다면 반대로 팔로워 수가 적은 경우 내 글을 보는 이들의 수도 적기 때문에 인스타그램에 부지런히 글을 올리는 것 자체가 무의미한 일이 되는 것일까?

결론부터 말하자면 그렇지 않다. 물론 팔로워가 많으면 홍보에 도움이 되는 것은 사실이지만, 팔로워 수는 홍보와 직접적으로 연관되어 있는 요소가 아니다. 팔로워는 대부분 실제 지인이나 인스타그램 친구를 기반으로 구성된 경우가 많다. 즉 이들이 내 계정을 팔로우하고 있다고 해서 내 상품을 구매해줄 가능성이 크다는 의미는 아니다. 물론 실제로

쉐어하우스 '선녀방' 인스타그램 게시글

해당 공간에 관심이 있어 팔로우하는 팬들도 있을 수 있지만, 전문성을 가지고 계정을 운영하는 경우가 아니라면 이러한 비율은 극히 낮다.

그렇다면 어떤 요소가 직접적으로 홍보와 연관되어 있을까? 바로 해시태그다. 선녀방 게시물을 살펴보자. 댓글에 20개 이상의 해시태그가 잔뜩 달려 있다. 모든 게시물에는 이렇게 여러 개의 해시태그가 줄줄이 달려 있다. 이렇게 하는 이유는 필요에 의해 검색을 하는 사람들에게 게시물이 노출될 가능성을 키우기 위해서다.

20대 후반 여성이 동작구에 있는 회사에 취업을 하게 되어 그 근방의 쉐어하우스를 찾고 있다고 가정해보자. 네이버, 부동산 카페 등 다양한 플랫폼을 이용하게 될 것이고 그중 인스타그램도 있을 확률이 높다. 그렇다면 인스타그램에서 어떤 키워드로 검색을 하게 될까? 처음에는 '#쉐어하우스'라고 검색할 수도 있다. 하지만 이 키워드는 너무 보편적이라 게시물의 수도 많고 전국 각지에 있는 쉐어하우스가 모두 노출되기 때문에 원하는 결과를 찾기 어려울 것이다. 그렇다면 점차 범위를 좁혀서 검색어를 수정해나가며 그다음 키워드를 검색할 것이다. '#동작구쉐어하우스'는 어떨까? 일단 게시물이 135개로 대폭 줄었다.

해시태그별 검색 결과 수 차이

'#동작구쉐어하우스' 인스타그램 인기 게시물

검색 결과를 살펴보자. 인기 게시물 상단에 노출된 9개의 게시물 중 8개가 선녀방의 홍보물이다. 따라서 이 키워드로 검색한 사람은 선녀방 계정으로 접속하게 될 가능성이 무척 커진다. 이렇게 유입되는 손님은 실제 문의나 예약으로 바로 이어지게 될 확률이 높기 때문에, 검색 결과에서 상위 노출되기 위해 입주 예정자가 검색할 만한 키워드를 게시물마다 최대한 많이 걸어놓는 것이다.

인기 게시물을 결정짓는 데는 다양한 요소가 반영된다. 당연히 하트나 댓글 수가 많고 사람들에게 많이 노출된 게시글이 위로 올라간다. 이렇게 되려면 팔로워가 많을수록 유리할 수밖에 없다. 이런 면에서 계정의 팔로워가 많은 것은 인기 게시물을 차지하는 데 제법 도움이 된다고 볼 수 있지만, 필수는 아니다. 검색 결과를 인기순이 아닌 최신순으로도 볼 수 있기 때문이다. 인기 게시물 결과는 과거에 올라온 게시물을 많이 포함하기 때문에, 오히려 최신순을 선호하는 이들도 많다. 따라서 자신이 부지런히 게시글을 업데이트한다면 얼마든지 해시태그를 통한 유입을 유도할 수 있다. 키워드 결과를 최신순으로 정렬해보면, 상위 9개 사진이 모두 선녀방 관련 콘텐츠다. 인스타그램에서 '#동작구쉐어하우스'

를 검색하는 사람이라면 선녀
방에 한 번쯤 관심을 가지게 될
수밖에 없다.

현재 선녀방의 팔로워는
1,500명에 달하지만 시혜적동
물의 팔로워 수는 고작 160명
이다. 업로드된 게시글의 수도
선녀방이 압도적으로 많다. 하
지만 실제 디엠으로 문의가 더
많이 오는 쪽은 시혜적동물이
다. 어떻게 이런 일이 가능할까?

'#동작구쉐어하우스' 인스타그램 최근 사진

일단 쉐어하우스와 파티룸, 두 사업의 특성이 다르다는 점을 감안해
야 한다. 쉐어하우스는 약 5명의 인원이 평균 6개월 이상을 머무르는 공
간이고, 파티룸은 하루에 평균 1팀, 많게는 2~3팀까지 오갈 수 있는 공
간이다. 따라서 그만큼 파티룸에 대한 수요가 많을 수밖에 없다. 또 시혜
적동물이 가진 감성이 인스타그램 이용자들과 더 잘 맞아서일 수도, 근
방의 경쟁 업체들이 인스타그램 홍보를 하지 않아 상대적으로 더 쉽게
노출되는 것일 수도 있다.

이처럼 꼭 인기 계정이어야만 홍보 효과를 누리는 것이 아니므로 팔
로워를 늘려야 한다는 압박감을 너무 가지고 있을 필요는 없다. 인스타
그램에 공식 계정을 가지고 있는 것과 없는 것의 차이는 크다. 인스타그
램 계정이 있다는 것만으로 트렌디하고 소통이 잘 된다는 느낌을 줄 수

쉐어하우스 '선녀방'과 파티룸 '시혜적동물' 인스타그램 프로필

있기 때문이다. 그리고 인스타그램 홍보는 매우 정직하다. 자신이 부지런하게 게시물을 올리고, 태그를 정성껏 다는 만큼 노동력에 정확히 비례해서 예약 문의로 이어지기 때문이다. 따라서 한 번도 인스타그램을 해본 적이 없더라도, 이번 기회에 꼭 도전해보기를 바란다.

네이버 지도

쉐어하우스와 에어비앤비는 꼭 지도에 등록할 필요가 없다. 도리어 여성 전용 쉐어하우스라면 치안 문제 때문에 정확한 위치가 노출되지 않게 하는 편이 낫다. 다만 파티룸은 스마트폰에서 현재 위치를 기반으로 검색해보고 문의를 하는 경우가 상당히 많기 때문에 반드시 네이버 지도, 카카오맵 등 유명 지도 애플리케이션에 자신의 영업장을 등록해놓을 것을 추천한다.

네이버 지도에 업장 등록하기

네이버 지도에 처음 업장을 등록할 때는 '네이버 스마트 플레이스' 페이지에서 직접 신규 등록을 진행해야 한다. 네이버 아이디만 있다면 누구든 쉽게 등록할 수 있다. 등록 자체는 무료이며 사업자가 아니더라도 업장 등록을 진행할 수 있으니, 공간 오픈과 동시에 가장 먼저 위치부터 등록해두자.

스페이스클라우드와 같은 예약 중개 플랫폼에 등록할 때와 마찬가지로, 업장에 대한 간단한 설명과 위치, 사진, 연락처, 홈페이지, 가격 정보 등을 입력할 수 있다. 등록 신청을 하면 영업일 기준 5일 이내로 완료되고 그 이후부터는 네이버 지도에서 직접 검색할 수 있다. 이후 변경이나 추가하고 싶은 사항이 있다면 스마트 플레이스 페이지에 접속해 수정하면 바로 반영된다.

장소를 등록할 때 필수 항목인 연락처는 1개당 한 곳만 추가할 수 있다는 점을 주의한다. 따라서 필자처럼 2개 이상의 영업장을 운영하고 있다면 다른 휴대폰이나 유선전화 등을 활용해야 추가 등록이 가능하다. 등록한 연락처를 통해 오는 고객 문의가 많기 때문에 반드시 실시간으로 고객 응대가 가능한 번호를 기입해야 한다. 다만 체인점이 5개 이상일 경우에는 브랜드로 등록해 하나의 번호로 여러 업장을 등록할 수 있으니 참고하자.

사업자를 연동하면 네이버에서 제공하는 '톡톡하기' 채팅 서비스를 이용할 수 있다. 원래 PC를 통해 이용하는 기능이나 관련 애플리케이션을 깔면 스마트폰에서도 카카오톡처럼 편리하게 대화할 수 있다. 전화가 어려운 고객들의 경우 톡톡하기를 통해 대화하는 것을 선호하므로 적극적으로 활용하는 것을 추천한다.

네이버에서는 '바로 예약' 기능도 제공하고 있다. 네이버 지도를 통해 유입되는 고객이 많다면 이 기능을 사용하는 것이 도움이 될 수도 있다. 그러나 스페이스클라우드 쪽이 더 많거나 비슷하다면 굳이 사용하지 않아도 된다. 양쪽 일정을 실시간으로 업데이트하는 것이 번거롭기 때문에 자신의 상황에 맞춰 적절히 활용하도록 하자.

네이버 지도 대신 카카오맵을 사용하는 이용자도 많으므로 카카오맵에도 반드시 업체 정보를 등록해놓자. 카카오맵은 지도상에서 원하는 주소를 검색한 후 '신규 장소 등록' 버튼을 눌러 바로 신규 장소 추가를 요청할 수 있다. 수정을 원할 때는 등록된 업체 정보를 누른 후 '정보 수정' 요청을 하면 된다.

카카오맵에서 신규 장소 등록하기

"네이버가 연결해드립니다."

네이버 지도 등록이 무사히 완료되면, '해당 지역명+파티룸'이라고 검색했을 때 지도에 내 업장이 정상적으로 노출되어야 한다. 이를 위해 장소 등록 시에 '파티룸'이라는 키워드를 꼭 포함시키는 것을 잊지 말자. '이수 파티룸'이라고 네이버 지도에서 검색하면 이수 근방의 다양한 파티

네이버 지도에서의 '이수 파티룸' 검색하기

룸들이 검색 목록에 뜬다. 그중 '시혜적동물'을 클릭하면, 상세 업체 페이지로 연결되고 여기서 바로 전화로 연결할 수 있다. 예비 고객이 이러한 과정을 거쳐 전화를 걸 경우 "네이버가 연결해드립니다."라는 안내 문구가 전화를 받자마자 나오기 때문에 네이버 지도를 통해 연결된 고객임을 미리 인지할 수 있다.

이렇게 연락이 오는 경우는 대부분 당일 예약 문의다. 주변에 어디를

갈까 고민하다가 검색해보고 가까운 순으로 연락을 해보는 것이다. 그렇기 때문에 전화가 연결되지 않으면 기다리지 않고 바로 다음 파티룸으로 넘어갈 확률이 매우 높다. 실시간으로 전화를 받는 것이 중요한 이유다.

네이버 지도가 좋은 점은 블로그를 연동시킬 수 있어 지도 앱에서도 바로 블로그 글을 확인할 수 있다는 것이다. 또한 인스타그램처럼 사진이 정렬되어 한눈에 분위기를 파악할 수 있고, 이용자들이 남긴 블로그 리뷰가 자동 연동되어 더 많은 정보를 확인하기 쉽다.

이뿐만 아니라 이미 다른 플랫폼을 통해 예약을 진행한 고객 입장에서도 매우 편리하다. 주소로 검색할 필요 없이, 업장 이름을 치면 정보가 뜨기 때문에 더 쉽고 편하게 찾아올 수 있기 때문이다. 이처럼 여러가지 유용한 점이 많기 때문에 지도 등록은 가장 먼저 진행하자.

🛥 다다익선

앞서 소개한 블로그, 인스타그램, 네이버 지도 세 가지 플랫폼은 그야말로 가장 기본적인 홍보 채널이라고 볼 수 있다. 홍보 비용을 최대한 절감하며 높은 효과를 보고 싶다면 필수로 운영하고 관리해야 하는 플랫폼들이다. 그렇기에 본인의 여력이 된다면 당연히 추가로 다양한 플랫폼들을 활용하는 것이 더 높은 홍보 효과를 불러온다는 점을 기억하자.

특히 메인 홍보 플랫폼이 없는 쉐어하우스의 경우, 좀 더 적극적으로 다양한 플랫폼에 직접 홍보글을 올릴 필요가 있다. 대표적으로는 다음과 같은 플랫폼들이 있는데 계속해서 사라지거나 새로 생겨나고 있기 때문에 지속적인 관심을 가지고 본인 공간을 홍보할 수 있는 새로운 채널을 찾아나서야 한다.

- 온라인 카페: 피터팬의 좋은방 구하기, 아이러브쉐어하우스, 싸고 좋은 쉐어하우스 구하기 등
- 애플리케이션: 고방, 셰어킴, 빌린공간, 룸앤스페이스, 벙커하우스 등

온라인 카페 안에도 다양한 게시판들이 있기 때문에 홍보글을 어느 게시판에 올릴 수 있을지 잘 고민해보자. 네이버 카페 '피터팬의 좋은방 구하기'는 홍보글을 쓰기 위해서는 일정한 제휴비를 결제해야 하거나 성별에 따라 글을 올리지 못하는 게시판도 있다. '아이러브쉐어하우스' 카페는 연회비를 결제해야 모든 게시판을 자유롭게 이용할 수 있다.

또 대학생들을 메인 타깃으로 하는 쉐어하우스는 대학생들의 전용 앱인 '에브리타임'을

에브리타임 내의 장터 게시판

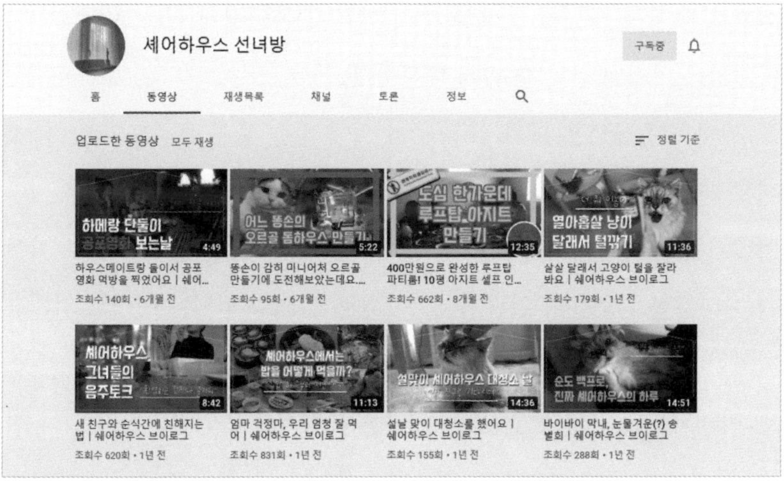
셰어하우스 선녀방
구독중
홈
동영상
재생목록
채널
토론
정보
업로드한 동영상
모두 재생
정렬 기준
하메랑 단둘이 보는날
4:49
하우스메이트랑 둘이서 공포 영화 먹방을 찍었어요 | 쉐어...
조회수 140회 • 6개월 전
5:22
똥손이 감히 미니어처 오르골 만들기에 도전해보았는데요....
조회수 95회 • 6개월 전
도심 한가운데 루프탑 아지트 만들기
12:35
400만원으로 완성한 루프탑 파티룸! 10평 아지트 셀프 인...
조회수 662회 • 8개월 전
열아홉살 냥이 달래서 털깎기
11:36
살살 달래서 고양이 털을 잘라봐요 | 쉐어하우스 브이로그
조회수 179회 • 1년 전
셰어하우스 그녀들의 음주토크
8:42
새 친구와 순식간에 친해지는 법 | 쉐어하우스 브이로그
조회수 620회 • 1년 전
셰어하우스에서는 밥을 어떻게 먹을까?
11:13
엄마 걱정마, 우리 엄청 잘 먹어 | 쉐어하우스 브이로그
조회수 831회 • 1년 전
14:36
설날 맞이 대청소를 했어요 | 쉐어하우스 브이로그
조회수 155회 • 1년 전
순도 백프로, 진짜 셰어하우스의 하루
14:51
바이바이 막내, 눈물겨운(?) 송별회 | 쉐어하우스 브이로그
조회수 288회 • 1년 전

유튜브 채널 '셰어하우스 선녀방'

활용하면 많은 도움이 될 것이다. 원룸, 쉐어하우스 등 자취방 정보를 서로 주고받는 장터 게시판이 따로 있기 때문이다. 다만 해당 대학교에 다니는 학생만이 게시판을 이용할 수 있으므로 자신의 모교가 아니라면 주변 지인이나 쉐어하우스에 이미 거주 중인 학생 등을 통해 부탁해야 한다.

유튜브 채널을 운영하는 것도 좋은 홍보 수단이 될 수 있다. 선녀방은 추억 기록을 목적으로 틈틈이 선녀방 일상 브이로그를 편집해 업로드하고 있다. 구독자 수나 조회 수가 그리 높지 않음에도 불구하고 유튜브를 통해 다양한 종류의 문의가 온다. 영상을 다 보고 일종의 팬이 되어 함께하고 싶다며 연락을 주는 경우도 있다. 사진보다 영상으로 볼 때 실제 인테리어나 집 구조를 파악하기 더 쉽기도 하고, 어떤 사람들이 어떤

식으로 어울려 사는지 잘 보여주기 때문에 본인에게 어울리는 곳일지 아닐지를 미리 판단할 수 있기 때문이다.

필자도 유튜브를 통해 입주 문의 외에 방송 출연 문의도 받았다. 앞서 소개했던 서울시를 비롯해 TV조선, EBS 등 다양한 매체에서 선녀방 이야기를 담고 싶다며 연락이 온 것이다. 이렇게 더 큰 홍보 효과로 이어지는 다양한 기회들이 열릴 수 있기 때문에, 역량이 되는 선에서 최대한 다양한 방식으로 본인의 공간을 소개해볼 것을 추천한다.

마지막으로 운영 중인 모든 채널은 유기적으로 연결되어 있어야 한다. 가령 블로그에 들어가면 인스타그램 주소가 있고, 인스타그램으로 들어가면 유튜브 링크가 이어져 있고, 유튜브에서는 카카오톡 채널로 연결될 수 있어야 한다. 모든 채널들은 서로 긴밀히 연관되어 있어야 하고 서로의 장단점을 보완하며 시너지 효과를 발휘할 수 있다. 이 방식이 효과적인 이유는 고객마다 익숙한 채널이 모두 다르기 때문이다. 평소 인스타그램을 열심히 하는 사람이라면 다른 채널보다 인스타그램을 통해 정보를 습득하는 방식이 편할 것이다. 영상을 좋아하는 사람들은 유튜브가 편할 수도 있고, 기존 스페이스클라우드 사용자라면 사이트에서 직접 예약을 진행할 확률이 높다. 반면 이와 같은 플랫폼이 낯선 사람이라면 굳이 새로 회원가입을 하는 것보다 카카오톡으로 바로 연락해 예약을 진행하는 쪽을 선호할 것이다. 결국 모든 이들의 입맛을 동시에 충족시킬 수는 없기에 소비자가 본인에게 가장 적합한 방식으로 상품 정보를 습득하고 예약까지 자연스럽게 진행하도록 다양한 옵션을 제공하도록 하자.

또한 다양한 채널을 보유하고 있다는 것을 드러냄으로써 브랜드에 대한 신뢰감을 높이고, 한 채널에서 다른 채널 또 그다음 채널로 자연스러운 연결을 유도해 잠재 고객군을 확보할 수 있다. 가령 예비 고객이 유튜브에서 영상을 보고 여러분의 공간에 흥미를 느끼게 되었다고 가정해 보자. 영상 아래에 인스타그램, 블로그, 브런치 등으로 연결되는 링크가 기재되어 있다면 그쪽으로 넘어가 추가적인 정보를 확인할 가능성이 크다. 블로그로 접속해 브랜드 히스토리와 창업자의 가치관에 대해 읽어보고, 인스타그램에서는 현재 할인 이벤트를 진행 중이라는 내용을 확인한 뒤 디엠을 통해 예약 문의로까지 이어질 수 있다. 반면 아무것도 없다면 직접 포털 사이트 등으로 들어가 검색해야 하는데, 아직 상품이나 브랜드에 대한 확신이 없는 상태에서는 이 과정이 무척 수고롭게 느껴진다. 결국 그대로 뒤로 가기를 눌러 잠재 고객군에서 이탈되는 경우가 많다.

마케팅의 핵심은 고객이 내 아이템에 조금이라도 흥미를 느꼈을 때 피워진 작은 호기심의 불꽃이 꺼지지 않도록, 계속 장작을 넣고 부채질을 하며 결제라는 결과물로 이어지도록 유도하는 것임을 잊지 말자.

공간대여업 운영 중
상황별 안내 문구

공간대여업을 운영하며 자주 쓰이는 문구들의 예시를 정리해봤다. 똑같이 사용하는 것보다 자신의 업장 분위기와 운영 스타일에 맞추어 추가하거나 수정해 사용하는 것이 좋다. 이처럼 기본 양식을 갖춰놓고 스마트폰의 단축어 기능을 적극적으로 활용하면 보다 효율적이고 전문적으로 운영할 수 있다. 여건이 된다면 더 가독성이 좋고 디자인적으로도 보기 좋은 이미지 형태로 제작하는 것도 좋은 방법이다. 다만 예약일이나 결제 금액 등과 같이 매번 변경되는 항목은 이미지 제작이 불가하니 계속해서 텍스트로 안내해야 함을 기억해두자. 예시에서 업장에 따라 꼭 변경해줘야 하는 부분은 주황색으로 구분했다.

1. 예약 및 결제 안내

[루프탑 시혜적동물] 예약 요청이 확인되어 결제 안내드립니다.

예약일자: 2020년 8월 25~26일

예약시간: 18:00~07:00

결제금액: 15만 원(보증금 3만 원)

- 12시까지 결제 금액을 아래 계좌로 입금해주셔야 예약이 승인됩니다.

  ○○은행 1234-567-8910 000

- 예약 취소 시 아래 규정에 따라 결제금이 환불됩니다.

  8일 전: 100% / 7일 이내: 불가

2. 예약 확정

[루프탑 시혜적동물] 예약이 확정되었습니다.

주소: 서울시 동작구 사당로 ××× 4층(1층 △△건물)

- 내부 취사, 바베큐, 빔프로젝터 이용 시 세팅 및 안내를 위해 미리 말씀해주세요.

- 상세한 시설 이용 안내는 당일 전달드리겠습니다.

- 문의사항이 있으실 경우 언제든 편하게 연락 주세요.

  카카오톡 플러스 친구: pf.kakao.com/xxxyyy

  인스타그램: @the_goodanimal

3. 보증금 송금 안내(플랫폼 결제 시)

안녕하세요, 루프탑 시혜적동물입니다. :)

예약 확인되었으며 보증금 3만 원을 아래 계좌로 입금해주시면 최종 확정됩니다.

○○은행 1234-567-8910 000

- 보증금은 퇴실 확인 후 아무 문제 없을 시 24시간 이내로 환급됩니다.

m.blog.naver.com/deepestgreen/221957563769(보증금 관련 안내 게시글 주소)

- 상세 이용 안내는 당일 오전 문자로 전달해드릴 예정입니다.

4. 당일 입실 안내

[루프탑 시혜적동물]

시설 이용 안내입니다. 입실 전 필독 부탁드립니다.

- 루프탑 입구 비밀번호: xxxx*

- 화장실(한 층 아래 왼쪽 문, 남녀공용) 비밀번호: yyyy*

- 입실 시 책장 위 살균 스프레이를 손 및 전신에 뿌려주세요.

- 와이파이: the_goodplace / 비밀번호: xxxxyyyy

- 오시는 길, 빔프로젝터, 바베큐, 화장실 등 이용 안내

deepestgreen.blog.me/221962851119(이용 관련 안내 게시글 주소)

5. 당일 퇴실 안내

★퇴실 시 정리 및 청소가 제대로 되지 않으면 추가 요금이 발생할 수 있습니다.
반드시 필독 부탁드립니다.

- 퇴실 예정 시간 10분 이내로 정돈 완료된 사진을 찍어 보내주셔야 정시 퇴실
처리가 됩니다.

- 퇴실 청소의 기준은 '입실 시 상태 그대로'입니다. 모든 가구와 소품을 원위치
부탁드립니다.

- 쓰레기는 아래 링크 참조하시어 직접 분리, 배출해주세요.

deepestgreen.blog.me/221957497791(청소 관련 안내 게시글 주소)

- 컵, 그릇, 소품 등이 분실되거나 망가질 경우 보상금이 청구됩니다.

6. 퇴실 확인 시 계좌 요청

감사합니다. 보증금 받으실 계좌 남겨주시면 내일까지 확인 후 송금드리겠습니다.

7. 주차 안내

건물 바로 뒤에 주차장이 있긴 한데 시간당 5천 원 정도로 비싼 편이에요. '모두의 주차장' 애플리케이션을 설치해서 근방의 저렴한 주차장 찾아가시는 걸 추천드립니다.

8. 후기 이벤트 안내

잘 이용해주셔서 감사드립니다. 보증금 송금드렸습니다.

현재 오픈 기념 후기 이벤트로 예약 사이트에 별 5개! 추천 후기를 남겨주시면 감사의 의미로 스타벅스 상품권을 드리고 있습니다. 즐거운 시간 보내셨다면 여유 되실 때 참여해주시면 감사하겠습니다.

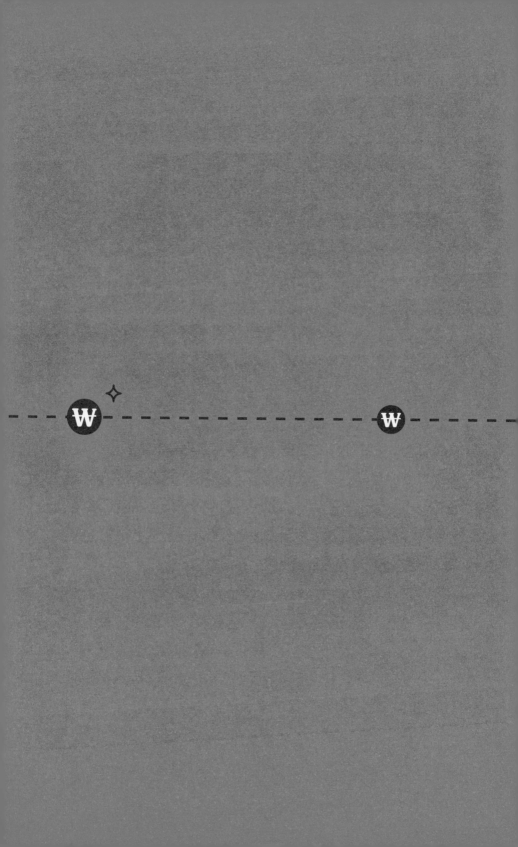

4장

활용도 200% 공간대여업 운영 노하우

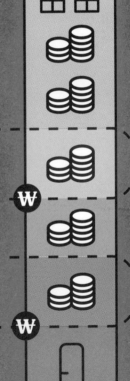

모르면 손해 보는
청소 꿀팁

이론 공부를 아무리 열심히 하더라도 막상 실전에 들어가면 예상치 못한 장애물들과 계속해서 맞닥뜨리게 될 것이다. 하나를 해결하면 또 다른 하나가 터지고, 이제 좀 안정되었다 싶으면 새로운 사건이 벌어진다. 하지만 의지만 있다면 세상에 해결하지 못할 문제는 없으며, 오히려 운영 방식을 개선할 수 있는 전화위복의 기회가 되어주기도 하니 너무 걱정할 필요는 없다. 이번 장에서는 필자가 100% 실전 경험을 통해 터득한 다양한 노하우들을 공개한다. 이를 참고해서 여러분이 사업을 운영하면서 맞닥뜨릴 수 있는 시행착오를 최소화해보자. 먼저 청소부터 알아보겠다.

🏠 아르바이트생 구하기

공간대여업의 장점은 초기 인테리어와 세팅을 마치고 나면, 그 이후로는 크게 손 갈 일이 없다는 것이다. 다만 고객이 오가는 곳이기 때문에 퇴실 후에는 기본적으로 매번 청소가 필요하다. 이 부분을 직접 하게 된다면 비용은 아낄 수 있지만 그만큼 업무 효율이 떨어진다. 특히 부업으로 운영하는 경우라면 혼자 혹은 가족의 힘으로 해결하기 어려운 상황이 자주 있기 때문에 필연적으로 청소 알바의 필요성에 대해 느끼게 될 것이다. 우선 각 공간마다 청소의 난이도와 특징이 다르기 때문에 상황에 맞춰 적절한 인력을 활용해야 할 필요가 있다. 그럼 각 공간별 청소 난이도를 살펴보자.

쉐어하우스: 난이도 중

쉐어하우스의 청소 난이도는 일상적인 집안일과 같은 수준이다. 설거지, 분리수거, 쓰레기 배출, 청소기 및 걸레질, 먼지 털기, 욕실 및 주방 청소 등 청소의 범위가 넓기 때문에 자신의 쉐어하우스에서는 어디서부터 어디까지 서비스로 제공할지 명확한 기준을 정해야 한다. 보통 설거지나 분리수거, 쓰레기 배출은 거주자에게 분담하도록 하고, 욕실과 주방 등 공용 공간 청소는 몇 주 단위로 청소 업체를 불러 해결한다. 물론 운영자 본인이 직접 가서 할 수도 있다.

거주자에게 분담시킬 경우 청소하는 날짜 혹은 요일을 지정해주거나, 각자의 역할을 나누어주든가, 역할을 월 단위로 바꾸는 등 분명한 가이드라인을 정해 안내해줘야 혼선 및 불화를 최소화할 수 있다. '거주자들끼리 함께 알아서 한다' 정도의 두루뭉술한 규칙을 제시해서는 절대로 안 된다. 또 사람마다 생각하는 청결의 기준이 다르다는 것을 기억하자. 거주자들에게 어느 수준으로 어떻게 청소를 해야 한다는 명확한 기준까지 구체적으로 제시하는 것이 좋다.

공용 공간을 매일 청소할 필요는 없다. 1~2주에 1번이나 한 달에 2번 같은 식으로 횟수를 정하는 경우도 많다. 운영자 본인이 여력이 된다면 직접 가서 해도 되지만, 여성 전용 공간에 남성이 드나드는 것은 거주자 입장에서 불편할 수 있다는 점을 유의하자. 또 청소 업체를 보내든 운영자가 직접 가는 경우든, 언제 방문 예정이며 얼마나 머무를지에 대한 정보는 반드시 입주자들에게 미리 고지를 해 당황스러운 상황이 생기지 않도록 한다.

에어비앤비: 난이도 상

에어비앤비의 경우 청소 난이도가 셋 중 가장 높은 편이다. 숙박을 하는 공간이고, 대부분 청소 보증금이 따로 없기 때문이다. 선불로 결제했기 때문에 숙소를 깨끗이 써야 한다는 부담감이 낮아 깨끗이 정리하지 않고 가는 경우가 허다하다. 특히 여행지에 있는 숙소는 투숙객이 음주를 할 가능성이 커 숙소를 더욱 엉망으로 쓰기도 한다. 또 일주일 이상 장기로 머무르는 사람 중에는 종종 욕실 청소 및 쓸고 닦기 등을 전혀 하지 않을뿐더러 분리 수거 및 쓰레기 배출까지 하지 않아 집 안에 모든 흔적을 그대로 남겨두고 가는 경우도 있다. 이러한 이유 때문에 장기로 집을 빌려주게 되면 세면대, 변기, 벽지, 장판 등 집 안 시설이 빨리 망가지기도 한다.

규모에 따라 다르겠지만 에어비앤비 청소에 소요되는 시간은 적어도 1~2시간 내외다. 청소뿐 아니라 샴푸, 세제, 휴지, 종량제 봉투 등 기본적으로 제공하는 비품을 채워 넣어야 하고 이불, 베개 커버, 수건 등을 교체해야 한다. 이처럼 에어비앤비는 손이 많이 가는 편이기 때문에 전문적인 청소 및 세탁 서비스 업체를 고용하기도 한다. 비용은 청소 업체마다 상이하지만 2021년 기준 1건당 최저가 3만 원 내외 정도로 형성되어 있다. 또한 같은 청소 업체 소속이라 하더라도 사람마다 성향과 역량이 다르므로 만약 청소 결과가 마음에 들지 않는다면 컴플레인을 통해 다른 인력으로 빠르게 교체할 수 있도록 해야 한다. 청결에 조금이라도 문제가 있다면 손님에게서 컴플레인이 들어오거나 낮은 후기 점수로 직결되기 때문이다.

파티룸: 난이도 하

파티룸은 청소 보증금 시스템이 있기 때문에 평균적인 청소 난이도가 매우 낮은 편이다. 대부분 이용자들은 사전에 안내된 대로 정리를 해야만 무사히 돈을 돌려받을 수 있다는 사실을 잘 인지하고 있다. 업장의 규모에 따라 다르겠지만 필자는 평균 청소 시간이 20분 내외로 매우 짧은 편이다. 이때 해야 할 일은 설거지 상태 확인 및 그릇 원위치, 간단히 바닥 쓸고 닦기, 쓰레기 비우기, 공간 소독하기(코로나19 감염 대비) 등이 있다. 물론 보증금을 포기하고 청소를 아예 하지 않고 가는 이용자도 있는

데, 이때도 청소 시간은 1시간 내외로 그리 오래 걸리지 않는 편이다.

이처럼 파티룸 청소는 난이도가 낮지만 대신 그만큼 빈도수가 높다는 것이 단점이다. 그래서 이러한 부분을 청소 인력으로 대체하면 운영 효율성을 훨씬 높일 수 있다. 다만 앞서 설명한 바와 같이 청소 난이도가 낮은 편이기 때문에, 쉐어하우스나 에어비앤비처럼 청소 전문 인력을 고용하기에는 비용이 다소 부담스럽게 느껴질 수 있다. 그렇기 때문에 영업장 근처에서 소일거리를 찾는 주민들을 적극적으로 활용하는 방법을 강력 추천한다. 그럼 이제 지역 주민을 아르바이트생으로 고용할 수 있는 플랫폼을 알아보자.

먼저 '쑨(soon)'이라는 단기 알바 전용 애플리케이션이 있다. 쑨 앱에 자신이 원하는 날짜와 시간, 시급 등을 올리면 조건에 맞는 지원자들에게 지원서를 받을 수 있다. 이 중 자신이 원하는 지원자에게 개별적으로 연락해 채용을 진행하는 시스템이다. 지원자들의 경력과 후기 등을 확인할 수 있어 유용하다. 쑨의 특징은 20대 초반의 어린 지원자가 많다는 점이다. 실제로 후기가 좋은 3~4명을 채용해 간단한 교육을 거쳐 청소를 진행해보았는데, 업무 자체에 대한 만족도는 나쁘지 않았다. 그러나 정작 필요할 때 잘 연락되지 않거나 갑자기 스케줄이 변동되는 경우가 많았다. 결국 안정적인 인력을 확보하기 위해서는 연령대를 아예 높이는 쪽이 낫겠다고 판단했고 그다음에는 당근마켓으로 방향을 돌렸다.

직거래 장터 애플리케이션 '당근마켓'은 지역 기반 중고 거래 플랫폼으로 잘 알려져 있지만, 동네 사람들과 대화를 나누거나 유용한 정보를

이수역 근처 계셔서 종종 정리/ :
청소 도와주실 분 찾아요 😊 ...

사당동 · 지난 주

거래완료 **7,000원**

♡ 18 💬 1 💬 4

당근마켓에 작성한 청소 아르바이트생 구인글

주고받는 등 다양한 소통의 창구로 확대되고 있다. 인력을 구하는 내용
의 글도 올릴 수 있는데, 구인글은 홍보글로 분류되기 때문에 소정의 광
고비를 지출해야 한다. 필자의 경우 영업장에서 도보로 10분 내외의 동
네를 선택해 3일 기준으로 광고를 올리자 홍보비로 약 3만 원 정도가 책
정되었다. 필자가 당근마켓에 올렸던 구인글을 살펴보자. 7천 원이라는
금액은 시급이 아닌 건당으로 책정했다. 사람마다 청소에 소요되는 시간
이 다르다는 점을 악용해 시간을 부풀릴 가능성을 고려해 결정한 부분
이다. 그 대신 청소 평균 시간은 20분 내외로, 간단한 정리 정돈에 가깝
다는 점을 강조했으며 만약 상태가 더러울 경우 그만큼 추가 비용을 지
불한다는 내용을 포함했다.

예상보다 반응은 뜨거웠다. 글을 올린 지 30분 만에 7명에게 연락이
왔고 더 이상 게시할 필요가 없다고 판단되어 바로 글을 내렸다. 이때 실
제로 지출된 광고비는 3천 원 정도였다. 그중 가장 근처에 살고 청소 경
력이 있는 사람을 채용했고, 실제로 몇 개월간 아무 문제 없이 청소를 전
담해줬다. 그리고 이 사람이 개인 사정으로 그만두게 되었을 때는 이전

에 연락처를 받아놓았던 다른 사람에게 연락해 계속해서 청소 아르바이트를 이어갈 수 있었다.

이러한 방식으로 약 1년 동안 1건당 7천 원으로 청소 아르바이트를 유지했으며 특별히 상태가 더럽다면 정도에 따라 추가 비용을 지급했다. 분리수거가 되어 있지 않은 날은 1만 원, 설거지를 다시 해야 하고 바닥이 더러울 경우에는 1만 5천 원, 바닥에 토사물이 있다면 3만 원과 같이 난이도에 따라 비용이 결정되었다. 실제로 85%의 손님들은 보증금을 100% 돌려받을 정도로 깔끔히 정리하고 가기 때문에, 이런 경우는 그리 많지 않았다. 또한 청소 아르바이트생에게 받은 사진을 이용자에게 증거로 보여주고 청소 보증금이 차감된다는 내용을 고지한다면, 그 금액을 아르바이트생에게 지급하면 되기에 업주 입장에서는 손해 볼 것이 없다.

당근마켓을 통해 파티룸 청소 아르바이트생을 구하는 것을 강력히 추천하는 까닭은 다음과 같이 업주와 아르바이트생 간의 니즈가 서로 정확히 들어맞기 때문이다.

업주
- 저렴한 가격으로 자주 쓸 수 있는 인력이 필요하다.
- 날짜와 시간이 유동적이라 고정적인 스케줄을 제공하기 어렵다.
- 청소 난이도가 높지 않아 전문 인력은 부담스럽다.

아르바이트생
- 풀타임으로 일을 하기는 어려운 상황이다.

- 가정주부 혹은 재택근무로 인해 집에 머무르는 시간이 많다.
- 평소 집안일을 많이 하기 때문에 간단한 청소와 정리 정도는 쉽다.

아르바이트생을 단순히 소모적인 인력으로 볼 것이 아니라, 자신과 함께 가는 소중한 인맥으로 생각한다면 청소의 퀄리티는 더욱 올라가고 실제 운영에 도움이 되는 아이디어를 얻을 수도 있다. 아르바이트생의 입장에서도 충분히 합리적인 선에서 청소비를 책정하고, 공간을 무료로 이용하게 해준다거나, 명절이나 생일 때 소소하게 선물을 챙겨주는 등 운영자가 약간의 노력을 기울인다면 훨씬 더 많은 것들을 돌려받을 수 있을 것이다. 이렇게 해서 영업장 근방에 사는 지인이 생긴다면, 긴급 상황에도 도움을 요청할 수 있기에 파티룸 운영에 여러모로 많은 득이 된다는 것을 기억하자.

청소 스케줄 관리

청소 시간이 늘 고정적으로 정해져 있다면 편하겠지만 공간대여업의 특성상 요일과 시간이 매일 유동적일 가능성이 크다. 따라서 청소 아르바이트생과 계속해서 스케줄을 맞춰볼 필요가 있는데, 이때 공유 가능한 달력 애플리케이션을 활용하면 보다 효율적인 소통이 가능하다.

에어비앤비는 비앤비호스트(BnB Host)라는 애플리케이션을 이용하면 에어비앤비의 숙소 정보와 자동으로 연동된다. 해당 숙소의 스케줄을

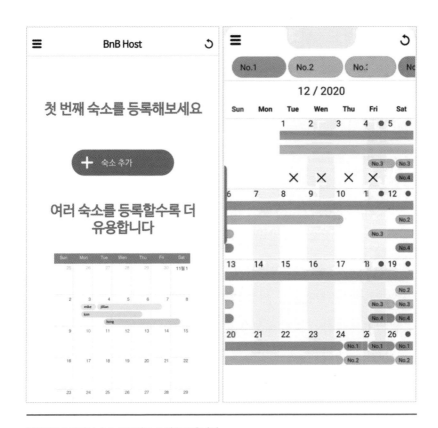

비앤비호스트에서 숙소 등록하고 스케줄 공유하기

여러 명이 공유할 수 있고, 입·퇴실 일정이 한눈에 들어오기 때문에 매번 일일이 전달해줘야 할 필요가 없다.

　파티룸은 구글 캘린더 혹은 네이버 달력 사용을 추천한다. 청소 전용 달력을 만든 다음 상대방의 계정을 추가하면 같은 달력을 실시간으로 공유할 수 있다. 스마트폰 메인 화면에 달력 위젯으로 연결해두면 잊어버릴 일이 없어 더욱 유용하다. 다음 날 청소 일정이 있는지 없는지, 몇

시 전까지 청소를 완료해야 하는지와 같은 기본적인 사항부터 바비큐 세팅이나 화분 관리, 택배 도착 예정 등 특이사항까지 메모로 입력할 수 있어 편리하다. 이런 달력 활용에 운영자와 아르바이트생 모두 익숙해지면 전화나 문자, 카카오톡 등 다소 소모적으로 느껴질 수 있는 기존의 영역들이 크게 줄어들었음을 실감할 것이다.

연이은 예약에는 릴레이 청소 방식

쉐어하우스, 에어비앤비와 달리 파티룸은 특성상 하루에 한 팀 이상을 받을 때도 있다. 특히 사이트에서 바로 예약받는 시스템일 경우 예약이 연달아 들어올 때도 있다. 바로 이런 때 매번 청소를 해야 할지, 한다면 어떤 방식으로 하는 것이 좋을지 알아보자.

필자는 파티룸 운영 초기에 연달아 예약이 있을 때면 손님에게 양해를 구하고 앞뒤로 10분, 20분씩 시간을 조정해 30분 정도의 청소 시간을 확보했다. 그리고 그 시간에 반드시 청소 및 정리를 진행했다. 그런데 곧 한 가지 공통점을 깨달았다. 낮에 퇴실한 손님들은 정리할 것이 거의 없을 정도로 공간을 깨끗이 사용한 것이다. 그 이유는 다음과 같다. 낮에 오는 손님들은 대부분 술을 마시지 않으며 식사를 하거나 차 마시기, 영화 감상 정도의 건전한 모임이 많다. 그릇도 많이 사용하지 않으며 테이블에 가만히 앉았다 나가는 경우가 대다수고, 발생하는 쓰레기도 거의 없다. 이런 특징 때문에 청소를 하러 들어가더라도 오히려 할 일이 마땅히 없는 상황이 계속 반복되었고, 결국 새로운 시도를 하게 되었다. 중간 청소를 과감히 생략하고, 마치 릴레이처럼 앞 손님에게 뒤

손님을 위한 청소를 맡기는 것
이었다. 이 방법을 사용하려면
앞 손님과 뒤 손님에게 해당 내
용에 대해 분명히 고지를 하는
것이 핵심이다.

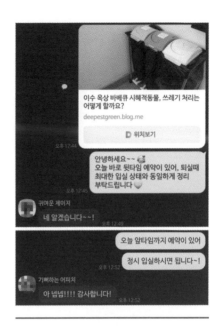

이렇게 하면 앞 손님은 바로
뒤에 사람이 온다는 점 때문에
평소보다 더 깨끗이 정리를 하
게 되고 퇴실 시간을 10분 정도
남기고 넉넉하게 나가는 경우
가 많았다. 마찬가지로 뒤 손님
은 바로 앞 시간까지 다른 손님

앞 손님(위)과 뒤 손님(아래)과의 대화

이 이용한다는 것을 알기에 조
금이라도 일찍 입실하지 않고, 정시 이후까지 기다리다 들어갔다. 또 쓰
레기통에 어느 정도 쓰레기가 차 있더라도 굳이 불쾌해하지 않았다. 이
방법은 생각보다 효과가 좋았다. 물론 간혹 "혹시 앞사람이 엉망으로 쓰
고 가면 어떡해요?"와 같은 우려를 드러낼 때도 있다. 그럴 때는 이렇게
대답하면 된다. "사진을 찍어서 제게 보내주시면, 그만큼 적절한 보상을
해드리겠습니다." 대부분의 손님들은 이 대답에 마음을 놓는다. 또 실제
로 앞 손님이 정리를 제대로 하지 못해 뒤 손님이 컴플레인을 하는 경우
는 극히 드물었다.

딱 한 번 컴플레인을 받은 적이 있었는데, 이는 앞 손님이 밤 10시에

퇴실을 한 경우였다. 일행이 전부 술을 마셨기 때문에 퇴실 청소를 하긴 했으나 일반 기준에 많이 못 미치는 수준이었고, 뒤 손님이 증거 사진을 찍어서 보내주었기 때문에 사과와 함께 그만큼 예약금을 할인해줬다. 물론 진심 어린 사과도 중요하지만, 사실 대부분의 컴플레인은 돈으로 빠르게 해결된다. 자신이 손해 본 부분을 금전적인 혜택으로 채워주는 것만큼 더 정확하고 진정성 있는 피드백은 없기 때문이다.

이는 효율성이 높은 방법이지만, 실패한다면 고객 불만족으로 직결될 수 있기 때문에 신중하게 활용해야 한다. 우선 앞 손님이 음주를 할 것으로 추측된다면 시간에 관계없이 무조건 청소 시간을 확보해 중간 청소를 하는 것이 안전하다. 청소를 도저히 할 수 없을 것 같다면 차라리 뒤 손님을 아예 받지 않거나, 상황을 설명하고 50% 이상으로 대폭 할인해주는 방법도 있다.

시혜적동물은 신발을 신고 들어가는 파티룸이기 때문에 이러한 방식이 더 유용했다. 손님들은 맨발로 바닥을 밟을 일이 없기 때문에 바닥에 과자 부스러기나 머리카락이 조금 떨어져 있어도 크게 신경을 쓰지 않는다. 반면 신발을 벗고 들어가는 파티룸이라면 바닥 상태가 눈에 훨씬 잘 보이기 때문에 손님들도 당연히 더 예민해질 수밖에 없을 것이다. 이런 경우에는 최소 30분 이상 시간 차를 두고 예약을 받고 매 타임마다 청소 인력을 쓰는 것을 추천한다. 혹시라도 예약 시간 변경에 대해 손님들이 불만을 제기할 수도 있기 때문에, 미리 예약 안내 페이지에 '청소 시간 확보로 인해 예약 시간이 전후로 최대 30분 가량 조절될 수 있다'는 점을 고지해놓으면 좋다. 또 코로나19와 같이 전염병 등의 이슈로 인해 청결에 더욱 예민한 시기라면, 당연히 연이은 예약은 자제하고 중간중간 꼭 청소 및 소독을 실시해야 한다.

스페이스클라우드
정복하기

#공간대관플랫폼 #메인사진 #유료광고 #가격설정하기

공간대여업과 관련된 플랫폼은 여러 종류가 있는데, 파티룸을 운영하게 된다면 필수적으로 국내 대표 공간대관 플랫폼인 스페이스클라우드에 자신의 공간을 업로드하게 될 것이다. 스페이스클라우드는 사용 방법이 까다롭지 않고 누구나 쉽게 등록할 수 있어 초보자에게 안성맞춤이다. 그러나 공간을 쉽게 등록하더라도 정작 내 공간을 클릭하는 사람이 없다면 아무런 의미가 없을 것이다. 그렇기에 스페이스클라우드에서 보다 조회 수를 높이고 예약률을 올릴 수 있는 노하우를 공개해보겠다. 파티룸의 수익을 올리고 싶다면 적극적으로 활용해보자.

돋보이는 메인 사진 고르기

손님이 공간대여를 위해 검색을 했을 때나, 누군가 나의 공간을 클릭했을 때 가장 앞에 보이는 메인 사진은 어떤 사진으로 하는 것이 좋을까? 같은 장소를 다르게 찍은 두 장의 사진을 비교해보자. 취향에 따라 선택은 나뉘겠지만, 시선이 먼저 왼쪽으로 간다는 것은 부정하기 어려울 것이다. 사물이 아닌 인물을 중심으로 찍었기 때문이다. 인스타그램이나 페이스북 등에서 게시물을 볼 때도 인물 사진이 사물이나 공간보다 먼저 눈에 들어오는 경험은 누구나 해보았을 것이다. 이처럼 실제 이용 사진을 메인 사진으로 쓰면 다음과 같은 장점이 있다.

- 다른 경쟁 업체들 사이에서 먼저 눈에 띌 수 있다.
- 장소를 꾸며놓은 상태라서 화려하고 감성적인 분위기가 연출된다.
- 소품, 가구 배치, 조명 등에 따라 장소가 어떻게 변할지 상상하기 쉽다.

메인 사진 고르기

• 몇 명이 어떤 식으로 이용할 수 있을지 공간 면적을 가늠하기 쉽다.

따라서 메인 사진을 비롯해 공간 소개 앞쪽에는 생일 파티, 동창회, 돌잔치, 스터디 등 다양한 목적으로 이용되고 있는 실제 사진을 배치하는 것을 추천한다. 파티룸은 파티뿐 아니라 다양한 용도로 이용될 수 있고, 또 손님마다 원하는 분위기가 다를 수 있다. 그래서 다양한 사용 예시를 보여줌으로써 '이 공간이 이렇게도 활용 가능하구나.' '이렇게 꾸미니까 완전 다른 공간 같네?'라는 인식을 심어주는 것이다. 그리고 최대 이용 인원을 고지해도 실제 크기를 가늠하기 어려워 추가로 물어보거나 사전 답사를 요청하는 경우가 있는데, 실제로 사용하고 있는 사진을 본다면 훨씬 직관적으로 이해할 수 있어 운영에도 용이하다. 따라서 실제 사용 예시를 보여준 다음에 깨끗하게 정돈된 공간 사진을 나열하도록 하자.

[소독,할인] 루프탑 시혜적동물
♀ 사당동 #루프탑 #영화감상 #바베큐 #생일파티 #데이트
9,900 원/시간   ▲ 최대 10인 💬 54 ♥ 455

바로
결제

[2월 특가] 아지트 시혜적동물
♀ 상도동 #영화관 #콘서트 #생일파티 #전시회 #아지트
5,000 원/시간   ▲ 최대 50인 💬 11 ♥ 186

파티룸 '시혜적동물'의 스페이스클라우드 메인 사진

스페이스클라우드는 한 항목당 대략 10장 내외의 사진을 업로드할 수 있는데, 사진은 가급적 제한 개수만큼 최대한 많이 올리는 편이 좋다. 사진이 너무 적으면 어떤 공간인지 정확히 이해하기 어려워 예약으로 이어지기 힘들다. 또 실제로 운영되고 있는지, 운영자가 관심을 기울이고 있는지 신뢰가 가지 않을 수도 있다. 따라서 실제 사용 사진 외에 다양한 각도와 다양한 측면에서 찍은 공간 사진들을 비롯해, 집기류나 제공되는 소품 등이 자세히 보이는 사진도 추가하면 좋다.

사진을 올릴 때는 기본적으로 모든 사진이 보기 좋아야 한다. 아무리 이해를 돕기 위한 사진이라 하더라도 보았을 때 지저분하거나 조화롭지 않으면 올리지 않는 편이 낫다. 모든 사진 한 장 한 장이 깔끔하고, 예쁘고, 공간의 느낌을 잘 전달하고 있어야 한다. 사진은 매우 강력한 시각적 홍보 수단이기 때문에, 열 마디 글보다 한 장의 사진이 훨씬 큰 영향력을 지닌다. 물론 실물과 차이가 있다고 느낄 정도로 과장된 사진이라면 실제로 왔을 때 실망하고 부정적인 후기를 남길 확률이 크다. 정성 들여 촬영은 하되 사실을 크게 왜곡해서는 안 된다.

이러한 실제 이용 사진을 얻을 수 있는 방법은 두 가지가 있다. 일단 오픈하기 전, 가족과 친구 등 자신의 지인들을 초대해 작은 파티를 여는 것이다. 생일인 사람이 있다면 생일 파티를 열어주어도 좋다. 이럴 때 공간을 예쁘게 꾸민 뒤 음식도 정성스럽게 차리고, 열심히 사진을 찍으면 오픈할 때부터 멋진 사진으로 시작할 수 있다. 하지만 이렇게 지인 위주로 사진을 촬영하는 것은 횟수에 한계가 있기 때문에, 운영을 하며 실제 손님의 사진을 받는 방법도 있다. 일종의 후기 이벤트를 열어, 이용 사진을 해시태그와 함께 SNS에 올리거나 운영자의 카카오톡으로 보내주면 소정의 선물을 제공하거나 캐시백을 해주는 등의 혜택을 제공하는 것이다. 물론 해당 사진이 홍보용으로 이용될 수 있다는 점은 미리 고지하고 동의를 받아 향후 문제가 되는 일이 없도록 해야 한다.

신뢰감을 주는 상세페이지 만들기

일단 메인 사진에 이끌려 클릭을 했다면, 이제는 찬찬히 내용을 훑어 보고 실제로 예약을 할지 안 할지를 판단할 차례다. 공간의 상세페이지는 운영자가 순서대로 공간명과 소개, 주의사항 등을 필수로 채우도록 되어 있다. 항목을 하나씩 함께 살펴보자.

공간명

공간명 *		17자/18자
[2월 특가] 아지트 시혜적동물		
ⓘ 사용 가능한 특수문자 : (,) , [,] , ~ , . , (마침표) , ,(쉼표)		

운영자 페이지의 공간명

공간명은 메인에서 사진과 함께 노출되는 큰 제목을 의미한다. 공간명에는 반드시 공간의 상호명이 포함되어야 하는데, 글자 제한이 18자로 다소 짧은 편이기 때문에 상호가 길다면 상호 외에 다른 단어를 입력하기 어려울 수도 있다.

자신의 공간이 몹시 유명한 곳이 아닌 이상, 상호를 검색해서 들어오는 사람은 거의 없기 때문에 제목에는 검색에 걸릴 만한 키워드를 함께 쓰는 것이 매우 중요하다. 시혜적동물은 여러 지점을 특징으로 구분하기 위해 루프탑, 아지트, 다락

[2월 특가] 아지트 시혜적동물

◎ 상도동 ┃ #영화관 #콘서트 #생일파티 #전시회 #아...

5,000 원/시간   🗖 최대 50인 💬 11 ♥ 186

이용자 페이지의 공간명

등의 키워드를 사용했고, 맨 앞 대괄호 안은 시즌에 맞춰 적절히 변경하고 있다. 가령 코로나19가 이슈인 때라면 '소독' '방역'과 같은 키워드를 넣을 수 있고, 시기에 따라 '할로윈' '송년회' 등을 넣을 수도 있다. 이 외에 무난하게 언제든 활용 가능한 키워드는 '할인' '특가' '이벤트' 등이 있다. 이처럼 사람들이 검색할 만한 키워드를 추가로 넣어 노출될 확률을 조금이라도 높이는 것이 핵심이다.

제목에 굳이 지역명을 넣을 필요는 없다는 점을 주의하자. 스페이스클라우드의 검색 엔진은 지역명을 검색했을 때 공간의 실제 위치를 기반으로 결과물을 제공한다. 그렇기 때문에 아무리 제목에 '신림'이라는 단어를 넣어도, 실제로 영업장이 신림에 위치해 있지 않다면 '신림'을 검색했을 때 노출되지 않는다. 반대로 해당 키워드를 제목에 쓰지 않아도 신림에 위치해 있다면 저절로 검색에 노출된다. 따라서 공간명에는 지역 명칭을 생략하고 대신 다른 키워드를 적극적으로 활용하도록 하자.

공간 소개

운영자 페이지의 공간 소개

이용자 페이지의 공간 소개

공간명 아래에는 간단한 한 줄 소개와 상세 소개가 들어간다. 이 한 줄 소개는 공간의 정체성을 표현하는 핵심 문구이기 때문에, 자신의 공간에 담긴 가치나 주 활용 용도를 나타내야 한다. 참고로 시혜적동물의 세 지점은 비슷한 듯 다르게 구분해서 사용 중이다.

세 공간 모두 공통적으로 '비밀'이라는 키워드를 사용하고 있다. 인테리어 콘셉트는 각각 다르지만, 도심 속에 숨겨진 비밀 공간이라는 방향성을 공유하고 있기 때문이다. 우선 루프탑은 셋 중 가장 소음 걱정을 할 필요가 없으며 실제로 도심 한복판에 위치하고 있기 때문에 그러한 특징을 강조했다. 아지트는 매우 넓은 공간 안에서 가장 자유롭게 공간을 활용할 수 있으므로 이런 점을 내세웠고, 실제로 파티나 영상 촬영 목적으로 자주 사용되고 있다. 다락은 다락방 같은 아늑하고 포근한 느낌을 전달하고자 했고 실제로 연인들에게 많은 사랑을 받고 있다.

파티룸 '시혜적동물' 지점별 메인 사진

그다음 공간 상세 소개에 들어갈 수 있는 항목들은 다음과 같다.

1. 공간의 정체성이나 배경 소개

2. 진행 중인 이벤트 및 혜택 소개

3. 시스템에서 제공되지 않는 가격 및 결제 관련 안내

4. 다양한 공지사항

5. 기타 SNS 채널

정해진 양식이나 틀이 있는 것이 아니므로 자유롭게 다섯 가지를 혼

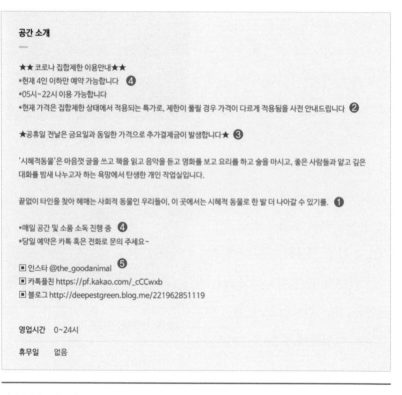

파티룸 '시혜적동물'의 상세 소개

합해 작성하면 된다. 아무래도 가장 주목받아야 할 할인 이벤트나 중요
한 공지 등을 가장 위로 올리는 편이 좋다. 또 카카오톡 채널이나 인스타
그램, 블로그 등 공간에서 운영하는 다양한 채널들의 링크를 꼭 추가해,
유기적으로 연결될 수 있도록 하자. 스페이스클라우드 이용을 불편해하
거나 굳이 회원가입을 하고 싶지 않은 경우 이러한 다른 채널들로 쉽게
유입될 수 있기 때문이다.

공간 소개가 특별히 거창하거나 길어야 할 필요는 없다. 오히려 너무
길다면 피로감을 유발해 그대로 뒤로 가기 버튼을 누를 수도 있다. 다만
너무 짧거나 성의가 없다면 전문성과 신뢰감이 느껴지지 않을 수 있기
때문에 최소 두 문단 이상으로 작성해보도록 하자.

시설 안내 및 주의사항

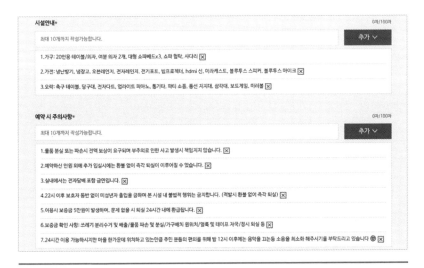

운영자 페이지의 시설 안내 및 주의사항

이용자 페이지의 시설 안내 및 주의사항

시설 안내는 자신의 공간에 구비되어 있는 시설 및 소품을 기입하는 항목이다. 최대 10개의 항목으로 나눠 쓸 수 있으니 고객 입장에서 보기 편하도록 구역 혹은 카테고리로 나누어 상세하게 쓰는 것을 추천한다. 주방과 거실처럼 장소 기반으로 나눌 수도 있고, 가구와 가전처럼 품목 기반으로 나누기도 한다. 혹은 편의시설과 촬영 소품, 오락 등 용도 기반으로 구분할 수도 있다.

해당 공간에서 사용할 수 있는 모든 것들을 상세하게 써주면 좋다. 우선 굵직하게는 어떤 가구와 가전이 있는지가 기본적으로 들어가야 할 것이다. 이때는 단순히 '테이블, 소파'라고 쓰는 것보다 최대한 구체적으로 '4인용 테이블 2개, 2인용 소파 1개'와 같이 기재해주는 것이 좋다. 구체적일수록 몇 명이 사용할 수 있을지, 배치를 어떻게 변경할 수 있을지 구상하기 훨씬 쉬워지기 때문이다. 마찬가지로 빔프로젝터나 스피커 등을 쓸 때도 해당 제품의 모델명까지 써주면 더 좋다. 목적에 따라 전자기기의 스펙을 중요하게 여기는 손님도 있기 때문이다. 수저와 포크, 나이프 등도 각각 몇 개씩 있는지, 보드 게임은 어떤 것들이 있는지 등 자세하면 자세할수록 좋다.

예약 시 주의사항은 운영에 실질적으로 가장 도움이 되는, 핵심적인 부분이라고 할 수 있다. 만약 컴플레인이 걸릴 경우 사전 고지를 했는지 안 했는지에 따라 책임 소재가 달라질 수 있기 때문에 가급적 꼼꼼하게 최대한 넓은 범위를 커버할 수 있도록 쓰는 것이 중요하다. 공간 특성 및 운영 스타일에 따라 세부 항목을 달라질 수 있으나, 아래의 항목들은 필수로 포함하는 것을 추천한다.

- 이용자 개인 과실로 인한 파손 및 고장, 유실, 도난 등이 발생했을 경우 이용자가 전액 보상을 책임진다.
- 개인 부주의로 인한 사고 발생 시 운영자가 책임지지 않는다.
- 보증금 안내 및 보증금 차감의 기준(청소 상태, 분리수거, 설거지, 원상 복귀 등)

혹여 시설 이용 중 큰 문제가 발생했을 때, 사전 고지를 하지 않은 것이 문제가 되어 운영자가 모든 책임을 져야 하는 상황이 일어날 수도 있는데, 이러한 항목들은 이를 방지하는 최소한의 보호막이 되어준다. 법적인 책임을 묻는 상황에 닥쳤을 때, 중개 역할인 스페이스클라우드 측에서 운영자가 이용자에게 해당 내용에 대해 사전 고지를 했는지 안 했는지에 초점을 맞출 수밖에 없기 때문이다. 스페이스클라우드에서 예약하기 위해서는 모든 예약 조건을 확인했고 동의한다는 항목에 체크를 해야 하기 때문에, 주의사항에 제대로 입력만 해놓더라도 고객과 사전 합의가 된 것으로 간주된다.

다른 여러 공간대여 장소들의 상세페이지를 참고해보자. 자신의 공간과 비슷한 카테고리에 속하고, 하트와 후기 수가 많은 영업장 5개 정도를 골라 어떻게 작성되었는지 읽어보자. 실제 운영자들의 노하우가 녹아들어 있기 때문에 꼭 필요한 내용들만 포함되어 있을 가능성이 크다. 이렇게 여러 페이지들을 참고해보면 자신의 공간에는 어떤 주의사항이 필요할지 감이 올 것이다. 모든 공간이 가진 특성이 다르므로, 그대로 베끼기보다는 적절히 내용을 추가하고 수정해 자신의 공간에 최적화된 상세페이지를 만들어 보자.

적당한 가격 정하기

상세페이지가 완성되면 다음은 가격과 옵션 정보를 입력할 차례다. 스페이스클라우드에서는 현재 시간 단위와 패키지 단위 두 가지 종류로 가격을 책정할 수 있다.

공간을 어떤 단위로 공유하실건가요?
ⓘ 부가세포함가 필수입력

◉ 공간당 가격   ○ 1인당 가격

요일	가격등록/수정
월요일	수정하기
화요일	수정하기
수요일	수정하기
목요일	수정하기
금요일	수정하기
토요일	수정하기
일요일	수정하기
공휴일	수정하기

공간의 설정가격에 대한 인원은   2   명 입니다.

  2   명 초과시 1인당   5,000   원을 추가합니다.

운영자 페이지에서 공간당 가격 설정하기

시간 단위 예약은 말 그대로 1시간부터 원하는 만큼 자유롭게 예약할 수 있는 개념이다. 1~2시간만 대여를 해주게 될 경우 청소를 비롯해 여러모로 운영 효율이 떨어질 수 있어 원하는 최소 시간 단위를 정해두는 편이 좋다. 이는 '세부 공간 추가' 항목의 '예약허용' 카테고리에서 최소 및 최대 인원과 함께 설정할 수 있다.

스페이스클라우드에서는 요일별, 모든 시간별로 디테일한 가격 설정이 가능하다. 파티룸은 수요가 높은 요일과 시간대가 정해져 있기 때문에 일괄 요금을 적용하는 것보다 수요에 맞춰 가격을 책정하는 것을 추천한다. 숙박업소가 성수기 및 비수기 시즌이 따로 있는 것처럼, 파티룸

예약허용 *

| 최소 예약시간 | − | 4시간 | + |

| 최소 수용인원 | − | 1명 | + | 최대 수용인원 | − | 10명 | + |

운영자 페이지에서 최소 예약 시간과 인원 설정하기

은 매일 인기 시간대와 비인기 시간대가 구분되어 있다. 크게 4종류로 나누어볼 수 있다.

- 1순위: 금요일과 토요일 저녁
- 2순위: 평일 저녁, 주말 오후
- 3순위: 평일 오후
- 거의 수요 없음: 매일 오전

여기에 맞춰 평소 수요가 낮은 매일 오전과, 금요일을 제외한 평일 오후 시간은 가장 낮은 금액을 책정하고, 저녁 시간은 상대적으로 높은 금액을 책정한다. 특히 금요일과 토요일 밤의 가격이 가장 높아야 할 것이다. 특히 토요일 오전 6시 이전까지 가장 높은 가격을 책정했다. 왜냐하면 전날이 금요일 밤이라, 밤부터 새벽까지 쭉 이어서 밤새 예약하는 팀들이 많기 때문이다.

이번에는 패키지 단위를 확인해보자. 패키지는 운영자가 원하는 시간을 묶어 해당 조건으로만 예약이 가능한 상품이다. 보통 낮과 밤으로

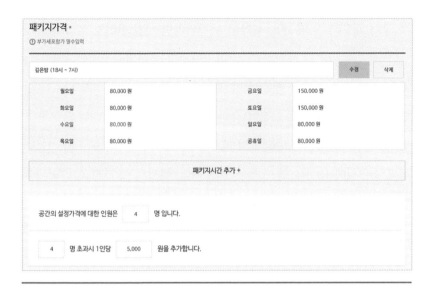

패키지가격 *

ⓘ 부가세포함가 필수입력

| 깊은밤 (18시 ~ 7시) | | | 수정 | 삭제 |

월요일	80,000 원	금요일	150,000 원
화요일	80,000 원	토요일	150,000 원
수요일	80,000 원	일요일	80,000 원
목요일	80,000 원	공휴일	80,000 원

패키지시간 추가 +

공간의 설정가격에 대한 인원은   4   명 입니다.

  4   명 초과시 1인당   5,000   원을 추가합니다.

운영자 페이지에서 패키지 가격 설정하기

나누는 경우가 많으며, 반나절씩 긴 시간이 묶이기 때문에 금액이 상대적으로 높아 단체 예약에 적절하다.

10인 이상 단체 손님이 많은 파티룸은 패키지 상품을 활용하는 것이 좋고, 5인 내외 소수 손님이 많은 경우는 시간 단위가 더 인기 있다. 적은 인원으로 패키지 상품을 이용하기에는 금액이나 시간이 다소 부담스럽기 때문이다. 특히 코로나19와 같은 특수한 상황에서는 당연히 더 저렴하고 더 짧게 사용할 수 있는 파티룸의 수요가 높다는 점을 참고하자.

패키지 상품 중에서는 저녁부터 그다음 날 아침까지 묶여 있는 밤 패키지가 인기가 좋다. 차 끊길 걱정 없이 원할 때까지 편하게 시간을 보낼 수 있기 때문이다. 또 새벽 시간이 포함된다면 시간 단위로 예약하는 것 보다 패키지 단위로 예약하는 것이 저렴하다는 이점도 있다. 패키지 가 격을 책정할 때 중요한 것은 동일 시간을 시간 단위로 예약할 때보다 할 인 혜택이 있어야 한다는 점이다. 특히 밤 패키지의 경우 더더욱 그렇다. 밤 패키지를 예약하는 손님들의 경우, 다음 날 아침까지 꽉 채우기보다 새벽 2~3시에 퇴실을 하는 경우가 더 많다. 예시의 세 가지 경우를 함께 보자.

⚫⚫ 시간 단위 예약과 패키지 가격 예시

A	B	C
오후 6시~오전 7시	오후 6시~오전 2시	오후 6시~오전 7시
시간당 2만 원	시간당 2만 원	밤 패키지
26만 원	16만 원	18만 원

약 새벽 2시까지 이용을 원하는 손님이 있다. 어떤 상품을 예약할 확 률이 가장 높을까? 우선 A는 이용 시간이 C와 같지만 비용 차이가 크기 때문에 아무도 선택하지 않을 것이다. 그렇다면 B와 C를 비교해보자. 시간 단위로 예약하면 새벽 2시까지 썼을 때 16만 원이고, 패키지로 예 약하면 5시간을 더 쓸 수 있는데 2만 원이 더 비싸다. 나중에 부족해서 시간을 추가하는 것보다 처음부터 넉넉하게 쓰는 게 낫겠다 싶어 둘 사 이의 가격 차이가 크지 않을 경우 돈을 조금 더 내고 C를 선택하는 손님 이 많을 것이다. 이처럼 패키지 상품은 시간 단위 예약과 비교했을 때 가

격이 약간 높더라도 혜택이 더 좋아 기꺼이 감수할 수 있을 정도의 금액으로 책정하는 것이 중요하다. 어차피 새벽 시간은 손님이 새로 들어오지 않기 때문에, 밤에 온 손님을 최대한 머물게 해주고 약간의 금액을 더 받는 것이다.

대형 파티룸은 시간당으로 받는 것이 번거롭기도 하고, 청소 시간도 매번 달라져야 하기 때문에 아예 시간 단위 예약을 막아두고 패키지로만 받기도 한다. 자신의 상황에 맞춰 시간과 패키지 단위를 잘 활용하자.

기본 금액이 적용되는 인원 기준 및 추가금의 경우도 마찬가지다. 단체가 많이 오는 파티룸은 기본 금액을 다소 높게, 그리고 그만큼 기준 인원도 다수로 잡아두는 편이 유리하고, 소수 손님이 더 많은 파티룸은 기본 금액을 낮게, 대신 기준 인원도 최소로 잡아두고 추가금을 많이 받는 편이 낫다.

또 기본 가격 외에, 추가 옵션으로 선택할 수 있는 항목이 있다. 의상이나 장비 대여, 풍선과 꽃 등 소품 세팅, 바비큐 추가 등 다양한 옵션을 설정할 수 있으니 적절하게 활용해보자. 가령 직접 청소를 원하지 않는 손님이라면 청소 옵션을 추가해 충분한 청소비를 미리 받고 청소 없이 퇴실하도록 할 수도 있다.

그렇다면 실제 이용 가격은

운영자 페이지에서 추가 옵션 설정하기

얼마로 책정해야 할까? 적정 가격은 결코 한 번에 찾을 수도 없고, 찾았다 해도 장기간 유지되는 것이 아니다. 그만큼 까다롭고 늘 변화되는 요소이기 때문에 늘 주의를 기울이고 다양한 시도를 할 필요가 있다. 가격에는 정답이라는 것이 없지만, 아래와 같은 과정을 거치다 보면 어느 정도 적정선을 찾을 수 있을 것이다.

인근 파티룸의 가격대 조사

만약 자신의 파티룸이 신림역 근처에 위치해 있다면, 스페이스클라우드 지도 검색을 통해 근방에 등록된 모임 공간들을 모두 확인해보자. 이때

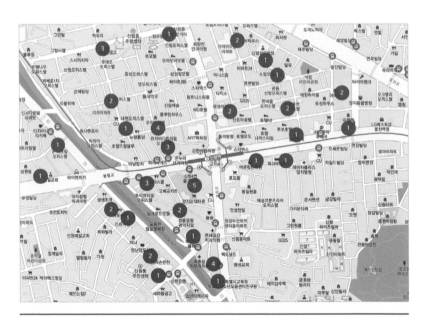

스페이스클라우드 지도에서 신림역 검색 결과

구분	평일 낮 시간당	평일 저녁 시간당	주말 밤 패키지
파티룸 A	5천 원	1만 원	7만 원
파티룸 B	1만 원	2만 원	10만 원
파티룸 C	3만 원	5만 원	30만 원

조사 항목을 엑셀 목록으로 정리해보면 한눈에 볼 수 있어 더욱 도움이 된다. 위 표처럼 조사 항목을 간단하게 정리해보자.

이 자료를 바탕으로 스스로 던져보아야 할 질문들은 아래와 같다.

- 근방에서 가장 저렴한 곳, 가장 비싼 곳은 어디인가?
- 그 가격이 합당하다고 느껴지는가?
- 두 장소의 가격 차이는 어떤 부분에서 오는 것 같은가?
- 내 공간의 퀄리티는 전체 목록의 어디쯤 위치하고 있는 것 같은가?

공간의 사진과 설명을 보는 것도 중요하지만, 실제로 운영이 활발하게 되고 있는지 확인해보자. 이는 상세페이지의 예약 캘린더를 체크해보면 쉽게 알 수 있다. 패키지 단위로 클릭을 해보면, 이미 예약이 완료된 날짜는 달력에서 비활성화되어 보이므로 해당 파티룸의 수요가 한눈에 들어온다. 또 하트 수나 후기 수를 보고도 대략적인 인기도를 파악할 수 있다.

인기 파티룸의 가격대 조사

인근 파티룸을 둘러봤다면, 인기 파티룸도 한번 살펴볼 차례다. 홍대 파티룸, 이태원 파티룸, 강남 파티룸 등 여러 키워드를 검색해 상위에 노출되는 파티룸들을 살펴보자. 번화가 중심에 위치한 파티룸일수록 기본 가격이 높을 수밖에 없다. 그중에서도 가장 인기가 많고, 활발히 운영되는 듯한 영업장을 몇 개 선택해 어떤 가격 정책을 펼치고 있는지 살펴보자. 이때는 아래와 같은 질문을 스스로 던져보면 도움이 될 것이다.

- 시간 단위와 패키지 중 어떤 상품을 활용하고 있는가?
- 가격이 높은데도 만족도와 인기가 높은 이유는 무엇 때문일까?
- 내 파티룸이 이 목록에 낀다면 과연 얼마나 경쟁력이 있을까?

파티룸의 장점 및 단점 파악하기

앞서 이야기한 조사가 완료되었다면, 본격적으로 자신의 공간과 비교해볼 차례다. 효율적인 비교를 위해 가급적 자신의 공간과 비슷한 규모 혹은 비슷한 콘셉트를 가진 장소들을 중심으로 아래의 질문들에 답해보자.

- 내 파티룸만이 가진 특별한 요소가 있는가?
- 내 파티룸이 가지지 못한 요소가 있는가?(스토리, 인테리어, 위치, 서비스 등)

매우 다양한 요소들이 있을 것이다. 가령 장점에는 지하철역에서 30초 거리로 훌륭한 접근성이나, 인근 파티룸 중 유일하게 야외에서 고기를 구워 먹을 수 있다는 차별성을 가질 수도 있다. TV나 스피커, 조명 등 구비된 시설의 높은 퀄리티를 들 수도 있고 엘리베이터가 있는 신축 건물이라 환경이 매우 쾌적할 수도 있다. 반대로 다른 업장들에 비해 부족한 점도 분명 눈에 보일 것이다. 내부에 화장실이 없을 수도 있고, 공간이 비좁은 편일 수도, 따로 구비된 보드 게임이나 파티 용품이 없을 수도 있다. 이처럼 실제 이용에 영향을 미칠 수 있는 다양한 요소들을 비교하고 종합해보며, 자신이 운영하는 파티룸의 순위를 정해본다.

이러한 과정을 거치면 내 파티룸의 퀄리티에 따른 적정 가격대를 찾을 수 있다. 가령 앞서 보았던 파티룸 B와 C의 중간쯤에 내 파티룸이 위치한 것 같다면, 가격 역시 그 중간에서 찾는 것이 안전할 것이다.

●● 경쟁 업체와 비교해 가격 설정하기

구분	평일 낮 시간당	평일 저녁 시간당	주말 밤 패키지
파티룸 A	5천 원	1만 원	7만 원
파티룸 B	1만 원	2만 원	10만 원
내 파티룸	2만 원	3만 5천 원	20만 원
파티룸 C	3만 원	5만 원	30만 원

이러한 방식은 매우 합리적이기 때문에 실패할 확률이 적다. 만일 내 파티룸의 가격을 더 높이고 싶다면, 무작정 가격을 변경하기 이전에 파티룸 C의 퀄리티를 따라잡을 수 있을 정도의 다른 특장점을 추가하면 된다.

고객의 관점으로 생각하기

대략적인 가격 기준을 책정했다면, 최종 점검을 위해 직접 고객의 입장이 되어보는 과정이 필요하다. 내 공간에 올 수 있는 다양한 고객군을 직접 설정해보고 단계별로 감정 이입을 해보도록 하자.

•• 다양한 고객군 설정하기

목적	인원	핵심 요소	경쟁 상대
기념일 데이트	2명	분위기, 인테리어, 취사 가능	타 파티룸, 레스토랑, 에어비앤비 등
영화 동호회	4명	장비, 가성비	타 파티룸, 스터디룸, 에어비앤비 등
브라이덜 샤워	8명	인테리어, 소품, 청결	타 파티룸, 에어비앤비 등
동창회	15명	교통, 면적, 오락 시설, 방음	타 파티룸, 술집 등

이처럼 목적과 인원에 따라 가장 중요시 여기는 요소가 달라질 뿐 아니라 경쟁해야 하는 상대도 달라진다. 파티룸은 다양한 공간의 대체제가 될 수 있기 때문에, 단지 다른 파티룸과의 경쟁에서만 앞서 나간다고 안심하기에는 이르다. 소비자 입장에서는 여러 선택지를 비교해보고 모든 조건을 따져 종합적인 만족도가 가장 높은 곳으로 최종 목적지를 변경할 수 있기 때문이다.

따라서 이와 같은 테스트를 할 때는 본인의 시야 역시 확장해 다양한 업종의 경쟁 상대를 같은 선상에 올려둘 필요가 있다. 가령 영화 모임을 위해 영상 상영이 가능한 공간을 예약해야 한다고 가정해보자. 인테리어나 분위기는 그리 중요하지 않고, 그저 모두가 앉을 의자와 스크린이 있기만 하면 된다. 또 회비를 사용해야 하므로 최대한 금액을 아끼기 위해 저렴한 곳을 선호할 것이다. 일단 유력한 후보는 가장 저렴한 스터디룸이다. 그런데 파티룸에는 스터디룸보다 훨씬 더 좋은 영상 시설이 구비되어 있고 의자도 더 편안해 보인다. 영화 감상 이후 대화를 나누기에 분위기도 좋아 보인다. 조금 더 비싸긴 하지만 사용 금액이 예산을 벗어나지 않는다면 모임의 퀄리티를 위해 파티룸을 선택할 것이다. 반면 2배 이상 차이가 난다면 스터디룸이 합리적인 선택일 듯하다.

동창회 장소를 구할 때는 어떨까? 이 경우 조건이 조금 더 까다로울 것이다. 전국 각지에서 오기 때문에 교통이 가급적 편리해야 하고, 주차가 된다면 더욱 좋을 것이며 찾아오기 너무 어렵지 않은 곳에 위치해야 한다. 또 여러 사람이 모이는 만큼 공간이 넉넉해야 하고, 밤늦게까지 모임이 이어질 확률이 크기 때문에 소음 문제가 있어서는 안 된다. 흥을 돋울 수 있는 노래방이라든가 포켓볼, 보드게임 등의 시설이 있다면 점수는 더욱 올라간다. 식당이나 술집을 예약한다면 비용이 생각보다 많이 나오지만, 대신 마음 편하게 술을 마실 수 있고 뒷정리를 할 필요가 없는 점이 장점이다. 반면 파티룸은 직접 치워야 하긴 하지만 비용을 반 이하로 줄일 수 있다. 또 아침까지 넉넉히 사용할 수 있어 부담도 없고, 프라이빗하게 단독으로 이용할 수 있다는 게 가장 큰 장점이다. 그래서 여러 파티룸 중에서도 공간이 가장 넓고 소음 문제가 없는 장소로 예약을 진행한다.

이렇게 고객 입장이 되어 직접 예약을 진행한다고 가정해보면, 수많은 경쟁 업체들 사이에서 내 파티룸이 가지는 경쟁력이 어느 정도인지 쉽게 파악할 수 있다. 한마디로 "나라면 여기에 올 것인가?" 혹은 "나라도 다른 데 가겠다."라는 고객의 생각을 최대한 객관적으로 판단해보는 것이다. 이러한 테스트를 통해 자신의 파티룸이 비교적 상위권에 속한다면 잘하고 있는 것일 테고, 이 가격이라면 차라리 카페나 술집 등 다른 곳에 가겠다는 생각이 든다면 수정이 필요하다. 금액을 더 낮춰 가성비를 최고의 가치로 내세울 수도 있고, 인테리어나 시설 등을 추가로 보완할 수도 있다. 운영자 역시 언제든 고객이 될 수 있다는 점을 명심하고, 무엇보다도 자신이 가고 싶은 공간을 만드는 데 집중한다면 가장 정답에 쉽게 다가설 수 있을 것이다.

전환율 1%의 공식

스페이스클라우드에 등록을 완료하고 운영을 시작하게 되면 다양한 장벽에 부딪히게 되는데 그중 가장 큰 고민은 아마 낮은 예약 현황일 것이다. 분명 아무 문제없이 공간을 등록했는데 예약이 거의 들어오지 않아 걱정이라면, 전환율 1%의 공식에 맞춰 대체 무엇이 문제인지 알아보자.

전환율 1%의 공식: 예약 수 ÷ 조회 수 × 100 > 1

스페이스클라우드의 호스트 센터에서는 예약과 관련된 통계 자료를

•• 스페이스클라우드 통계 조회

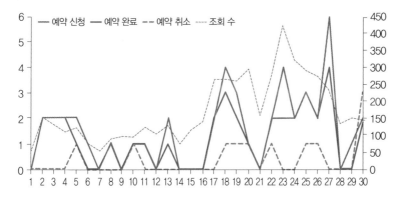

제공하고 있다. 날짜별로 조회 수 및 예약 현황을 살펴보자. 해당 통계는 플랫폼에서 이루어진 활동만 포함되기 때문에, 스페이스클라우드로 유입되어도 외부 채널을 통해 예약 문의 및 예약 완료가 된 경우는 포함하지 않는다. 따라서 실제보다 예약 건수가 다소 낮게 책정되었음을 감안해야 한다.

우선 가장 조회 수가 높았던 23일을 보자. 조회 수는 약 400회가 넘었고 예약 신청은 4건이 있었다. 페이지로 유입되어 예약까지 이어지는 확률은 약 1%인 것이다. 두 번째로 조회 수가 높았던 20일의 조회 수는 300회인데 예약 신청은 1건이다. 공식에 넣어보면 약 0.3%로 전환율이 저조하다는 것을 알 수 있다. 반면 27일의 조회 수는 200회 내외인데 예약 신청은 6건이다. 이번에는 전환율이 3%로 매우 높다.

이처럼 매일 차이는 있을 수 있지만, 월 통계로 보았을 때 평균 전환율이 적어도 1% 이상으로 유지된다면 내 공간이 비교적 잘 굴러가고 있

활용도 200% 공간대여업 운영 노하우

223

다고 해석할 수 있다. 물론 전환율이 높더라도 조회 수 자체가 낮다면 큰 의미가 없기 때문에 어느 부분에서 막혀 있는지 단계별로 자세히 들여다볼 필요가 있다.

1. 전환율을 체크하기 어려울 정도로 조회 수가 낮은 경우

– 이유: 유입되지 않고 있다.

– 문제점: 잘 노출되지 않아 사람들이 찾아올 수가 없다.

2. 조회 수는 나쁘지 않은데 예약 문의가 저조할 경우

– 이유: 상세페이지에서 유실되는 고객이 많다.

– 문제점: 상세페이지가 매력적이지 않다.

3. 예약 문의가 실제 예약으로 이어지지 않을 경우

– 이유: 예약 문의 과정에서 불편함을 느꼈을 확률이 크다.

– 문제점: 상세페이지에 소개된 내용이 실제 내용과 다르거나, 응대가 불친절하다.

1번은 아무리 내 공간이 좋다 하더라도 일단 노출 자체가 되지 않으니 당연히 예약이 들어올 수가 없는 상황이다. 이럴 때는 다른 것보다도 공간을 눈에 띄게 하는 것이 최우선이다. 우선 공간명부터 점검해보자. 이름 외 키워드로 걸릴 만한 단어가 없다면 할인, 소독, 이벤트 등과 같은 키워드를 넣어본다. 또 자신의 공간이 위치한 인근의 번화가나 역명

등과 조합해 '신림역 파티룸' '신림역 스터디룸' 등으로 검색해보고, 만약 검색 결과에 내 공간이 노출되지 않고 있다면 스페이스클라우드 팀에 문의해 혹시 오류가 있는 것은 아닌지, 노출될 수 있는 방법은 없는지 확인할 필요가 있다. 고객 대부분이 이러한 과정을 통해 유입되기 때문이다. 공간이 위치한 지역이 애초에 검색량이 적은 곳이라면, 지역 광고를 적절히 활용하는 게 좋다. 이에 대한 자세한 내용은 뒤에서 다루도록 하겠다.

2번과 같이 노출은 잘되는 것 같은데 예약 관련 문의를 하는 사람이 없다면, 상세페이지에 문제가 있다는 것이다. 일단 메인 사진이나 공간명 등이 마음에 들어 클릭은 했는데, 자세히 들여다보니 마음에 들지 않는 구석이 있어 뒤로 가기를 눌렀다는 의미이기 때문이다. 이때의 해결책은 과연 어떤 점에서 경쟁력이 떨어졌는지를 찾아내는 것이다. 상세 사진이 부족했을 수도 있고, 공간 소개가 무성의했을 수도, 갖춰진 소품 및 집기류가 부족했거나 부정적인 후기를 보았을 수도, 무엇보다도 가장 중요한 가격이 예상보다 높아서일 수도 있다. 이때도 주변 파티룸들과 비교해보는 것이 많은 도움이 된다. '나라면 어떨까?'를 다시 한번 적용해보는 것이다. 주변 시세에 비해 비싼 요금, 노후된 시설, 낮은 평점의 후기 등 분명 눈에 들어오는 부족한 부분이 있을 것이다. 가격을 한번 낮춰보기도 하고, 사진을 더 멋지게 찍어 교체해보기도 하고, 후기를 더 열심히 관리해보기도 하며 이런저런 테스트를 해본다면 어느 순간 예약 문의가 이어지는 순간이 올 것이다. 틀린 부분을 바르게 고쳤다는 뜻이다.

3번은 공간 노출도 잘되고 상세페이지도 충분히 매력적이라 곧잘 예약 의사로 이어지긴 하지만 가장 핵심적인 마지막 결제 과정에서 자꾸 유실이 발생하는 경우다. 우선 사이트에 기재된 금액과 실제 이용 금액이 다르다거나 미리 고지되지 않는 추가금이 붙는 경우 고객 입장에서는 마치 미끼 상품을 문 것처럼 불쾌감이 들 수 있어 예약을 진행하지 않을 확률이 높다. 따라서 플랫폼에는 반드시 실제 이용 금액과 추가금 옵션을 언제나 정확히 고지해놓도록 하자. 이런 케이스가 아니라면, CS에 문제가 있을 확률이 높다. 전화 혹은 카카오톡 응답이 느려서 그 사이에 다른 곳을 예약했거나, 응답은 빨랐으나 불친절하게 느껴져 굳이 이용하고 싶은 욕구가 사라지는 경우다. 서비스업에 종사해본 경험이 적은 사람이라면 자신도 모르게 퉁명스러운 말투를 사용하고 있거나, 의도치 않게 공격적인 표현을 사용하고 있을 수도 있다. 또 묻는 말에만 단답형으로 대답한다면 고객 입장에서는 '장사하기 싫은가?'라는 생각이 들 수밖에 없을 것이다. 본인의 성별 및 연령에 관계없이 고객을 응대할 때는 다소 과하다 싶을 정도로 부드럽고 상냥한 톤을 사용하는 것이 좋다. 예약을 당장 하지 않을 것 같은 고객이라도 언제든지 다음에 방문할 수 있기 때문에 마지막까지 친절함을 놓치지 말자. 또한 1을 물어보면 2, 3까지 상세하게 안내를 해주어 최대한 긍정적인 인상을 남길 필요가 있다. 사실 전화 문의의 90% 이상은 실제 예약으로 바로 이어지는 것이 정상이다. 전화를 할 정도면 이미 기본적인 정보는 알아봤고, 바로 예약을 하고 싶다는 의지가 담겨 있을 확률이 크기 때문이다. 따라서 본인의 고객들이 자꾸 물어만 보고 사라진다면, 지인과 롤플레잉을 통해 평소 응대 태도에 문제가 있는지 점검하고 빠르게 시정할 수 있도록 하자.

 **유료 광고 활용**

스페이스클라우드에서는 다양한 종류의 자체 유료 광고를 제공하고 있다. 필수로 사용할 필요는 없지만, 플랫폼상에서 본인의 공간이 너무 노출되지 않고 있다면 선택적으로 활용하는 것이 도움이 될 수 있다. 현재 월 3만~25만 원까지 다양한 금액대의 광고가 있는데, 이 중에서 가장 부담 없이 이용할 수 있는 '지역, 유형, 지하철역' 광고에 대해 소개하도록 하겠다.

지역 광고

지역 광고는 말 그대로 특정 지역을 기반으로 검색했을 때 내 공간을 상위에 노출해주는 광고다. 이태원, 대학로, 신촌, 홍대 등과 같이 검색량이 많은 키워드를 잡는 것이 중요하다.

Q **연남동**					
핫플레이스로 찾아보기					
서울	이태원	대학로	신촌	홍대	부산
또는 동네로 찾아보기					
경리단길	샤로수길	가로수길	서촌	석촌호수	북촌한옥마을

스페이스클라우드에서 '연남동'으로 검색했을 때의 키워드

지역 광고는 해당 지역에 등록된 공간이 너무 많아 상대적으로 내 공간이 지나치게 아래에 뜨게 될 경우 위로 올려주는 역할을 한다. 이뿐만 아니라 해당 지역을 검색했을 때 내 공간이 아예 노출되지 않는 경우에 특히 유용하다.

가령 시혜적동물 상도점은 상도동에 위치하고 있는데 주택가이고 비인기 지역이기 때문에 군이 '상도동'으로 검색을 하는 사람은 극히 드물 것이다. 그렇기에 근방의 번화가인 '신림'이나 '노량진'을 지역 광고로 잡는 것이다. 실제 거리가 그리 멀지 않기 때문에 신림이나 노량진을 가려던 사람도 충분히 상도동 방문을 고려할 수 있을 것이다. 만약 거리가 한참 먼 '홍대'나 '이태원' 등을 키워드로 잡는다면 어떨까? 노출은 더 잘 될 수 있더라도, 사람들은 대부분 그대로 뒤로 가기를 누를 것이다. 본

스페이스클라우드 지역 광고란

인이 방문하려는 지역과 거리가 멀기 때문에 애초에 선택지에 올려두지 않을 확률이 크기 때문이다. 따라서 지역 광고는 본인의 공간에서 가장 가까운 번화가를 키워드로 잡는 것이 중요하다.

유형 광고

스페이스클라우드에서는 공간을 다양한 유형으로 분류하고 있다. 유형 광고는 이렇게 특정 유형으로 검색했을 때, 내 공간을 상위에 노출시켜 준다. '회의실' 유형으로 검색을 해보면, 프리미엄존에 광고 중인 업체들이 가장 먼저 노출이 된다.

이처럼 유형 광고는 파티룸을 좀 더 다양한 목적으로 노출시키고 싶을 때 유용하다. 가령 파티룸은 가장 기본적인 카테고리고, 그 외 스터디룸이나 세미나실로 이용하기에도 모자람이 없는 공간을 떠올려보자. 그럼 스터디룸과 세미나실 타깃에게 노출될 수 있도록 '스터디룸' 혹은 '세미나실' 키워드로 광고를 돌리는 것이다. 주의할 점은 '파티룸' 키워드로 광고를 할 경우, 이미 많은 업체들이 동일한 광고를 사용하고 있기 때문에 비용을 지출해도 상위에 올라가기 어려워 광고 효과를 제대로 보기 힘들 수 있다는 것이다.

원데이오피스	루프탑	촬영스튜디오
엠티장소	스터디룸	연습실
파티룸	브라이덜샤워	회의실
세미나실	카페	레저시설
독립오피스	다목적홀	공연장
코워킹스페이스	작업실	한옥

스페이스클라우드 공간 유형

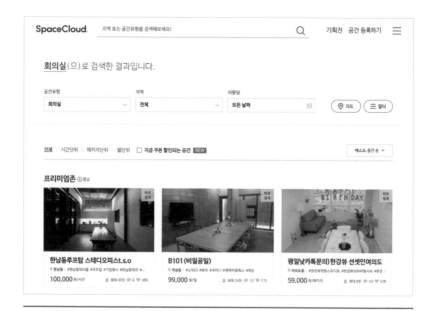

스페이스클라우드 공간 유형별 광고란

지하철역 광고

내 공간 근처에 지하철역이 있 다면, '지하철역'과 '공간 유형' 을 선택해 노출시킬 수 있는 광 고다.

지하철에서 도보로 걸어올 수 있는 정도의 거리라면 해당

지하철역과 공간 유형을 복합한 키워드

광고를 사용해볼 수 있겠지만, 유의할 점은 검색량이 많은 키워드가 아 니라면 광고를 하는 의미가 크게 없을 것이라는 점이다. 가령 '장승배기

역'과 같은 경우, 사람들이 많이 찾는 번화가가 아니기 때문에 검색량이 적어 광고를 걸더라도 유입되는 사람이 거의 없을 것이다. '강남역 파티룸'이라고 검색했을 때의 결과를 살펴보자. 프리미엄존과 플러스존으로 나뉘어 있다. 이 2개의 차이는 프리미엄존이 더 상위에 있어 2만 원이 비싸다는 것인데, 만약 광고 중인 업체가 별로 없다면 플러스존으로 결제를 해도 노출의 효과는 크게 다르지 않을 것이다. 반면 플러스존에 이미 광고 중인 업체가 너무 많다면, 프리미엄존을 활용하는 것이 더 유리할 수도 있으니 원하는 키워드를 반드시 먼저 검색해보자.

스페이스클라우드 프리미엄존과 플러스존

여기서 소개한 3개의 광고들은 월 3만~5만 원으로 가장 저렴하게 내 공간을 노출시킬 수 있는 방법들이다. 월 단위로 결제가 가능하니 여러 가지 시도를 해보며 가장 효과가 좋은 방법을 신중하게 찾아보는 것을 추천한다. 앞서 소개한 것 외에도 혼합 패키지, 쿠폰, 기획전 등 스페이스클라우드에서 제공하는 여러 종류의 광고가 있으니 여력에 따라 적절히 사용해보는 것도 나쁘지 않다. 또 스페이스클라우드에서 운영하는 '스페이스비즈' 사이트(spacebiz.kr)에 접속하면 공간운영스쿨과 공간운영팁 등 도움이 될 만한 다양한 정보들이 공유되어 있으니 참고해보자.

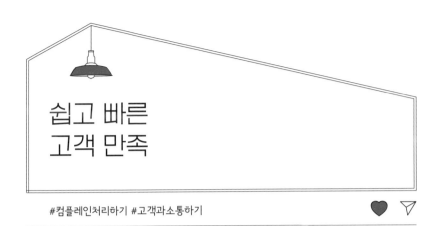

#컴플레인처리하기 #고객과소통하기

🤲 언제나 친절하고 신속하게

공간대여업은 서비스업에 속한다. 고객과 얼굴을 실제로 마주하는 서비스업인 식당이나 상점과는 조금 다를 수 있지만, 그 대신 전화 혹은 메시지를 통해 고객과 끊임없이 소통을 주고받기 때문이다. 직접 얼굴을 볼 일이 적기에 그만큼 편하지 않을까 생각할 수도 있겠지만, 오히려 그로 인한 단점도 있다. 일단 공간대여업은 비대면으로 소통이 이루어지기 때문에 표정이나 제스처 등이 보이지 않아서 의도가 왜곡되어 전달되기 쉽다. 또한 가게처럼 문을 닫고 여는 형태가 아니기 때문에 공휴일도 없고, 늦은 밤이나 새벽에도 언제든 문의가 올 수 있다. 또 실제로 마주했을 때와 달리 즉각적인 반응이 보장된 것이 아니기 때문에 상대가 답할 때까지 무한정 기다려야 할 때도 많고, 일방적으로 연락이 끊기거나 차단될 수도 있다.

운영자의 친절함과 신속함은 예상보다 강력한 어필 포인트다. 번화가 중심에 위치하고 있다든가, 값비싼 소품들, 저렴한 가격만큼이나 고객을 끌어오는 데 핵심적인 요소가 될 수 있기 때문이다. 아무리 유명한 맛집이라 한들, 후기를 찾아봤는데 온통 직원이 불친절하다는 소리밖에 없다면 굳이 그 집을 가고 싶지는 않을 것이다. 어차피 맛있는 식당은 널리고 널렸기 때문이다. 마찬가지로 에어비앤비나 스페이스클라우드 혹은 블로그 등에서 이용 후기를 확인했는데 조금이라도 운영자가 불친절했다거나, 응답이 느려 답답하고 난감했다는 의견이 있다면 예약하고 싶은 마음이 싹 사라질 것이다. 반대로 운영자가 정말 친절하며 응대도 빨라서 이용하기 편리했다는 의견이 있다면 어떨까? 망설임 없이 예약을 진행하게 될 것이다.

말 한마디로 컴플레인 해결하기

실제로 공간대여업을 운영하게 되면 다양한 종류의 고객 컴플레인과 맞닥뜨리게 된다. 갑자기 도어락이나 에어컨이 고장 날 수도 있고, 전기가 안 들어올 수도 있다. 이러한 문제들은 아무리 계획적인 사람이라 한들 미리 대처를 하는 것이 사실상 불가능하며, 운영자의 자질과 관계없이 불가항력적인 경우가 많다. 중요한 것은 이러한 사실을 고객들도 충분히 인지하고 있다는 것이다. 따라서 우리가 초점을 맞춰야 할 것은 '문제가 일어났다'는 사실이 아닌 '이미 발생한 문제를 어떻게 해결할 것인가'라는 점이다.

어떤 문제가 발생했을 때, 최대한 신속하게 고객의 편의를 최우선으로 여긴 해결책을 제시하면 대부분의 고객은 오히려 그 문제를 적극적으로 해결해준 것에 대해 감사를 표한다. 어떻게든 빠른 시간 안에 해결할 수 있는 문제라면 당장이라도 달려가 해결을 해주거나 사람을 부르면 되고, 고객이 직접 해결하는 것이 더 빠르다면 방법을 알려주고 추가적으로 발생된 비용을 입금해줄 수도 있다. 만약 당장 문제를 해결할 수 없는 상황이라면 차라리 깔끔하게 바로 전액 환불 처리를 해주면 된다. 대부분의 문제는 이러한 과정을 통해 해결할 수 있는데, 간혹 문제가 되는 경우도 있다. 고객은 고객대로 불편함을 이미 감수하고 있는데, 운영자가 자신도 어쩔 수 없다며 문제를 회피하거나 방치할 때다. 혹은 불가항력적인 요소라는 핑계로 제대로 이용할 수 없음에도 불구하고 환불을 거부하거나 일부만 환불해주는 경우도 해당된다. 또 문제는 해결되었지만, 이 과정에서 운영자의 태도가 조금이라도 석연치 않은 부분이 있었다면 고객 입장에서는 불쾌함이 더 크게 남을 것이다. 반면 아주 작은 문제라 하더라도 크게 미안해하고 고객의 불편함에 공감해준다면 오히려 좋은 인상이 남아 높은 별점을 남기게 될 확률이 크다. 결과물이 같더라도 태도에 따라 고객에게 남는 인상은 완전히 상반될 수 있는 것이다. 사례를 한번 살펴보자.

사례1

고객: 사장님, 스피커가 고장 난 것 같은데요? 전원이 안 들어와요.

사장 A: 아이고 그러셨군요. 불편을 드려서 죄송합니다. 혹시 전원 버튼을 3초 이상 눌러도 반응이 없을까요?

고객: 네. 불이 아예 안 들어오는데요?

사장 A: 배터리가 떨어진 것 같네요. 미리 확인했어야 하는데 죄송합니다. 두 번째 서랍에 여분 건전지가 있는데, 혹시 직접 갈아주실 수 있을까요? 제가 해드리고 싶은데 지금 멀리 있어서 아무래도 오래 기다리셔야 할 것 같아서요.

고객: 아 네, 저희가 직접 할게요. 감사합니다.

사장 A: 감사합니다. 혹시 해보시고 안 되면 바로 연락 주세요.

사례2

고객: 사장님, 스피커가 고장 난 것 같은데요? 전원이 안 들어와요.

사장 B: 이용 안내 글 읽어 보셨어요? 꾹 누르셔야 하는데요.

고객: 네. 읽고 그대로 했는데 불이 아예 안 들어오는데요?

사장 B: 두 번째 서랍에 여분 건전지가 있으니 직접 교체하시면 됩니다.

고객: …. 네 알겠습니다.

사장 A가 응대한 고객은 컴플레인이라고 할 정도의 부정적인 감정도 느끼지 못했을 것이다. 작은 불편함이 있었지만, 적절한 응대로 인해 금세 해결되었고 감정적으로도 충분히 보상을 받았기 때문에 오히려 "작은 문제가 있었는데 빨리 해결해주셔서 좋았어요!"라는 긍정적인 후기를 남길 가능성이 크다. 반면 사장 B가 응대한 고객은 마찬가지로 문제가 빠르게 해결되었음에도 불구하고 오히려 부정적인 인상을 받았을 것이다. 일차적으로는 이용 방법을 제대로 읽은 게 맞는지 의심당했고, 또 건전지를 갈아 끼는 것은 본인이 당연히 해야 할 일이 아닌데 아무런 감사나 사과 없이 기계적인 안내만 받았기 때문이다. 이 고객은 퇴실 후 "스피커에 배터리가 없었는데 당당하게 저한테 직접 갈아 끼라고 해서 조금 황당했네요."와 같은 의견을 남길 가능성이 아주 크다.

친근하게 다가가기

예약 관련 안내를 하게 될 때 주로 이용하는 수단은 문자 혹은 카카오톡이다. 카카오톡은 브랜드 전용인 카카오톡 채널과, 일반적으로 이용하는 카카오톡으로 나눌 수 있다. 각 수단의 특성 및 장단점이 확연히 다르기 때문에 이 점에 대해서 알아보자.

우선 메시지를 받는 사람의 입장에서 보면 문자가 공적이고 전문적으로 느껴지며 카카오톡은 일상적으로 친근하게 다가온다. 카카오톡 채널은 그 중간 정도에 위치하고 있다.

문자

- 장점: 전문적이고 기업적인 느낌이 난다.

- 단점: 고객 입장에서는 스팸으로 오인받을 가능성이 있고, 멀티 문자 수신이

  잘 안 되는 경우가 있다. 운영자 입장에서는 문자 요금(무제한 요금제가 아닐 경

  우)이 부담 되고, 고객이 읽었는지 안 읽었는지 확인이 불가하다.

•• 접근 매체별 분위기

카카오톡 채널

- 장점: 트렌디하고 영한 브랜드 이미지, 공지 및 소개를 활용할 수 있다.

- 단점: 고객 입장에서는 기계가 자동 응답한다고 생각할 수 있으며 즉각적인
소통이 안 될 것 같다고 느낄 수 있다. 운영자 입장에서는 사진 모아 보내기
불가, 사진 저화질로 전송, 이모티콘 사용 불가, 고객이 채팅방을 나가면 연락
불가, 원하는 대로 고객명 변경 불가 등 불편을 느낀다.

카카오톡

- 장점: 친근하고 편안한 느낌, 언제든 쉽게 소통 가능한 이미지다.

- 단점: 고객 입장에서는 개인 정보가 유출된 느낌을 받을 수 있다. 운영자 입
장에서는 브랜드용 카카오톡을 따로 개설해야 하고, 고객 번호를 일일이 카
카오톡에 등록해야 해서 불편하다.

문자의 가장 큰 문제점은 양방향 소통이 어렵다는 점이다. 일반적으
로 사람들은 문자를 전체 메시지나 스팸 메시지 정도로 생각하며 제대
로 읽지 않는 경우가 많다. 만약 읽었다 하더라도 확인 문자를 보내는 경

우는 거의 드물다. 또 데이터 설정에 따라 멀티 문자를 수신하지 못해 아예 전송되지 않거나 늦게 받는 경우도 있고, 카카오톡 같은 메신저에 비해 잘 확인하지 않아 소통이 더욱 더디어지기도 한다. 간혹 카카오톡을 이용하지 않는 손님이 있는데, 이 경우 문자 메시지로 안내를 진행한다.

카카오톡 채널은 브랜드를 소개하거나 새로운 문의를 받는 용도로는 매우 유용하다. 전화를 할 필요 없이 카카오톡을 통해 문의나 예약하는 것을 선호하는 이들이 많기 때문이다. 다만 제공되는 기능이 일반 카카오톡에 비해 한정적이기 때문에 예약을 완료한 이후까지 활용하기에는 조금 부족하다. 거기에다 카카오톡 채널로 보내는 메시지조차 고객 입장에서는 전체 메시지나 자동 응답이라고 생각하는 경향이 있다. 또한 사진을 고화질로 전달할 수 없고, 이모티콘도 쓸 수 없다는 점이 아쉽다. 대화를 하다가도 상대가 방을 나가버리면 다시 연락할 방법이 없다는 점도 불안한 요소다. 그러니 만약 카카오톡 채널에서 예약을 받는다면 예약자의 연락처를 받아 카카오톡으로 넘어가는 것을 추천한다. 다만 카카오톡 채널은 나의 채널을 추가한 고객들에게 전체 메시지를 보낼 수 있기 때문에(유료) 이벤트를 안내하거나 공지를 보낼 때 적극적으로 활용하자.

카카오톡은 거의 대부분의 손님들이 이미 일상에서 이용하고 있기 때문에, 훨씬 쉽고 친근하게 받아들인다. 귀엽고 재미있는 이모티콘을 적극적으로 사용할 수 있어서 고객에게 더 쉽게 상냥한 인상을 남길 수도 있다. 안내를 보냈을 때 확인하는 속도도 빠르고, 읽었는지 바로 확인할 수 있기 때문에 더욱 안심이다. 같은 내용을 손님에게 보냈을 때문자와 카카오톡 채널은 소통이 지연되는데, 카카오톡으로 보냈을 때는 "네, 확인했습니다." "12시까지 입금하고 연락드리겠습니다." "덕분에 즐거운 시간 보냈습니다. 감사합니다."와 같이 다양한 피드백을 실시간으로 받을 수 있다. 또 카카오톡에서 대화창 이름을 날짜와 이름, 특징 등으로 저장해놓으면 나중에 검색할 때도 무척 편리하다. 이러한 장점 때문에 예약 관리에는 카카오톡을 이용할 것을 추천한다. 그러나 자신이 원래 사용하던 개인 계정 외에 공식 계정을 별도로 생성해야 한다는 점이 번거로울 수 있다.

그래서 필자는 아예 업무용 휴대폰과 개인 생활용 휴대폰을 분리해 2개 폰 체제로 가고 있다. 이는 개인 생활과 업무를 분리하려는 목적도 있지만 업무용 휴대폰으로 연락이 왔을 때 언제든 실시간으로 응대하기 위해서다. 특히 파티룸 예약은 전화 문의의 80% 가량이 실제 예약으로 이어지며 전화를 받지 못해 나중에 다시 걸면 이미 다른 곳에 예약을 완료한 경우가 99%다. 그만큼 실시간으로 전화를 받는 것이 예약률과 직결되기 때문에 시간과 장소에 관계없이 언제든 응답할 수 있도록 항상 휴대폰을 지니고 다니는 것이 중요하다. 만약 두 사람 이상이 번갈아가며 전화 응대를 한다면 공용 휴대폰을 개통해서 교체 시기마다 폰을 주고받는 방법도 있다. 매번 모든 사이트에 있는 전화번호를 바꾸는 것은 어려운 일이기 때문이다. 또 만일 통신비가 부담스럽다면, 알뜰폰 요금제를 알아보자. 월 4만~5만 원이면 스마트폰 두 대를 충분히 사용할 수 있다.

🔹 키보드 단축어 설정

공간대여업을 운영하다 보면 스마트폰을 통해 다양한 내용의 예약을 안내하게 될 것이다. 주로 이용하게 되는 내용을 정리해보면 다음과 같다.

- 쉐어하우스: 가격 안내, 위치 안내, 공실 여부 안내, 투어 예약 안내, 예약금 입금 안내, 월세 및 관리비 송금 안내, 입실 안내, 거주 시 주의사항, 퇴실 안내 등
- 에어비앤비: 오는 길 안내, 주차 관련 안내, 비밀번호 및 입실 안내, 이용 시 주의사항, 퇴실 시 주의사항, 후기 요청 등
- 파티룸: 가격 안내, 결제 안내, 예약 확정, 보증금 입금 안내, 오는 길 안내, 주차 관련 안내, 비밀번호 및 입실 안내, 이용 시 주의사항, 퇴실 시 주의사항, 보증금 송금 안내, 후기 요청 등

이처럼 사용되는 내용들은 거의 고정되어 있기 때문에, 매번 비슷한 내용을 새로 입력하면 효율이 몹시 떨어지고 양식이 통일되지 않아 전문성이 없어 보일 수 있다. 매번 복사하고 붙여 넣을 수 있지만, 여러 개의 채팅방을 왔다 갔다 해야 하기 때문에 시간이 많이 소요되고 번거롭다. 그래서 자주 쓰는 문구들은 스마트폰 키보드 설정의 단축어 기능을 활용할 것을 추천한다. 에어비앤비는 자체적으로 제공하는 '신속 답변'이라는 기능을 사용하면 매우 유용하니 참고하자. 항목별로 자주 쓰는 문구를 저장해놓고 채팅할 때 바로 불러와 입력할 수 있다.

에어비앤비 신속 답변(왼쪽), 안드로이드 단축어(가운데), 아이폰 텍스트 대치(오른쪽)

안드로이드의 단축어 기능은 '설정→일반→삼성 키보드 설정→기타 입력 옵션→단축어'로 들어가면 설정할 수 있다. 자주 사용하는 장문의 내용과, 이 내용을 불러올 짧은 단축어를 지정하면 된다. 설정 후 키보드에서 해당 단축어를 쓰게 되면 키보드 위에 선택할 수 있는 옵션이뜬다. 여기서 원하는 항목을 바로 클릭하면 가장 신속하고 정확하게 안내 문구를 입력할 수 있다.

아이폰은 '설정→일반→키보드→텍스트 대치'로 들어가면 이와동일한 기능을 제공하고 있다. 마찬가지로 장문의 문구와 해당 문구를불러올 단축어를 입력하면 된다. 그런데 주의할 것은 안드로이드와 달리단축어로 지정한 단어를 쓰는 즉시 자동으로 대치가 되기 때문에, 자주 사용하는 글자를 입력하면 오히려 평소에 이용하기 불편해질 수 있다. 따라서 단축어는 평소 사용하지 않는 최소 2음절 이상의 단어 조합으로 설정해놓을 것을 추천한다. 또 아이폰 단축어는 엔터 기능을 제공하지 않으므로 문장이 많을 경우 가독성을 위해 따로 안내 멘트 이미지를 제작하거나, 간단하게 메모장 등을 캡처해 사용할 것을 권한다.

　단축어 기능을 사용할 때 주의할 점은 날짜, 시간, 금액 등과 같은 세세한 요소들은 매번 달라질 수 있기 때문에 이 부분을 꼭 확인하고 수정해서 전송 버튼을 눌러야 한다는 점이다. 일단 이렇게 한 번 단축어 설정을 해두면 그 이후부터는 훨씬 빠르고 편리하게 안내를 진행할 수 있으니 꼭 활용해볼 것을 추천한다.

별 5개 후기 관리

에어비앤비와 스페이스클라우드 등과 같은 중개 플랫폼을 이용하면, 대부분 이용 손님이 별점 후기를 남길 수 있는 시스템이 적용되어 있다. 실제로 예비 고객들은 이 후기 점수나 사진, 내용 등을 보고 최종 예약 여부를 결정하는 경우가 많다. 운영자의 홍보보다 실 이용자의 솔직한 평가가 훨씬 믿음직스럽기 때문이다. 이 때문에 후기는 그대로 방치하기보다는 별점을 최소 4.5점 이상으로 유지할 수 있도록 꾸준한 관리를 해야 경쟁 우위를 차지할 수 있다.

　문제는 손님이 어떻게 후기를, 그것도 좋은 후기를 남길 수 있게끔 유도하냐는 것이다. 실제로 아무런 관리를 하지 않으면 자발적으로 후기를 남겨주는 손님은 전체의 20%도 되지 않는다. 그나마 이 20%도 부정적인 후기일 가능성이 크다. 사람들은 불만이 있을 때 이를 드러내기 위한 보복 심리로 후기를 남기려 하지, 즐겁게 이용했을 때는 그대로 나와서 잊어버릴 가능성이 크기 때문이다.

이러한 특성 때문에 실제로 많은 운영자들이 추천 후기를 위한 다양한 후기 이벤트를 진행하고 있다. 어떤 식으로든 보상을 주고 좋은 후기 하나와 등가교환을 하는 것이다. 대표적으로는 후기 작성을 부탁하고 기프티콘 같은 작은 선물을 주는 방법이 있다. 이것을 응용해서 일정 금액을 되돌려줄 수도 있고, 할인권을 주거나 경품 추첨에 자동 응모되는 등 다양한 방식으로 진행할 수 있다. 어떤 것이라도 좋지만, 후기 이벤트를 진행하기 전 미리 알아두면 도움이 될 만한 항목들을 꼭 참고하자.

이벤트를 노골적으로 노출시키지 마라

후기 이벤트는 가급적 예약을 완료했거나 이용을 마친 손님들에게만 노출되는 것이 좋다. 예약도 하기 전에 후기 이벤트를 진행하는 곳이라는 사실을 알게 되면 실제 남겨진 후기들의 진정성이 의심될 수 있기 때문이다. '이벤트 때문에 사람들이 일부러 별 5개를 준 게 아닐까?' 혹은 '후기 작업을 하는 곳 같은데 가짜 후기는 아닐까?'라는 의구심이 들게 되면 예약을 하려다가도 망설이게 될 것이다. 그렇기 때문에 후기 안내를 할 때는 기왕이면 이용 완료한 손님들을 대상으로 1:1 메시지나 카카오톡 등을 통해 개별적으로 진행할 것을 추천한다.

이벤트에는 실질적이고 즉각적인 보상이 따라야 한다

만약 "후기를 남겨주시면 정말 감사하겠습니다."라고 이야기한다면 대부분 대답은 알겠다고 하겠지만, 실제로 후기를 남겨주는 이들은 거의 없다. 서비스가 아무리 만족스러웠고 재방문 의사가 있다 한들 마찬가지다. 후기를 남긴다고 해도 자신한테 실질적인 보상이나 이득이 되는 것이 아무것도 없는데, 굳이 시간과 정성을 들일 필요성을 느끼지 못하기 때문이다. 야박한 것이 아니라 자본주의 사회에서 당연한 이치다. 그렇기 때문에 후기 이벤트에는 보상 내용이 정확히 언급되어야 한다. 보통 3,500원 내외로 구매 가능한 유명 프랜차이즈 카페의 아이스 아메리카노 기프티콘을 많이 사용하는데, 가장 무난하고 실용적이기 때문이다. 사실상 3,500원에 후기 1개를 구매하는 개념이라고 볼 수 있다.

하지만 실제로 적용해보면, 의외로 기프티콘을 받기 위해 후기를 작성하는 사람의 비율은 50%도 되지 않는다. 기프티콘의 가격이 올라갈수록 당연히 후기 작성 비율도 높아지겠지만, 그만큼 운영자의 부담도 커질 것이다. 그렇다면 기프티콘보다 훨씬 비싸고 좋은 전자제품 등을 상품으로 걸고, 대신 추첨을 통해 한 달에 1명에게만 증정한다는 이벤트를 진행하면 어떨까? 대부분 사람들은 자신이 추첨에 당첨될 확률이 거의 없다고 인식하고 있고, 심지어 실제 당첨자가 없을 것이라는 불신을 가지고 있는 경우도 있기 때문에 100% 당첨되는 커피 기프티콘을 증정할 때보다 참여율이 낮아질 확률이 높다.

반면 기프티콘 대신 2천 원의 현금을 즉시 되돌려주는 이벤트를 적용했을 때는 약 80% 이상이 후기를 작성했다. 사용처가 정해져 있는 기프티콘은 평소 카페를 잘 가지 않거나 커피를 마시지 않는 사람이라면 큰 흥미를 느끼지 못하겠지만, 더 소액이더라도 현금은 원하는 용도로 사용할 수 있기 때문에 누구에게나 그 가치가 동등하게 느껴지기 때문이다. 이러한 심리를 참고해 비용과 수고 대비 가장 효율이 좋은 자신만의 이벤트를 찾아나가면 좋을 것이다.

처음부터 원하는 바를 분명히 말하자

후기 이벤트를 안내할 때는 여러 가지 뜻으로 해석될 여지가 없도록 가급적 명확한 멘트를 쓰는 것이 좋다. 애매하게 쓴다면 사람마다 다르게 받아들일 수도 있고, 이런 틈을 악의적으로 이용하는 일도 생길 수 있기 때문이다. 예시로 아래의 안내 문구를 보자.

> 현재 후기 이벤트를 진행 중으로 후기를 써주신 모든 분들께 커피 기프티콘을 드리고 있습니다! 시간 되실 때 참여해주시면 감사하겠습니다.

어떤 문제가 생길 수 있을까? 가장 흔히 일어나는 오류는 커피 기프티콘을 증정하는 기준이 '후기를 써주신 모든 분'이 되기 때문에 비추천 후기로 이벤트에 참여하는 사람도 거를 수 없게 된다는 점이다. 물론 좋은 후기와 기프티콘을 등가교환하는 개념으로 생각하는 이들이 더 많지만, 단순히 후기 개수를 늘리는 것에 의미가 있다고 생각하는 손님도 충분히 있을 수 있다. 이럴 경우에는 별점이 아무리 낮거나 악평이어도 본인이 고지한 기준에 적합하므로 기프티콘을 줄 수밖에 없다. 악플을 돈

주고 구매한 꼴이다. 이러한 일을 막기 위해 아래와 같이 수정을 해보면 어떨까?

현재 후기 이벤트를 진행 중으로 *추천* 후기를 써주신 모든 분들께 커피 기프티콘을 드리고 있습니다! 시간 되실 때 참여해주시면 감사하겠습니다.

추천이라는 단어를 추가했다. 그렇다면 이제 확실히 비추천을 하고 이벤트에 참여했다고 기프티콘을 요구하는 손님은 없어질 것이다. 그런데 여전히 별 4개 혹은 3개의 후기가 달린다. 어떻게 된 일일까? 사람마다 '추천'의 기준이 다르기 때문에 생길 수 있는 일이다. 별 3개부터 긍정적이라고 생각하는 사람도 있을 수 있고, 실제로 많은 이들이 별 4개도 상당한 칭찬이라고 생각을 한다. 문제는 내 평점이다. 내 공간의 평균 별점이 4.9점인데, 4점을 받는다면? 내용은 추천일지라도 전체 별점 평균은 떨어질 수밖에 없다. 별점이 깎이는 것은 사실상 비추천에 가깝겠지만 참여한 손님 입장에서는 추천을 한 것이니, 다소 억울하더라도 마찬가지로 기프티콘을 증정해야 한다. 그렇다면 이 부분을 어떻게 보완할 수 있을까?

현재 후기 이벤트를 진행 중으로 *별 5개!* 추천 후기를 써주신 모든 분들께 커피 기프티콘을 드리고 있습니다! 시간 되실 때 참여해주시면 감사하겠습니다.

이번에는 별 5개라는 항목까지 추가했다. 재해석의 여지가 없다. 별

5개짜리 추천 후기를 쓰는 사람만이 이벤트 참여의 대상이 된다. 만일 이용에 불만족해 별점을 낮게 주고 싶은 손님이 있다 해도 문제될 것은 없다. 후기는 여전히 자유롭게 작성할 수 있으며, 다만 이에 대한 보상으로 기프티콘이 없을 뿐이다. 이렇게 처음부터 구체적으로 기준을 제시하면, 앞선 경우와 같이 억울한 마음으로 생돈을 날릴 일도 없고 매번 후기가 달릴 때마다 조마조마한 마음으로 확인할 필요도 없다.

별 5개 후기를 예시로 들었지만 여기에 다양한 옵션을 추가하거나 변경할 수도 있다. 가령 사진을 필수로 요청할 수도 있고, 최소 3줄 이상 장문으로 써줄 것을 요청할 수도 있다. 현명하게 본인의 상황에 최적화된 이벤트를 구상해 최고의 효율을 뽑아내보자.

타깃을 좁혀 확률을 올리자

그렇다면 후기 이벤트 안내는 누구에게 보내야 할까? 일단 실제 이용자여야 할 것이고, 또 해당 플랫폼을 통해 예약을 진행한 사람만이 후기를 작성할 수 있을 것이다. 이벤트 대상자는 다음과 같다.

플랫폼을 통해 서비스를 예약한 사람

실제로 공간을 이용하고 나온 10명에게 후기 이벤트 안내를 발송해보면, 그중 실제로 후기를 작성해주는 사람은 3~4명 내외라는 것을 알수 있다. 반절도 되지 않는 비율이다. 그런데 이벤트 안내 대상자에 몇가지 조건을 더 추가하면 확률이 2배 이상으로 올라간다.

1. 플랫폼을 통해 서비스를 예약한 사람

2. 상냥하며 소통이 원활했던 사람

3. 실제로 이용에 만족한 듯한 사람

전화나 문자, 카카오톡 등을 통해 소통을 하다 보면 유독 친절하고 상냥한 손님이 있다. 모든 안내에 꼬박꼬박 답장을 보내주고, 이모티콘을 적극적으로 사용하며, 소통의 간격이 비교적 짧다는 특징을 가진다. 이처럼 2번에 해당하는 사람들은 3번에도 동시에 해당될 확률이 매우 높다. 이용 후에 정성스럽게 찍은 예쁜 사진들을 보내주기도 하고, 좋은 공간 덕분에 소중한 추억을 만들었다며 감사 인사를 전하기도 한다. 이러한 특성을 가진 손님들에게 후기 안내 이벤트를 보내면, 바로 후기를 작성해줄 확률이 적어도 80% 이상이다. 타인과 소통하는 것을 즐기는 성향이기도 하고, 실제로 이용 만족도도 높았기 때문에 후기를 써주는 일이 이들에게 그리 어렵지 않기 때문이다.

반면 예약 안내를 할 때부터 확인이 한참 늦고, 거의 답장을 하지 않거나 퇴실 때도 별다른 연락이 없었던 사람은 당연히 후기 이벤트도 그대로 무시할 확률이 높다. 따라서 모든 손님들에게 의무적으로 이벤트 안내를 하기보다는, 후기를 흔쾌히 작성해줄 만한 타깃군을 골라 발송하는 편이 훨씬 효과적이라는 것을 기억하자.

또 손님과의 친밀도가 올라갈수록 후기를 써줄 확률도 커진다. 가령 메시지만 주고받는 것보다는 통화까지 했을 때, 또 그보다는 직접 만나서 인사를 나눴을 때 사람들은 더 쉽게 후기를 남기는 경향이 있다. 상대와 친밀감이 쌓인 만큼 부탁을 거절하기 어려워지기 때문이다. 반대로 이용 중에 조금이라도 부정적이거나 불쾌한 경험이 있었다면 후기 이벤트 참여를 요청받았을 때 오히려 악의적인 평가를 내리기 쉬우니 괜히 긁어 부스럼을 만들지 않도록 주의하자.

절대 손님에게 발톱을 세우지 말자

서비스업을 하다 보면 아무리 최선을 다하더라도 가끔은 쓴소리를 들을 수밖에 없다. 세상 모든 사람들의 입맛을 충족시켜줄 수는 없기 때문이다. 그뿐만 아니라 나의 실수나 무지로 인해 문제가 발생할 확률도 얼마든지 있다. 부당한 서비스를 받았다고 느끼거나, 이용에 불편함이 있었을 경우 낮은 별점과 불만을 후기에 남기는 손님들이 분명 생길 것이다. 이럴 때는 어떻게 대처하는 것이 좋을까?

에어컨이 고장 났다거나 의자에 앉으면 허리가 아프다는 등 합당한 수준의 평가를 남기는 경우도 있을 것이고, 분명 제공한 물건인데 없어서 불편했다거나 공간을 엉망으로 이용해놓고 보증금을 안 돌려준다는 등 운영자 입장에서는 다소 억울한 평가를 받는 경우도 있을 것이다. 어느 쪽이든 분명한 것은 절대 감정적으로 답변을 달아서는 안 된다는 점이다. 이유는 그 손님뿐 아니라 다른 모든 예비 고객들도 확인할 수 있는 공개된 플랫폼이기 때문이다. 만약 다른 손님이 후기를 쭉 훑어보는데 운영자가 단 댓글 중에 욕이 섞여 있거나 다소 거칠게 응답하는 모습이 보이면 실제 잘잘못 여부를 떠나 부정적인 감정이 먼저 생기기 마련이다. 나한테도 언제 돌변할지 모른다는 불안감을 심어줄 수도 있다. 어떻게 봐도 손님과 맞서 싸우는 모습은 긍정적으로 받아들여지기 어렵기 때문에, 아무리 화가 나거나 속상하더라도 일단은 접어두고 최대한 상냥하고 친절하게 답변을 달자.

다만 무조건 죄송하다고만 할 필요는 없다. 부드러운 말투를 사용하고, 손님의 입장에서 최대한 공감해주되 인과 관계는 분명히 밝혀 억울함이 없도록 해야 한다. 만약 시설에 문제가 있었던 경우라면 지금은 다 해결되어 더 이상 같은 문제가 반복하지 않을 것이라는 사실을 분명히 짚어주어야 한다.

사례 1: 에어컨이 고장 나다

무더운 날씨에 갑자기 에어컨이 고장 나 얼마나 불편하셨을까요. 진심으로 죄송합니다. 상황 발생 이후 바로 기사를 불러 에어컨을 수리했으며, 혹시 몰라 추가로 냉풍기도 구비해뒀으니 참고 부탁드립니다. 이용 중 예기치 못한 불편을 드리게 되어 다시 한번 죄송합니다.

사례 2: 보증금을 받지 못하다

저희 공간에서 행복한 시간만 가득하셨으면 하는 마음인데 이렇게 불편함을 드리게 되어 무척 안타깝습니다. 청소 보증금은 예약 시 사전에 안내드린 바와 같이 청소 및 정리 정돈의 기준이 모두 충족되는 경우에만 전액을 반환해드리고 있습니다. 고객님의 경우 실내 흡연, 가구 이동, 그릇 파손 등을 비롯해 설거지와 청소가 전혀 되어 있지 않은 상태였기에 해당 보증금은 추가 청소비로 차감되는 점 깊은 양해 부탁드리겠습니다. 감사합니다.

이처럼 언제나 친절한 말투를 사용하되, 보는 입장에서 오해의 소지가 없도록 명확하게 설명해주는 것이 핵심이다. 이렇게 해야 해당 손님 역시 감정적으로 누그러질뿐더러, 앞뒤 상황을 전혀 모르는 타인이 보더라도 부정적인 느낌이 들지 않고 오히려 좋은 인상을 남길 수 있다. 간혹 악의적인 별점 테러를 당한 경우, 증빙자료를 제출하면 해당 후기를 삭제해주는 플랫폼도 있으니 가만히 손 놓고 있지 말고 할 수 있는 모든 노력을 다 해야 한다.

사실상 이러한 서비스 플랫폼의 별점 시스템은 별 5개가 기본이고, 별 하나가 깎일 때마다 비추천이라고 보아야 할 정도로 대다수 업체들이 매우 높은 별점을 유지하고 있다. 현실적으로 5점을 계속 유지하는 것은 불가능하겠지만, 4.8~4.9점 정도의 평점은 되어야 경쟁력을 갖추었다고 볼 수 있기 때문에 꾸준한 관리가 필요하다. 또 아무리 다양한 후기 이벤트를 진행하더라도 기본적인 공간과 서비스가 제대로 갖춰지지 않았다면 낮은 별점은 결코 피해갈 수 없다. 청결과 인테리어, 편의성, 친절함 등 가장 기본적인 요소에 언제나 충실해야 함을 잊지 말자.

공간대여업
리스크 관리

#예상치못한리스크 #미리대비하자 #증거수집필수

긴급 유지 보수

공간대여업은 특성상 대부분 무인으로 운영되며 같은 공간을 여러 사람이 공유하다 보니 언제나 예상치 못한 일들이 발생할 수 있다. 그중에서도 가장 당황스러운 때는 손님이 공간을 이용하는 도중에 고장과 파손 등의 문제가 발생해 제대로 된 서비스를 제공하기 어려운 상황일 것이다. 이럴 때는 어떻게 대처하는 것이 좋을까?

우선 이런 돌발 상황은 특성에 따라 그 대처법을 크게 네 가지로 나눌 수 있다.

이용 영향	바로 해결 가능	바로 해결 불가
미미함	서비스	할인
치명적	서비스	환불

우선 '미미함' 항목은 약간의 불편이 있더라도 공간 사용을 하는 데 큰 문제는 없을 때를 의미하고, '치명적'은 이로 인해 아예 이용이 불가한 상황을 의미한다. '바로 해결 가능'은 보통 30분 내외로 적절한 인력과 기술만 투입될 수 있다면 바로 고쳐질 수 있는 상황이고, '바로 해결 불가'는 최소 몇 시간이 걸리거나 그다음 날 이후까지 시간이 길게 소요되는 경우다. 이제 각 조합별로 현명한 해결법을 살펴보자.

미미함 + 바로 해결 가능

이용 영향이 미미하고 바로 해결 가능한 것은 건전지 교체나 바퀴벌레 같은 벌레가 나타났을 때 등이다.

손님이 약간의 불편함과 불쾌함을 표현하겠지만, 비교적 쉽게 해결할 수 있기 때문에 손님이 계속해서 공간을 이용하는 데는 문제가 없다. 만약 문제를 해결할 수 있는 방법이 내부에 있다면 손님에게 안내해 직접 해결할 수 있도록 해도 되고, 외부의 도움이 필요하다면 빠르게 적절한 인력을 투입하면 된다. 쉽게 해결이 된다 해도 이에 대한 최소한의 보상은 필요하다. 충분한 사과는 기본이고 문제를 해결하는 데 걸린 시간만큼 무료로 시간을 연장해줄 수도 있을 것이다.

미미함 + 바로 해결 불가

이용에 미미한 영향을 끼치지만 바로 해결할 수 없는 스피커 고장, 전자레인지 고장 등이다.

공간 자체를 이용하지 못할 정도의 결함은 아니지만, 기본적으로 제공하는 서비스에 포함되어 있기 때문에 손님 입장에서는 충분히 컴플레인을 제기할 수 있다. 이럴 경우 충분한 사과와 함께 해당 기능을 이용하지 못한 만큼 약간의 할인을 적용해준다면 기분 상하는 사람 없이 합리적으로 문제를 해결할 수 있다.

치명적 + 바로 해결 가능

도어락 고장, 스크린 떨어짐 등 공간 이용에 치명적이나 빠르게 해결할 수 있는 경우다.

문제가 발생했지만 금세 해결되어 공간 이용 자체에는 아무 문제가 없으므로 금전적 보상까지 해줄 필요는 없겠지만, 손님의 기분이 풀릴 만큼 충분히 사과하고 적절한 서비스까지 필수로 제공하는 것이 좋다.

치명적 + 바로 해결 불가

바로 해결할 수 없는데 이용에 치명적이기까지 한 것이다. 전기가 나감, 천장 누수 등이 있다.

당장 해결할 수 있는 방법이 없어 이용이 아예 불가한 최악의 상황이다. 이럴 경우 빠르게 상황을 인지하고, 전액 환불 처리를 해주는 것이 현명하다. 갑자기 갈 곳을 잃은 손님은 다소 당황스럽고 불쾌할 수 있겠

지만 불가피한 상황이라는 것을 알기에 즉각적인 사과와 환불이 이루어
질 경우 굳이 컴플레인을 걸지 않을 것이다.

그렇다면 직접 업장을 방문해서 해결해야 하는 상황일 때, 인력을 어
떻게 사용하는 것이 좋을까? 우선 여력이 된다면 당연히 본인이 직접 가
는 것이 좋다. 그 공간을 가장 잘 알고 있으며, 손님들에게 직접 사과를
할 수 있는 사람이기 때문이다. 이런 경우를 대비해 운영하는 공간은 자
신의 집이나 직장에서 가까울수록 좋다. 하지만 일을 하고 있거나 멀리
있어 본인이 갈 수 없을 때는 어떻게 해야 할까? 우선 근처에 있는 가족
이나 친구 등 지인을 활용하는 방법이 있다. 이조차도 여의치 않다면 청
소 아르바이트생에게 연락을 해 수고비를 주고 부탁할 수도 있다. 업장
근처에 사는 아르바이트생을 구하는 것이 유리한 까닭이기도 하다. 마지
막으로 이 모든 방법들이 불가능할 때는 심부름 앱을 활용하면 된다. 본
인이 원하는 업무와 적정한 금액을 제시하면 근처에 있는 인력에게 빠
르게 연락이 올 것이다. 애니맨, 도와줘, 김집사 등 다양한 심부름 앱들
이 있으니 참고하자. 지역 기반의 앱인 당근마켓에서 당장 도와줄 수 있
는 사람을 구할 수도 있다.

요즘은 이렇게 쉽고 빠르게 도움을 청할 수 있는 방법이 많기 때문
에, 예상치 못한 상황이 발생했을 때 당황하지 말고 최대한 빠르게 해결
할 수 있는 방안을 찾으면 된다. 만약 예약을 환불해주는 비용보다 사람
을 부르는 비용이 더 높다면, 차라리 손님에게 사과를 하고 환불 처리를
해주는 편이 나을 수도 있다. 반면 고객 만족이 최우선이라면 비용과 관

계없이 어떻게든 인력을 부를 수도 있다. 정해진 답은 없으니, 이렇게 다양한 해결 방식이 있다는 것은 알고 있되 본인의 신념과 기준에 따라 선택하면 된다.

🏠 분실 및 파손 사건에 대처하기

공간대여업은 대부분 무인으로 운영되기 때문에 분실 및 파손, 도난 등의 위험이 언제나 도사리고 있다. 물론 이름, 연락처, 메일 주소 등의 예약 정보를 미리 받기 때문에 악의적으로 물품을 파손하거나 훔쳐가는 경우는 매우 드물지만, 특히 음주를 했을 경우 분별력이 약해져 실수를 하게 되는 경우가 종종 발생한다. 이런 경우에는 어떻게 대처하는 것이 좋을까?

사전 고지의 중요성

결제를 진행하기 전, 본인의 부주의에 의해 물품 분실이나 파손 등이 일어났을 때는 전액을 보상해야 하거나 책임을 져야 한다는 내용을 반드시 서면으로 안내하도록 하자. 손님은 이러한 내용에 대해 사전에 안내를 받았고, 그 이후 본인의 의지로 결제를 진행한 것이기 때문에 이 항목에 대해 쌍방 합의가 된 것으로 볼 수 있다. 이러한 내용을 명시해두지 않으면 나중에 가서 "몰랐다." "미리 말 안 해주고 이러는 게 어디 있냐." 라며 발뺌하는 경우가 생길 수도 있기 때문이다.

스페이스클라우드, 에어비앤비 등과 같은 플랫폼의 경우에는 예약 안내 페이지에 관련 문구를 기입해놓으면 되며, 카카오톡 등으로 바로 예약을 진행할 때는 해당 내용이 포함된 메시지 혹은 블로그 주소를 보내주면 된다. 또 쉐어하우스의 경우 입주 계약서의 항목에 꼭 포함시키도록 하자. 특히 '전액' 보상에 대해 분명히 명시해놓도록 하자.

- 물품 분실 또는 파손 시 전액 보상이 요구되며 부주의로 인한 사고 발생 시 책임지지 않습니다.
- 가스, 전기, 수도 등은 외출 시 반드시 확인하도록 하며 이로 인한 사고가 있을 경우 사고를 야기한 해당 개인이 모든 책임을 집니다.

언제나 증거는 필수

분명한 피해가 발생했는데, 원래 그랬다거나 자신이 했다는 증거가 있냐며 발뺌을 하려는 경우도 있다. 이럴 때를 대비해 손님 입실 전마다 아무 문제가 없는지 공간을 철저히 체크하고, 가능하다면 사진을 찍어두는 것도 도움이 된다. 또 퇴실 이후 문제가 발견되었을 때 아무것도 건드리지 않은 상태에서 즉시 다양한 각도의 사진을 남겨두도록 하자. 사진 정보에는 날짜와 시간 등이 남으므로, 본인이 퇴실한 이후에 바로 발견되었다는 것을 알려주기 위해서다.

가령 엉망진창인 청소 상태, 깨진 유리잔 잔해, 내부 흡연의 흔적, 미흡한 설거지, 파손된 전자제품, 찢어진 벽지, 부러진 의자 다리 등 청소 보증금을 돌려줄 수 없거나 그 이상의 피해 금액이 발생한 모든 경우에 해당된다. 이렇게 사진을 찍어 보내줄 경우 대부분 본인의 과실을 인정하기 마련이다.

보상 청구하기

어느 수준부터 보상을 청구하고, 금액은 어떻게 책정하는 것이 좋을까?

작은 것: 유리잔, 그릇, 냉난방기 전원을 켜놓고 간 경우 등

이 중 가장 흔하게 일어나는 파손은 유리잔을 깨뜨리는 경우다. 이럴 때 유리잔 구매 비용을 손님에게 청구해도 되지만, 금액이 그리 크지 않을 경우 서비스값에 포함되었다고 생각하고 굳이 따로 받지 않을 수도 있다. 또 밤새 냉난방기를 켜놓고 갔을 경우 전기세가 추가로 발생할 수 있지만, 이 역시 굳이 청구하지 않을 수도 있다. 청구할 수도 있지만 이 같은 경우에는 정확한 금액을 측정하기 어려우므로 손님 입장에서 납득할 만한 합리적인 금액을 책정하는 것이 중요하다.

이처럼 피해 금액이 비교적 크지 않은 경우는 운영자의 성격이나 가치관에 따라 보상 청구 여부가 달라질 수 있고, 특히 운영하다 보면 이 정도는 그냥 넘어가도 되겠다 혹은 안되겠다 하는 본인만의 기준이 생기게 될 것이다. 가령 처음엔 5천 원짜리 유리컵 정도는 자신이 부담할 수 있다고 생각할 수 있다. 그런데 이를 다시 구매하기 위해서는 배송료나 교통비 등의 추가 지출이 발생하고, 또 그만큼 시간과 수고가 들어간다. 1년에 한 번쯤이라면 감안할 만하지만 매달 혹은 매주 파손이 일어난다면 지출은 생각보다 커질 것이다.

반대로 그냥 넘어갈 수도 있는 부분인데 모든 소소한 것에 대해 손님에게 청구한다면, 손님은 불쾌함을 느끼고 부정적인 후기를 남기거나 재방문 의사를 지울 수도 있다. 만일 너그럽게 넘어가준다면 오히려 이 부분에 크게 감사를 느끼고 다시 방문할 가능성이 올라갈 것이다. 중요한 것은 이럴 경우 반드시 손님에게 "이러한 피해가 발생했지만, 따로 청구하지 않겠다. 대신 다음에 또 와주시고 주변에도 많이 추천해주시면 감사하겠다."와 같이 어필해 본인의 배려가 드러날 수 있도록 하자. 이와 같은 방법을 응용한다면 보상 비용을 청구하지 않을 테니 추천 후기를 남겨달라고 부탁할 수도 있을 것이다.

큰 것: TV 액정, 스피커, 전자레인지 등이 사용 불가할 정도로 파손된 경우
금액이 너무 커 꼭 보상을 받아야 하는 경우다. 이럴 때는 동일 제품의 현재 판매가를 기준으로 전액 보상을 청구할 수도 있고, 감가상각을 고려해 중고가 수준의 금액을 청구할 수도 있다. 하지만 대다수 손님들이 100% 본인이 부담하는 것에 대해 강한 거부감을 드러내기 때문에 운영자 입장에서는 적당히 타협해 반씩 부담하는 경우도 많다.

다만 처음부터 50대 50을 제안하기보다는, 본인에게 최대한 피해가 없는 금액을 먼저 부르고 손님의 대응 방식에 따라 적정선을 찾아가는 것을 추천한다. 물론 전액 보상에 대해 고지했더라도 손님의 입장에서는 원래부터 약간 불안한 상태였다든가 파손되기 쉬운 장소에 놔둔 운영자의 책임 등을 운운할 수 있기 때문에, 현실에서는 칼로 자르듯 명확하게 책임 소재를 나누기가 어려운 것이 사실이다.

애매한 것: 벽지, 장판, 큰 가구 등의 일부가 파손된 경우

금액을 책정하기 어려운 것은 분명한 피해가 발생하긴 했는데, 사용 자체가 불가능한 정도는 아닌 경우다. 특히 벽지가 뜯어지거나 오염되는 경우가 그렇다. 도배를 다시 할 정도는 아니지만 무시하기에는 어려운 수준일 때는 어떻게 대응을 하는 것이 좋을까? 우선 부분 도배를 해야 할 정도라면 해당 금액을 청구할 수 있다. 그 정도가 아니라면 망가진 범위에 따라 몇천 원, 몇만 원 식으로 소액 청구를 하는 것이 가장 합리적이다. 다만 금액 책정의 기준에 대해 손님이 의문을 제기할 수도 있기 때문에, 만일 이런 사고가 잦다면 범위에 따른 벌칙금을 미리 정해두고 사전 고지하는 것이 좋다.

CCTV, 꼭 달아야 할까?

위와 같은 모든 문제를 더욱 원활하게 해결하는 데 CCTV가 큰 도움이 될 수 있다. 물론 쉐어하우스나 에어비앤비와 같이 숙박을 하는 공간에서는 CCTV를 다는 것이 명백한 사생활 침해이므로 실내에 달아서는 안되겠지만, 입구 쪽에 달아 실제 인원을 체크하거나 도난 여부를 확인하는 정도로는 활용할 수 있다. 파티룸에는 실내에 달아도 무방하다. 다만 CCTV가 설치되어 있다는 점과 사용 목적에 대해서는 반드시 미리 고지해야 법적으로 문제가 되지 않는다.

CCTV가 있다면 정확한 증거가 남아 손님이 책임 회피를 할 수 없다는 것이 가장 큰 장점이고, CCTV가 있다는 것만으로 좀 더 조심스럽게 행동을 하게 되어 사고를 미리 방지하는 역할도 한다. 다만 CCTV로 인해 불편함을 느끼고 애초에 예약을 하지 않는 경우도 적지 않다. 운영자 입장에서는 설치 및 관리를 위해 추가적인 수고와 비용을 들여야 한다.

　내부에 고가의 기물이 많은 것이 아니라면, 굳이 CCTV가 없더라도 운영하는 데 큰 어려움은 없다. 앞서 언급했듯이 이미 본인의 개인정보가 노출되었기 때문에 악의적인 행동을 하는 손님은 거의 없기 때문이다. 다만 몇 달 혹은 몇 년에 한 번이든 큰 사건 사고가 발생할 경우에는 CCTV가 결정적인 도움이 될 것이라는 사실은 분명하다. 실제로 파티룸들을 검색해보면 CCTV가 설치된 곳과, 설치되지 않은 곳의 비율이 비슷하다는 것을 알 수 있다. 정해진 답은 없으니 본인의 가치 판단에 따라 설치 여부를 선택하면 된다.

🏠 소음 문제 대비하기

많은 사람들이 오가는 곳이다 보니 공간대여업은 소음 문제에서 완전히 자유로울 수 없다. 소음 문제는 한 번 발생하면 가장 해결하기 어렵고, 비용도 크게 나가는 골칫덩어리 이슈기 때문에 가급적 처음 매물을 구할 때부터 신중 또 신중할 것을 당부한다. 실 거주 목적으로 이용되는 쉐어하우스의 경우 상대적으로 소음 이슈가 덜하지만 에어비앤비나 파티룸의 경우 아예 파티를 목적으로 밤새 대관하는 경우가 많기 때문에 방음이 잘되는 공간인지에 대해 철저히 확인할 필요가 있다. 이를 위해서는 매물을 보러 다닐 때 다음과 같은 요소를 반드시 확인하자.

위층, 아래층, 옆집 등에 어떤 업장이 들어와 있는가?

우선 가정집에 둘러싸여 있는 곳은 절대 추천하지 않는다. 만약 이런 곳에 들어가게 된다면, 소음 문제로 밤 이후로는 아예 영업을 하지 않아야 한다는 것을 곧 깨닫게 될 것이다. 아예 오피스 용도나 2인 이하 등 조용한 팀들에게만 대여해줄 수도 있겠지만 현실적으로 그 안에서 누가 무엇을 할지까지는 통제하기 어렵다. 주택보다는 상가 건물이 적합한데, 상가도 업종에 따라 크게 달라진다. 가장 좋은 곳은 밤에 모두 문을 닫고 가서 새벽에는 텅 비어 있는 건물이다. 이 경우 소음이 발생해도 피해를 보는 사람이 없어 괜찮다. 그런데 주변에 24시간 운영을 하는 곳이 있다면 문제가 될 수 있다. 물론 음식점이나 술집, 파티룸 등 동종 업종이라면 문제가 되지 않겠지만, 독서실이나 스터디룸이라면 애초에 발도 들이지 말자. 또 주변에 사무실이 있는 경우도 추천하지 않는다. 저녁에 모두 퇴근을 할 것 같지만, 야근 때문에 늦은 시간까지 머무르는 경우도 허다하기 때문이다.

모든 벽을 두들겨보자. 단단한가 텅 비어 있는가?

소음은 밤에 더 크게 퍼져나가지만, 낮에도 충분히 시끄러울 수 있다. 벽을 두들겨보았는데 안에 텅 비어 있다면 나무 판자로 된 가벽일 가능성이 크다. 가벽은 여러 사람이 떠드는 소리뿐 아니라, TV 소리나 재채기 소리까지 그대로 다 전달될 수 있어 절대 추천하지 않는다. 공간을 둘러싼 모든 벽이 단단한 콘크리트 벽인지 반드시 미리 확인하자.

안에서 소음이 얼마나 새어 나오는지 밖에서 들어보자

공간 안에 휴대폰 등으로 음악을 가장 크게 틀어놓고, 모든 문을 다 닫은 뒤 밖에서 들어보자. 얼마나 새어 나오는가? 소리가 비교적 선명하게 들린다면 안에서 발생하는 소음이 그대로 주변에 전달될 가능성이 크기 때문에 추천하지 않는다. 파티룸에 오는 손님들은 큰 소리로 영화나 공연 등을 감상하거나, 클럽처럼 시끄러운 음악을 밤새 틀어놓는 경우도 많기 때문이다. 건물 주인이나 특히 전 세입자에게 꼼꼼히 물어보는 것도 좋은 방법이다. 소음 때문에 문제가 된 적은 없었는지, 밤새 음악을 크게 틀어놓아도 괜찮을지 반드시 미리 확인하도록 하자.

이런 과정을 거쳐 아무 문제가 없어 보이는 매물을 구했는데도 불구하고, 언제든 소음 컴플레인은 발생할 수 있다. 주변 여건이 바뀔 수도 있고 모든 상황을 미리 체크하는 것은 사실상 불가능하기 때문이다. 안타깝지만 이미 벌어진 상황이니 이럴 때는 빠르게 대처하는 것이 낫다. 소음 문제는 분명한 피해자가 있기 때문에 방치 기간이 길어질 경우 감정적으로 부딪혀 사건이 더욱 커질 가능성이 있기 때문이다.

소음 문제를 해결할 수 있는 방법은 크게 두 가지가 있다. 일단 시간과 인원수, 내부에서 할 수 있는 활동을 제한하는 방법이다. 밤 22시 이후로는 운영을 아예 하지 않는다거나, 적은 인원만 받는다거나, 음악 볼륨을 크게 높일 수 없도록 제한하는 방법 등이다. 운영자 입장에서는 큰 비용 없이 빠르게 대처할 수 있는 방법이지만 실효성은 그리 좋지 않다. 아무리 사전 안내를 하더라도 손님이 마음대로 행동하는 것까지 실시간으로 막을 수 없기 때문이다. 또 밤 손님을 받지 못하고 인원까지 적게 받아버리면 수익이 반 이상으로 줄어들 수도 있다. 그렇기 때문에 이러한 방법은 임시방편이지, 장기적으로 절대 해답이 될 수는 없다.

그렇다면 실질적인 해결 방법은 방음 공사를 진행하는 것이다. 방음 공사는 기본 단위가 몇백만 원, 크면 천만 단위까지도 올라갈 수 있어 운영자 입장에서는 매우 부담스러울 수밖에 없다. 하지만 아예 계약을 파기하고 다른 곳으로 옮기는 게 아닌 이상, 소음 문제를 근원적으로 해결할 수 있는 방법은 이뿐이다. 비용을 조금이라도 아끼기 위해서는 다양한 업체에서 견적을 받아보아야 할 것이다. 또 셀프로 차음판, 흡음판 등을 구매해 시공하는 방법도 있긴 하지만 비용과 수고에 비해 효과가 아주 미미하기 때문에 추천하지는 않는다.

방음 공사를 할 때는 전체 공간을 한 번에 다 하는 것보다는 핵심적인 부분을 먼저 진행하는 것을 추천한다. 노래방이나 음악 연습실처럼 완전히 밀폐될 필요까지는 없고, 현재의 소음이 80 수준이라면 40 정도로 줄이기만 하더라도 운영하는 데 큰 문제는 없다. 위층에서 컴플레인이 심하다면 창문이나 천장을 시공하는 것이 효과가 좋을 것이고, 옆집이라면 맞닿아 있는 벽을 시공해야 할 것이다. 물론 이는 구조와 소재에 따라 달라질 수 있으므로 여러 명의 전문가들에게 견해를 들어봐야 한다. 일단 비용을 최소화할 수 있는 방법으로 공사를 진행해보고, 그 이후에도 문제가 발생한다면 추가적으로 한 파트씩 늘려가보자.

필자도 시혜적동물 상도점 오픈 이후에 위층에서 컴플레인이 들어와 천장 방음 공사를 진행해야 했다. 약 25평의 천장 공간을 시공하는 데 200만~300만 원 정도의 비용이 들었으며 시간은 이틀 정도 소요되었다. 다행히 이 이후 소음 문제는 해결되었다.

파티룸 '시혜적동물' 상도점(왼쪽), 신림점(오른쪽) 방음 공사 과정

　상도점의 경험을 바탕으로 신림점을 오픈하면서는 애초에 방음 시공을 하고 인테리어를 시작했다. 벽이 몹시 얇아 옆집과 소음 문제가 있을 것이라 예상했기 때문이다. 벽면 2개를 시공하는 데 100만~150만 원 정도가 들었고 이는 집주인과 50%씩 부담했다. 이처럼 건물의 상태에 따라 건물주가 어느 정도 협조를 해줄 수 있는 경우도 있기 때문에, 밑져야 본전이라 생각하고 이야기라도 한번 꺼내볼 것을 추천한다.

어떠한 상황에서도 살아남을 플랜B

공간대여업은 사업이다. 아무리 요즘의 대세고, 잘되는 곳이 많다 하더라도 언제나 최악의 가능성을 염두에 두고 있어야 한다. 그렇다고 미리 겁을 잔뜩 먹을 필요는 없지만, 만일의 상황에 대비하는 것은 언제나 필요하다. 실제로 운영을 하며 어려운 상황에 부딪히게 되었을 때 대안이 될 만한 방법들을 공개한다.

다양한 플랫폼에 등록해놓기

앞서 여러 번 언급했듯이 현재 활성화된 곳이 아니라 하더라도, 최대한 많은 관련 플랫폼에 노출시켜둔다면 분명 도움이 될 것이다. 그중에서도 가장 효과가 좋은 '아워플레이스'라는 플랫폼을 소개한다.

아워플레이스는 촬영 장소 공유 플랫폼이다. 중요한 것은 전문적인

파티룸 '시혜적동물' 아워플레이스 메인 사진

스튜디오뿐 아니라, 가정집이나 창고 등 그야말로 모든 공간을 공유할수 있다는 점이다. 따라서 본인이 가지고 있는 모든 공간은 필수로 이곳에 등록해놓자. 쉐어하우스, 에어비앤비, 파티룸은 물론이고 현재 거주하고 있는 집도 가능하다. 촬영 장소로 대여를 해주게 될 경우 일반 목적으로 대여해줄 때보다 다소 높은 금액을 받을 수 있다. 촬영 인원이 많이 들어오기도 하고, 가구 배치를 변경하거나 무거운 장비를 옮기는 과정에서 크고 작은 파손이 발생할 가능성이 있기 때문이다. 아워플레이스는 매우 활성화된 플랫폼으로 실제로 여기서 들어오는 예약도 적지 않아 괜찮은 부수입을 얻을 수 있다. 또 쉐어하우스 같은 공간이 사람을 받지 못해 비어 있을 경우, 1~2일 정도 통임대를 해주고 월세 정도의 비용을 받을 수도 있기 때문에 꼭 등록해두도록 하자.

용도 변경하기

매우 안타까운 일이지만 원래의 목적대로 제대로 운영되지 않을 수도있다. 쉐어하우스를 오픈했는데 세입자가 1~2명밖에 오지 않을 수도 있고, 에어비앤비과 파티룸은 월세도 나오지 않을 정도로 예약이 저조한상황이라면 어떻게 해야 할까? 또 코로나19로 인한 영업제한으로 예약이 들어오더라도 아예 받을 수가 없는 특수한 상황에 처할 수도 있다.

공간대여업의 장점은 공간 활용도가 매우 높다는 점이다. 채우는 것,꾸미는 것에 따라 얼마든지 다른 공간이 될 수 있다. 힘든 상황이 계속된다면, 과감하게 결단을 내려 변신을 시도해볼 필요가 있다.

우선 쉐어하우스는 게스트하우스로 쉽게 전환할 수 있다. 아예 단기만 받는 식으로 운영하는 것이다. 그만큼 손은 더 가겠지만, 1박 기준 숙박료는 오르기 때문에 오히려 수입이 더 늘어날 수도 있다. 모텔, 호텔에 가는 것보다 게스트하우스같이 저렴한 곳에서 단기로 머무르기를 원하는 사람들도 많다. 그렇기 때문에 이들을 타깃으로 바꿔 저렴하고 안전한 단기 숙소로 홍보를 해본다면 분명 새로운 시장이 열릴 것이다.

에어비앤비는 반대로 단기에서 장기로 바꿔보자. 1박이 아닌 월세 비용을 받는 것이다. 근처 부동산에 내놓을 수도 있고, 피터팬의 좋은방 구하기에 직접 올려 장기 세입자를 구할 수도 있다. 손님을 하루 단위로 받을 때보다 수입은 줄어들 수 있지만 적어도 월세 이상의 수익은 안정적으로 보장될 것이다. 일반 월세는 보증금이 1천만 원 단위고, 1~2년씩 계약을 해야 되는 데 비해 이러한 방은 적은 보증금으로 몇 개월 부담 없이 살 수 있기 때문에 의외로 수요가 높다.

파티룸은 애초에 숙박을 하기에 적절한 장소가 아니기 때문에, 사무실로 전환하는 방법이 있다. 파티 목적이 아닌 사무 목적으로만 대여를 해주는 것이다. 일일 오피스, 공유 오피스에 대한 수요가 높아지고 있기 때문에 단기로 1~2일씩 빌려줄 수도 있고 프로젝트 팀에게 몇 개월씩 빌려줄 수도 있다. 사무실로 운영할 경우 소음이나 코로나19로 인한 영업 제한 등의 이슈에서도 벗어날 수 있다.

이 외에도 얼마든지 다양한 방법이 있을 수 있다. 어려운 상황이 닥쳤을 때는 가만히 손 놓고 있기보다 발 벗고 나서 어떻게 이 문제를 해결할 수 있을지 새로운 방법을 모색해보자. 위기가 기회가 되어 오히려 더 큰 수익으로 연결될 수도 있다.

권리금 받고 넘기기

이렇게 다양한 방법을 시도해보았음에도 불구하고 마이너스가 이어지거나, 개인 사정으로 더 이상 유지할 여력이 없다면 깔끔하게 정리하고 물러나는 것도 방법이다. 이때 피해를 최소화하기 위해서는 다음 사람을 직접 구해 권리금을 받고 양도할 것을 추천한다. 내부에 비치된 모든 가구와 가전, 집기류 그리고 현재 들어와 있는 세입자나 예약까지 그대로 넘긴다면 초기 비용을 회수할 만큼의 금액이 책정될 수도 있다. 사실 그보다 훨씬 적은 금액이라 할지라도, 어떻게든 양도자를 구해 넘기는 것이 나을 것이다. 직접 내부의 모든 소품을 정리하고 상황에 따라 인테리어까지 원상회복하게 된다면 그 과정에서 많은 수고와 비용이 들어가기 때문이다.

권리 양도글은 피터팬의 좋은방 구하기 등의 관련 카페에 많이 올라오고 있으니 글을 작성하기 전에 미리 참고해 매물의 적정 가격을 가늠해보자.

N잡의 기회는 지금부터

필자는 쉐어하우스를 시작하며 자연스럽게 에어비앤비, 파티룸까지 사업을 확장했고 이와 같은 경험을 바탕으로 탈잉에서 오프라인 강의를 시작하게 되었다. 그러던 중 비공식회담이라는 온라인 강의 플랫폼에서 연락을 받아 온라인 강의로도 영역을 확장하게 되었고, 이처럼 출판사와 연이 닿아 종이책으로도 출간하게 되었다. 하나의 콘텐츠가 여러 방면으로 줄기를 뻗어나가게 된 것이다.

이처럼 요즘은 누구든 쉽게 새로운 일에 도전할 수 있고, 또 자신만의 콘텐츠를 내세워 스스로의 가치를 올릴 수 있는 시대다. 이 글을 읽고 있는 여러분도 공간대여업 딱 한 가지만을 목표로 하지 말고, 이것은 단지 시작일 뿐이라고 생각했으면 한다. 어떤 도전을 하든 시작부터 끝까지 그 모든 과정을 글과 사진, 영상 등으로 꼼꼼히 기록해놓는 습관을 만들자. 만약 블로그에 꾸준한 연재를 한다면 파워 블로거로 급성장을 할 수도 있고, 종이책이 아닌 이북(e-book)으로 직접 출판을 해 더 큰 파이프라인을 구축할 수도 있다. 하다가 만약 실패를 하더라도 의기소침해질 필요 없다. 실패한 상황 자체가 더 와닿는 반면교사가 될 수 있기 때문이다. 이제 당신에게는 "내가 이렇게 해봤는데, 안 되니까 절대 하지 마세요."라고 당당하게 말할 수 있는 자격이 생겼다. 내가 한 모든 경험, 내가 쌓은 모든 지식이 곧 돈이 되는 것이다. 그러니 일어나지 않은 일들에 대한 수많은 걱정은 뒤로 하고, 용기 있게 경제적 자유를 위한 첫 발걸음을 내딛기를 바란다.

실제 위기 상황 대처 사례 👍

공간을 운영하다 보면 예상하지 못한 다양한 장벽에 부딪히기 마련이다. 필자가 실제 경험했던 다양한 사례들과 그 대처 방안들을 기록해두었으니 조금이나마 위기 상황에 대처하는 데 도움이 되었으면 한다.

거주 중 갑자기 바퀴벌레가 등장함

쉐어하우스에 갑작스럽게 바퀴벌레가 등장했다. 우선 당시 집에 있던 거주자들끼리 힘을 합쳐 무사히 잡아 처리했고 다음 날 바로 전문 업체를 불러 방역을 진행했다. 다행히 내부에서 서식 중인 바퀴가 아닌, 방충망을 잠시 열어두었을 때 들어온 바퀴인 것으로 판명되었고 이후로 다시 발견된 적은 없었다. 간혹 노후되거나 습한 공간에서 공간대여업을 하게 될 경우 바퀴벌레, 곱등이, 날파리, 개미 등 곤충들의 출현이 잦다. 이용객 입장에서는 치명적인 단점이니 반드시 방역 업체의 전문적인 도움을 받아야 한다. 지역 기반의 저렴한 업체들도 많이 있으니 꼼꼼한 비교를 통해 합리적인 선택을 하도록 하자.

손님이 이용 중 스크린이 떨어짐

반드시 스크린을 사용해야 하는 손님이었는데 필자가 당장 갈 수 없는 상황이었다. 다행히 30분 내로 해결이 가능한 지인이 근처에 있어 대신 부탁했다. 스크린을 수리할 동안 손님들은 식사를 진행해서 스케줄에 아무런 무리 없이 무사히 문제를 해결할 수 있었다. 만약 도움을 청할 만한 청소 아르바이트생이나 지인 등이 없다면 심부름 앱을 사용하자. 크지 않은 금액으로 빠르고 확실한 일처리가 가능하다.

릴레이 청소 방식으로 손님이 입실했는데, 앞 손님이 제대로 정리를 해놓고 가지 않았음

퇴실 시간이 밤 10시였던 터라 앞 손님이 음주로 인해 제대로 된 청소가 안 된 상태였다. 뒤 손님에게는 사과와 함께 예약금을 일부 할인해주었고, 보내준 청소 상태 사진을 증거로 앞 손님에게 청소 비용을 청구했다. 술을 마실 가능성이 있다면 릴레이 청소가 제대로 이루어지기 어렵기 때문에, 이후로는 저녁 시간 이후로 청소가 불가하다면 굳이 다음 예약을 받지 않는다. 혹은 미리 뒤 손님에게 양해를 구하고, 동의한 경우에 저렴한 가격으로 대여를 해줄 수도 있다.

에어컨 바람이 약해서 너무 더움(새벽 시간)

아침에 확인해보니 에어컨 관련 컴플레인이 메시지로 와 있었다. 이미 퇴실을 한 후라 즉각적인 문제 해결은 불가하지만, 불편을 준 부분에 대해 공감 및 사과를 전하고 바로 수리 업체를 불러 문제를 해결했다. 에어컨 내부에 먼지가 많이 쌓여 바람이 제대로 나오지 않고 있던 상태였다. 또 서큘레이터를 함께 배치해 좀 더 빠르게 시원해질 수 있도록 했다.

바비큐 숯에 불을 붙여야 하는데 토치가 고장 났음

일반 소모품이라면 손님이 근처에서 직접 구매를 하고 계좌이체를 해주는 것이 가장 빠른 해결책인데 주변에 가스 토치를 구매할 만한 곳이 마땅치 않았다. 심지어 라이터도 없어 아예 불을 붙일 수가 없었다. 고민하던 중 이전에 안면을 튼 1층의 음식점 사장님에게 부탁해 가스점화기를 빌릴 수 있었다. 손님이 직접 1층으로 받으러 갔으며, 공간에 있던 신문지를 사용해 불 붙이는 데 성공했다. 다음 날 점화기를 반납할 겸 식당에 방문해 식사도 하고 사장님께 감사 인사를 전했다. 이처럼 근처 영업장 사장님들과 평소 우호적인 관계를 쌓아놓는다면 예상치 못한 순간에 서로 도움을 주고받을 수 있다.

입실했는데 바닥에 물이 차 있고 전기가 들어오지 않음

문을 열고 들어갔는데 발이 잠길 정도로 바닥에 물이 가득하고, 전기는 아예 들어오지 않는 상황이라 손님이 바로 전화를 주었다. 당장 해결할 수 있는 문제가 아닌지라 진심 어린 사과와 함께 빠르게 환불을 진행해드렸다. 근처의 다른 영업장으로 안내를 해드릴 수도 있겠지만 이미 다른 지점도 모두 예약이 차 있는 상황인지라 별다른 방법이 없었다. 다행히 손님이 양해해주어 좋게 넘어갈 수 있었다.

건물주에게 문제를 알렸지만 부재중이라 다음 날 오전에야 물을 완전히 퍼낼 수 있었고, 기왕 물이 들어온 거 대청소나 하자는 마음으로 바닥을 구석구석 닦았다. 이후로 한 번 더 바닥에 물이 차는 사건이 발생했지만 다행히 손님은 없을 때였다. 그제서야 건물주가 배수 파이프에 문제가 생겼음을 발견했고 바로 공사를 진행해 근본적인 문제를 해결할 수 있었다. 필자의 실질적인 피해는 예약 1건이었고 평소 건물주와 우호적인 관계를 유지하고 있어 굳이 이로 인한 손해 비용을 청구하지 않았지만, 만약 건물 시설 문제로 인해 예약에 피해를 입게 된다면 월세 면제나 비용 청구 등 당연히 그에 합당한 보상을 요구해야 할 것이다.

소음 때문에 신고가 들어와 파티 중 경찰이 방문함

밤 10시 정도였고, 상가 복합형 주택이라 바로 위층 가정집에서 신고를 했다. 물론 법적으로 문제 될 것은 없었기 때문에 경찰은 경고성 메시지만 남기고 돌아갔으며 손님들도 정리 후 퇴실을 진행했다. 코로나19 시국이라 더욱 예민한 시기이기도 했다. 이후 건물주 측에서 창문 방음 공사를 진행해주어 밖으로 새어나가는 소음을 최소화하고자 했다.

위층 세입자에게서 밤에 소음이 심하다는 지속적인 민원이 들어옴

밤에는 모두 비는 상가로 알고 들어왔는데 영업장에서 실제로 거주를 하는 세입자가 있는 상황이었다. 처음에는 밤 12시 이후로 음악을 끄고 소음을 최소화할 것을 손님들에게 당부했으나, 본질적으로 해결되지 않아 결국 천장 방음 공사를 진행했다. 제법 효과가 커서 이후로는 정상 운영 중이다. 소음 문제를 해결할 수 있는 것은 이용 시간을 아예 제한하거나, 방음 공사를 진행하는 것 딱 두 가지 방법뿐이다.

이용객이 파티룸 근처에서 시끄럽게 떠들고 흡연을 해 민원이 들어옴

손님들이 지정 흡연 구역이 아닌 근처 일반 주택 앞에서 흡연을 하고 밤 늦게까지 떠들어 해당 주민이 청와대 인터넷 게시판에 민원을 올린 상황이었다. 코로나19 때문에 한참 예민한 시기였던 터라 주민센터에서 바로 출동해 상황을 확인했으며 다음 날 바로 구청에서 연락이 와 당장 영업을 중단하라는 집합금지명령을 받았다. 국가 재난과 같은 긴급 상황일 경우 구청장의 판단으로 일반 사업장의 운영을 제한할 수 있다고 한다. 행정 절차나 제대로 된 조사 없이 하나의 민원을 근거로 내려온 명령인지라 변호사를 통해 행정 소송까지 알아보았다. 승률은 높지만 그 비용을 감당하기가 어려워 어쩔 수 없이 해당 지점은 모든 예약을 취소하고 영업을 중단해야 했다. 전국 모든 파티룸에 집합금지명령이 내려온 것은 그로부터 약 3주 후였다.

이후 영업 제한이 어느 정도 풀린 뒤에는 파티룸 인근 주택가의 담벼락에 금연 구역 경고 표지판을 크게 붙여두고 내부에도 흡연 관련 안내문을 눈에 잘 띄는 곳에 다시 상세하게 붙여두었다. 입실 안내 메시지를 보낼 때도 따로 한 번 더 흡연 구역에 대해 설명하고 있으며, 가급적 파티룸 내부에만 머무르기를 당부하는 등 앞으로는 외부인들에게 의도치 않게 피해를 주는 일이 없도록 만전을 기하고 있다.

실수로 중복 예약을 잡았는데 당일에 발견함

우선 다른 지점이 해당 시간에 비어 있다면 그쪽으로 안내하는 것이 최우선이다. 그렇지 않은 경우, 사과와 함께 환불을 해주는 수밖에 없다. 운영자의 부주의로 인한 실수이므로 죄송하다는 것 외에는 변명의 여지가 없는 상황이다. 손님 입장에서도 매우 화는 나지만 이미 일어난 일이기에 다른 장소를 찾는 것 외에는 어떻게 할 방도가 없을 것이다.

진심 어린 사과와 환불 외에 추가적인 서비스를 제공해야 할 의무는 없지만, 필자는 너무 미안한 마음에 직접 다른 장소를 대여해준 적이 있다. 생일파티를 위해 전국에서 친구들이 오랜만에 모였는데, 중복 예약이 된 것이다. 금요일 밤인지라 예약이 없는 장소를 찾는 것 자체가 하늘의 별따기였다. 그러던 중 강남의 파티룸을 급하게 당일 양도하는 사람을 인터넷에서 찾았다. 필자가 받은 예약금의 3배에 해당하는 금액이었지만, 내 실수로 인해 일어난 사건이고 누군가의 소중한 날을 망치고 싶지 않아 아무 추가 비용 없이 대여해주었고, 기존보다 더 좋은 위치의 더 화려한 파티룸에서 무사히 생일파티는 진행되었다.

이미 발생한 문제를 해결하는 데는 큰 비용과 수고가 들어갈 뿐 아니라 고객의 신뢰도 잃을 수 있다. 반드시 업무 체계를 구축하고 두세 번 확인하는 습관을 들여 기초적인 실수를 하지 않도록 최선을 다하자.

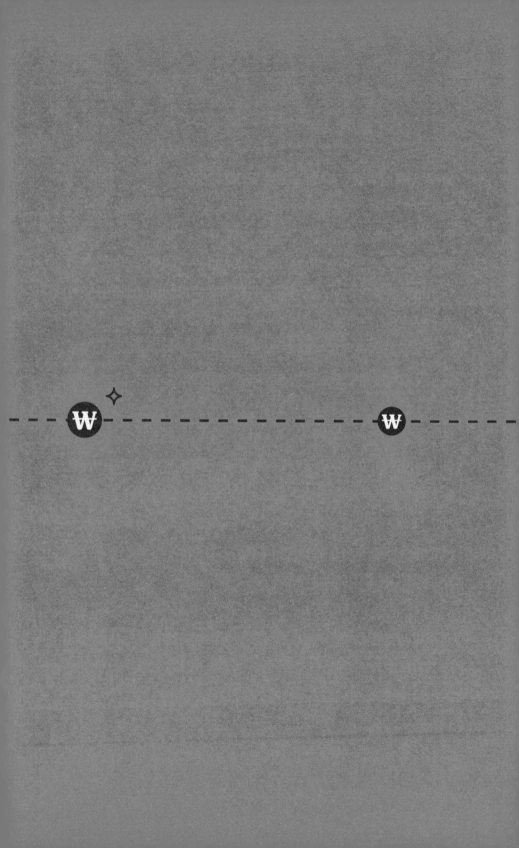

5장

공간대여업
우수 사례
소개

쉐어하우스
우수 사례

#인천 #주거용오피스 #서울 #MZ세대를위한쉐어하우스

1인 기업을 위한 코워킹하우스, 오픈런하우스

인천 검단에 위치한 '오픈런하우스'는 일반적인 쉐어하우스들과 조금 다르다. 1인 가구이자 1인 기업인 프리랜서, 사업가, 재택근무자 등을 위한 주거용 오피스라는 명확한 콘셉트를 가지고 있기 때문이다. 모든

오픈런하우스(open-learn.net)

방은 1인실로 구성되어 있어 프라이버시가 철저히 보장되며, 거실 공간
은 공용 오피스처럼 자유롭게 이용할 수 있다. 한 마디로 공유 주택과 공
유 사무실이 합쳐진 미래형 주거 공간인 것이다.

창업 스토리

오픈런하우스는 스스로를 '낭만사업가'로 칭하는 정명환 대표의 아이디
어였다. 어느 날 우연히 TV 드라마를 통해 쉐어하우스라는 새로운 주거
형태를 접하게 되었고, 오랜 시간 1인 가구의 삶을 지속해왔던 사람으로
서 호기심이 생겨 더 자세히 알아보기 시작했다. 대부분의 쉐어하우스는
사업적인 목적으로 대학생 혹은 회사원을 대상으로 운영되고 있었고, 주

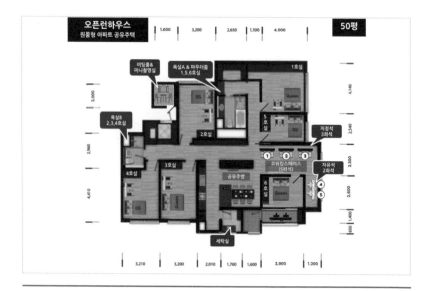

오픈런하우스 공간 구성

요 연령층도 20대로 다소 어린 편이라 사회 경험이 많은 정 대표가 들어가기에는 적합해 보이지 않았다.

정 대표는 분명 홈오피스형 주거 공간을 필요로 하는 이들이 본인 외에도 많이 있을 것이라 예상했고, 세상에 없던 공간을 내 손으로 직접 만들어보자는 결심 끝에 2019년 1월, 오픈런하우스를 시작하게 되었다.

오픈런하우스는 약 50평의 고급 아파트에 자리 잡았다. 개인의 프라이버시를 위해 모든 방은 1인실로 구성되어 있고, 주방과 욕실 공간을 공유한다. 거실은 재택근무자를 위한 코워킹스페이스로 꾸며져 있는데, 지정석을 사용할 수도 있다. 또 현관문 바로 건너편에 방음처리가 된 미팅룸이 있어 외부 사람을 초대해 회의를 진행할 수도 있고, 영상 촬영 등의 목적으로 자유롭게 사용할 수도 있다. 약 40만~50만 원의 합리적인 비용으로 주거와 업무 공간을 한 번에 해결하고, 멋진 고층 뷰를 즐기며 아파트 주민들을 위한 피트니트 센터나 골프연습실 등을 이용할 수 있다는 것은 매우 큰 장점이다.

거기에 마케팅, IT, 디자이너 등 다양한 분야의 전문가들이 하우스메이트로 있다면 서로의 인사이트를 교류하는 것은 물론 나아가 협업으로 이어질 수도 있기에 입주하는 것 자체가 좋은 네트워킹의 기회가 될 수 있을 것이다.

앞서간 이의 운영 팁

중개 플랫폼 활용하기

쉐어하우스를 운영하며 가장 어려운 점은 역시 입주자 모집이다. 오픈런

오픈런하우스의 인스타그램 페이지와 홍보용 팸플릿

하우스처럼 개인이 운영하는 공간일수록 홍보에 어려움을 겪는다. 정 대
표는 이런 부분을 해결하기 위해 블로그, 카카오톡, 카페, 애플리케이션
등 다양한 종류의 채널을 직접 운영하며 최대한 많은 이들에게 오픈런
하우스를 알리고자 노력하고 있다.

블로그와 인스타그램, 페이스북 계정을 운영하는 것은 물론 네이버
밴드와 카카오톡 오픈채팅방, 고방 앱, 피터팬의 좋은방 구하기 카페, 에
어비앤비 등 수많은 플랫폼에 오픈런하우스 계정을 만들어 다양한 방식
으로 예비 고객들과 소통을 이어가고 있다. 그중 피터팬의 좋은방 구하

기를 예시로 들자면, 단순히 홍보글만 업로드하는 것이 아니라 더 나아가 근방에서 집을 찾는 게시글을 찾아 직접 댓글을 달며 공간을 소개한다. 고객이 알아서 찾아오기만을 가만히 기다리는 것이 아니라 먼저 찾아나서는 것이다. 또 보다 쉽고 빠르게 정보를 전달할 수 있고, 원하면 저장도 할 수 있도록 전단지, 팸플릿 형식의 이미지를 제작해 여기저기 업로드하기도 한다. 이뿐만 아니라 네이버 스마트플레이스를 통해 네이버 지도 등록을 해두었는데, 위치 기반으로 검색하는 사람들에게도 쉽게 노출된다는 장점이 있다.

공동 생활비 관리

쉐어하우스를 운영하게 되면 필연적으로 발생하는 공과금과 관리비 등이 있다. 이러한 비용들을 어떻게 정산하고 배분할 것인지는 전적으로 운영자에게 달려 있다. 그렇다면 오픈런하우스는 어떤 식으로 공과금 및 관리비를 관리하고 있는지 알아보자.

우선 공과금 명목인 가스, 전기, 수도 요금 및 아파트 관리비는 매월 6만 원으로 일괄 적용해 선불로 받고 있다. 물론 1원 단위까지 정확히 하려면 후불로 나누는 방법이 있지만, 입주일이 저마다 다르기 때문에 생각보다 계산이 어렵고 일이 많아 대략적인 평균값을 동일하게 받는 쉐어하우스들이 많다. 다만 가격이 너무 높다면 입주자들의 불만이 커질 것이고, 너무 낮다면 운영자가 손해를 봐야 하므로 적정선을 찾는 것이 중요하다. 오픈런하우스 역시 처음에는 나눠서 정산을 받다가 효율성을 위해 현재와 같은 일괄 선불 방식으로 정착한 케이스다.

공동 생활비는 공용 통장을 개설해 활용한다. 생활비에는 정수기 렌탈 비용, 인터넷 요금, 청소 서비스(2주에 1번 공용 공간 청소 및 분리수거), 쌀이나 휴지 등 공용 비품 구매 등 그야말로 공동 생활을 영위하기 위해 필요한 모든 것들이 포함된다. 비용은 매월 초 4만 원씩 공동으로 걷고 있으며 예산에 딱 맞춰 사용할 수 있도록 운영자가 매월 구매 항목을 세심하게 조절한다고 한다.

사실 이러한 부분은 정해진 답이 없기 때문에 누구나 납득할 만한 상식적인 선에서, 우리 집만의 규칙을 찾아나가야 한다.

추천 혹은 비추천

정 대표는 3년째 만족스럽게 오픈런하우스를 운영 중이다. 하지만 그렇다고 해서 모든 이들에게 쉐어하우스 창업을 추천하지는 않는다. 특히 새로운 인간관계를 쌓아가는 데 피로감을 느끼거나, 여럿이 어울리는 것을 좋아하지 않는 사람들에게는 오히려 독이 될 수도 있기 때문이다. 설사 한집에서 같이 살지 않는다 하더라도, 끊임없이 사람과 소통하고 교류를 이어가야 하는 일임에는 변함이 없기 때문에 본인에게 버겁다고 느껴질지도 모른다. 따라서 기본적으로 새로운 사람 만나기를 좋아하고, 매사에 큰 불만이 없는 무던한 성격인 편이 좋다. 예민하고 청결이나 정돈에 대한 기준이 높을수록 타인과 어울려 사는 일은 버거워진다. 운영자가 된다면 그 스트레스는 몇 배로 커질 확률이 높다.

정 대표는 사람과 어울리는 것을 좋아한다는 기본 전제하에, 혼자 살면서 남는 빈 방이 있거나 비혼주의라면 한 번쯤 쉐어하우스를 운영해

불 꺼진 오픈런하우스의 모습

볼 만하다고 이야기한다. 내가 요리를 잘 못하더라도 하우스메이트 덕분에 맛있는 집 밥을 먹을 수도 있고, 대신 설거지나 뒷정리를 책임지며 서로의 아쉬운 부분을 채워줄 수 있기 때문이다. 혼자 사는 삶에서는 결코 누릴 수 없는 이런 소소하고 정다운 일상이 경제적인 수익을 얻는 것과 비교가 되지 않을 정도로 훨씬 매력적인 요소라고 한다.

앞으로의 계획

정 대표는 오픈런하우스를 시작하며 삶의 질이 이전과 비교되지 않을 정도로 높아졌다고 한다. 특히 코로나19의 등장으로 인해 이 안에서 누릴 수 있는 일상의 소중함을 더욱 깨닫고 있다. 마음대로 외출할 수도 없어 집 안에 있는 시간이 주야장천 늘어나는 요즘, 이전처럼 혼자 살고 있었더라면 우울감과 외로움을 피해갈 수 없었을 것이다. 쉐어하우스 안에서는 언제나 삶이 생생하게 살아 숨쉰다. 언제나 생명력으로 가득하다.

평생 안고 갈 수 있는 '쉐어하우스 운영'이라는 안정적인 직업이 하나 더 늘었다는 것도 큰 장점이다. 어느 정도 프라이버시가 보장되면서도, 사람이 그리울 때는 언제든 어울릴 수 있는 쉐어하우스의 매력에 푹 빠진 그는 적어도 결혼을 하기 전까지는 오픈런하우스에서 지금처럼 좋은 사람들과 함께 어울려 살아가는 삶을 만끽할 예정이다.

창업 정보

- 창업 비용: 자가 주택, 시설 공사와 물품 구매 비용 약 1천만 원

- 월 순수익: 100만~200만 원 내외

청년들이 함께 커가는 둥지, 쉐어니도

2016년에 법인을 설립한 이후 2017년 정식 런칭된 '쉐어니도'는 지역의 유휴 부동산을 활용해 청년들에게 안정된 주거 환경과 성장의 기회를 제공하고자 하는 커뮤니티 하우스다.

쉐어니도(sharenido.com)

이름의 니도(Nido)는 스페인어로 둥지를 의미하는데, 둥지같이 안전하

고 편안한 안식처이자 청년들이 더 넓은 세상을 향해 도전할 수 있는 발판이 되고자 하는 의미를 담고 있다. 강남, 홍대, 신촌 등 번화가의 초역세권에 약 50여 개의 지점을 가지고 있으며, 보증금 없이 적절한 임대료에 풀옵션 시설을 지원해 청년들에게 가장 합리적인 주거 선택지를 제시한다. 쉐어니도는 단순한 주거 공간을 넘어서 MZ세대의 라이프스타일을 담아내고, 도시 생활의 여러 문제를 혁신하며 청년들과 함께 성장해나가고자 한다.

창업 스토리

쉐어니도는 공유 주거 스타트업 '만인의꿈'에서 운영하고 있는 서비스다. 만인의꿈 김동찬 대표는 과거 로스쿨을 준비하던 시절, 학업과 숙식을 동시에 해결하기 위해 게스트하우스 아르바이트를 시작하게 되었다. 다양한 처지에 있는 청년들을 만나며 그들의 꿈을 찾아주는 새로운 사업 아이템을 떠올리게 되었고, 여러 시도 끝에 청년을 위한 창작 인큐베이터 만인의꿈 프로젝트를 시작하게 되었다. 꿈이 있는 청년들이 환경과 자본 등 투자를 받고, 도움을 통해 홀로서기에 성공한 청년이 다시 꿈을 가진 청년에게 재투자하는 것이다. 프로젝트를 함께하는 '만꿈인'들이 게스트하우스에 모여 살며 생계를 위한 돈도 벌고, 함께 꿈을 향해 달려나갔다. 자연스레 하나둘씩 사람들이 모여들게 되었고, 더 많은 청년들을 위한 공유 주거 공간이 필요하다는 판단 끝에 현재의 쉐어니도가 탄생하게 되었다.

김동찬 대표는 그 누구보다 20~30대 청년들의 열악한 주거 환경을

쉐어니도의 거실과 침실

잘 알고 있기에 일반적인 쉐어하우스들과 달리, '임대인'이 아닌 '임차인'에 초점을 맞추고자 한다. 우선 대학생들과 취업 준비생들이 메인 타깃으로, 그들의 주 활동 반경인 강남과 홍대를 중심으로 지점을 확보했다. 다인실 운영을 통해 월세는 최대한 낮추고자 했으며, 관계 지향의 커뮤니티를 추구하며 도시 생활의 외로움과 상호교류의 장점도 서비스에 녹이기 위해 노력했다. 그 덕분에 쉐어니도에 거주하는 청년들은 합리적인 비용으로 강남 한복판의 좋은 집에서 함께 어울려 살아가는 삶을 누릴 수 있게 되었다.

앞서간 이의 운영 팁

니도만의 색깔 더하기

쉐어니도의 모든 입주민들은 '니도민'이라 불린다. 그들이 내는 월세와 공과금은 바로 '니도세'다. 월세를 납부하는 데 보탤 수 있는 '니도 포인트'도 있는데, 홈페이지에 입주 후기를 작성하거나 쉐어니도 내부의 다

nido friends

| 판 Pan | 큐 Que | 지혜 GA | 웜웜 Womwom |

무심하지만 따뜻한 성격의 판.
주로 혼자 시간을 보내고 싶어 하지만
큐가 절대 혼자 두지 않는다

쉐어니도의 분위기 메이커 큐.
밝고 긍정적인 성격으로 호기심이 많아
많은 것을 경험하기 위해 적극적이다

많은 것이 알려지지 않은 황금사과 지혜.
똑똑하고 다양한 능력을 가지고 있어
집의 크고 작은 문제들을 해결한다

니도 프렌즈의 정신적 지주 웜웜.
감정의 폭이 크지 않고 무덤덤한 성격이며
흘러가는 대로 사는 삶을 살아간다

쉐어니도의 캐릭터 '니도 프렌즈'

양한 커뮤니티 프로그램 및 이벤트에 참여할 때마다 받을 수 있다. 또
'니도 프렌즈'와 같이 각자의 사연을 가지고 쉐어하우스에 모이게 된 공
식 캐릭터를 제작해 보다 친근하고 유쾌하게 다가가고자 한다.

쉐어니도는 입주민의 풍성한 경험과 성장을 위해 다양한 제휴사 할
인 혜택도 제공한다. 니도민은 여러 번화가에 위치한 모임 공간과 스터
디 카페, 스튜디오 등을 할인된 가격으로 이용할 수 있으며 병원, 학원,
음식점 등 니도민들의 건강과 편의를 위해 제휴 영역을 점차 넓혀가고
있다.

이처럼 쉐어니도는 자체적인 세계관을 구축함으로써 입주자들에게
소속감을 부여하고 니도민으로서의 자부심을 심어줘 고객 충성도를 효
과적으로 끌어올리고 있다.

입주자의 행복이 최우선

김 대표는 공유 경제의 핵심이 '지속 가능성'과 '사용자 간의 신뢰성 구축'이라 생각한다. 특히 함께 사는 사람들 간 신뢰가 구축되지 않는다면 공유는 오히려 더 큰 비용과 위험을 초래할 수 있다. 그렇기에 쉐어니도는 항상 함께 사는 사람들의 커뮤니케이션이 잘 이루어질 수 있도록 신뢰를 기반으로 한 커뮤니티를 구축하는 데 큰 무게를 두고 있다.

니도민들은 서로를 단순한 하우스메이트가 아닌 하나의 공동체로 여긴다. 커뮤니티를 통해 서로의 일상을 공유하기도 하고 다양한 챌린지에 도전하며 더 나은 내일을 꿈꾸기도 한다. 취향 기반의 다양한 소셜 클럽을 개설해 독서, 전시회 관람, 맛집 탐방 등 친목도 쌓고 시야를 넓혀간다. 나이도, 배경도, 경험도 다르지만 쉐어니도라는 커다란 한 지붕 아래

쉐어니도를 거쳐간 사람들

살고 있다는 것만으로 두터운 공감대가 형성된다.

이렇게 니도민 간의 교류가 활발해지고, 커뮤니티가 활성화될수록 입주를 원하는 이들도 늘어날 것이다. 합리적인 월세, 좋은 위치라는 물질적인 요소에 쉐어니도만의 감성이 더해져 '여기가 아니면 안 되는 이유'가 만들어졌기 때문이다. 쉐어니도 입주자들의 높은 만족도가 그들 간의 끈끈한 연대와 넓은 네트워크를 이끌어냈고, 또 다른 이들까지 매료시킬 수 있는 하나의 강력한 셀링 포인트로 자리 잡았다. 사람의 마음을 움직이는 감성 마케팅이 중요한 이유다.

앞으로의 계획

MZ세대는 학업, 취직 등 생애 주기별 특성에 따라 주거지가 자주 바뀌는 경향이 있다. 하지만 기존 월세방들은 최소 연 단위로 계약을 해야 하기 때문에 당장 한 달 후가 어떻게 될지 모르는 청년들에게는 부담스러울 수밖에 없다. 쉐어니도는 이 문제를 해결하기 위해 누구나 무보증으로 원하는 기간 동안 마음대로 머무를 수 있도록 해, 주거 서비스 형태의 새로운 장을 열었다.

쉐어니도는 누구나 도시에서 원하는 삶을 살 수 있어야 한다고 믿는다. 특히 주거 취약계층인 MZ세대가 열악한 환경의 거주지를 전전하는 데 들이는 시간과 에너지를 최소화하고, 대신 좋은 인연과 함께 건강한 청춘을 일궈내는 데 전념할 수 있도록 적절한 공간과 커뮤니티를 제공하고자 한다. 실제로 쉐어니도 운영진이 가장 뿌듯한 순간은, 당장 1천만 원의 보증금이 없어 고시원을 전전하다 쉐어니도를 만나 행복한 서울 생활을 할 수 있어서 감사하다는 후기를 접할 때다.

쉐어니도의 이길훈 COO(Chief Operating Officer, 최고운영책임자)는 "주거 분야는 그동안 제대로 된 혁신이 한 번도 이뤄지지 않은 미개척 영역이기에 콘텐츠 역량과 혁신적인 주거 솔루션을 기반으로 대학생과 사회초년생을 위한 맞춤형 서비스를 제공하며 업계 리딩 컴퍼니로 패러다임을 만들어갈 것"이라는 포부를 밝혔다.

코로나19 이후 1인실을 찾는 수요가 대폭 늘었고, 이에 대한 해결책으로 협업을 통한 위탁운영 모델을 적용했다. 서울에 있는 쉐어하우스와 코리빙하우스를 구하는 MZ세대 누구나 '쉐어니도'를 검색하면 1인실부터 다인실까지 원하는 형태에 맞춰 편리하게 집을 구할 수 있다.

이미 시장에는 다양한 형태의 주거 서비스가 등장하고 있다. 고객의 니즈는 점점 더 세분화되고 있기에 앞으로는 특정 세대와 계층에게 집중된 서비스만이 살아남을 수 있을 것이다. 수많은 쉐어하우스 브랜드가 등장했지만 아직도 쉐어하우스라는 개념 자체를 낯설게 느끼는 이들이 많다. 앞으로 다양한 이들의 니즈를 맞출 수 있는 개성 있는 쉐어하우스들이 많이 등장해 이 시장의 파이를 함께 키워갈 수 있기를 바란다.

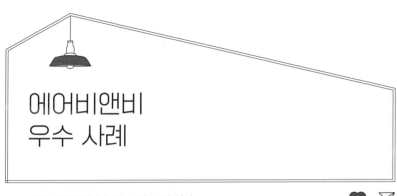

에어비앤비
우수 사례

#서울 #한옥쉐어하우스 #제주 #휴식처

도심 속 오롯한 ㄷ근 자 공간, 통인 1939

서촌 통인동 어느 골목에 자리
잡은 아늑한 한옥 숙소, 통인
1939. 실제로 1939년에 지어
져 아주 나이가 많은 공간이지
만 3대째 애정을 가득 담아 돌
봐온 만큼 기와에도, 서까래에
도, 기둥에도, 시간의 켜가 소복

통인 1939(blog.naver.com/tongin1939)

통인 1939의 공사 과정(왼쪽)과 현재 모습(오른쪽)

소복 반들반들 참 정성스럽게 자리 잡았다. 물론 욕실과 주방 등은 현대 생활 방식에 맞춰 새롭게 리모델링되어 아무런 불편함 없이 한옥의 운치를 즐길 수 있도록 했다. 한옥의 전체 공간은 약 70평이며 이 중 5개의 방과 욕실, 중심부의 다이닝룸, 그리고 정사각형 마당으로 이루어진 독채 공간을 게스트 전용 숙소로 사용하고, 실제 호스트는 쪽문으로 이어진 별채에 머무르며 게스트를 맞이하고 있다.

창업 스토리

김지수 대표에게 통인 1939는 단순한 에어비앤비 그 이상이다. 과거이자 현재이며 미래이고, 그의 인생 가운데 오롯이 자리 잡게 된 아주 특별한 공간이다. 김 대표는 어린 시절 할머니 댁에 놀러갔던 그 순간들을 온전히 기억한다. 네모난 마당에서 둥그런 달을 보던 순간들. 그런 기억 때문에 서늘한 한옥의 밤도 아늑하게 느껴질 수밖에 없다고 한다. 이 공간에 자꾸 마음이 갈 수밖에 없다고.

"집이 차-암 잘 지어졌어야, 나중에 니기들이 애기들하고 여기서 살

아도 문제없이 살겠냐? 안?" 그 말이 역사의 시작이었다. 시어머니에게
서 며느리에게로, 엄마에게서 딸에게로, 통인동 한복판에 자리 잡은 고
즈넉한 한옥집은 80년의 세월을 거쳐 서서히 변화 혹은 진화해왔다. 한
때는 실제 가족들이 살던 집이었고, 한때는 통째로 세를 주던 집이었고,
현재는 직접 살며 한옥스테이로 운영되는 공간이다. 김 대표는 어릴 때
좋은 추억으로 남아 있던 한옥집이 세월에 눌려 점차 망가져가는 모습
을 보며 다시 예전의 모습을 찾아주고 싶었다고 한다. 그렇게 대대적인
공사가 시작되었다. 창호문을 복원하고, 서까래를 드러내고, 구석구석
묵은 때를 벗겨내며 과거의 빛을 찾아나서기 시작했다.

　반 년이 지나고서야 손님을 맞을 준비가 끝났다. 2020년 10월, 마침
내 나이 든 한옥은 '통인 1939'라는 새 이름을 달고 새 사람을 맞이하기
시작했다. 에어비앤비에 공간을 등록하자마자 반응은 폭발적이었다. 오
래 공을 들여 준비한 만큼 손님들의 만족도는 높았고, 오픈 이후로 내내
성수기라 할 정도로 예약 문의가 쇄도했다. 그 덕분에 운영 4개월 만에
슈퍼호스트 배지를 달고 종로구의 대표적인 한옥스테이로 순조롭게 자
리 잡아가고 있다.

앞서간 이의 운영 팁

만만치 않은 한옥체험업 등록

앞서 언급했듯이 도심에 위치한 숙소에서 외국인관광 도시민박업의 조
건을 충족시키기는 매우 어렵다. 반면 통인 1939와 같은 한옥 건물은
'한옥체험업'으로 등록할 수 있어 에어비앤비 운영이 합법이다. 해당 건

물이 전통문화 체험에 적합한 시설을 갖추고 있고, 이용자의 불편이 없도록 욕실이나 샤워시설 등의 편의시설만 갖추고 있다면 기본적인 지정 기준에 충족되어 신청할 수 있다.

무척 간단해 보이지만, 실제로 김 대표가 허가를 받기까지는 약 3개월의 시간이 걸렸다. 생각보다 충족해야 하는 크고 작은 항목들도 많고, 한옥은 목조 건물이다 보니 특히 소방 시설 관련해서 엄격한 기준을 제시하고 있기 때문이다. 이러한 항목들을 매번 세세히 수정하고 재확인받는 과정에서 많은 시간이 소요되었다고 한다. 김 대표는 궁금하거나 헷갈리는 부분이 있다면 인터넷 혹은 지인들에게 의지할 필요 없이 구청이나 관할 부서에 바로 전화를 하거나 직접 찾아갈 것을 권한다. 인터넷에 많은 정보가 있는 것은 사실이지만 업데이트되지 않은 예전 자료도 많고 관할 지역마다 조금씩 내용이 달라질 수도 있기 때문이다. 아무리 열심히 검색을 해본다 한들 부정확한 정보의 홍수 속에서 더욱 혼란스러워질 확률이 높다. 구청에 연락해 해당 분야의 담당자에게 직접 물어보는 것이 가장 정확하고도 빠른 방법임을 기억하자.

브랜드 아이덴티티 정립하기

통인 1939를 준비하고 시작해 운영하는 모든 과정에서 김 대표는 그의 어머니와 함께 머리를 맞대고 수많은 가능성들을 논의하며 최선의 결과를 이끌어내고자 했다. 그중 한 가지는 통인 1939만의 독자적인 브랜드 아이덴티티를 확립하는 것이다. 한옥스테이로 시작했지만 단순한 숙소를 넘어서 하나의 브랜드가 될 수 있다고 믿었다. 가족들끼리 늘 '통인동

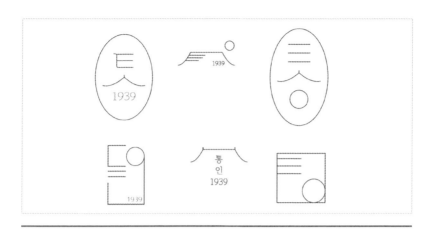

통인 1939의 브랜드 로고

집'이라고 불렸던 기억과 이 집의 역사가 시작된 1939년이 합쳐져 현재
의 이름이 탄생했다. 위치적, 시간적 요소가 결합되어 이 공간만이 가진
두께감을 드러낸다. 디자인을 전공한 김 대표가 직접 로고도 만들었다.
디귿(ㄷ) 자 건물을 나타내는 3개의 가로획, 하나의 중정, 그리고 그 공
간에 머무르는 사람을 합쳐 '통'이라는 글자를 표현하고자 했다.

평소에는 가장 직관적인 기
와 지붕 아래 '통인 1939'가 쓰
여진 로고를 사용하지만 넓은
확장성을 가지고 있어 용도와
목적에 맞춰 얼마든지 변형될
수 있다. 우선 로고가 박힌 40수
고급 수건을 제작해 이용객 입

통인 1939에 방문하는 게스트를 위한 수건

장에서 좀 더 전문적인 느낌을 받을 수 있도록 하고 있다. 이 외에도 엽서, 달력, 열쇠고리 등 수많은 아이디어들이 순서를 기다리고 있다.

김 대표는 인스타그램을 운영하고 어머니는 블로그를 운영하며 각자의 영역에서 통인 1939의 이야기를 기록하고 알리는 데 힘쓰고 있다. 공간이 가진 서사의 중심에 서 있는 두 모녀의 글과 사진에는 이상한 힘이 있다. 자꾸만 기웃거리게 만들고 '뭐가 그렇게 특별한데요? 좋은 거면 나도 같이 봅시다.' 하는 마음이 저절로 든다. 특별히 화려하게 포장하지 않더라도 진심이 담겨 있어, 이 공간을 사랑하는 이들의 마음이 오롯이 전해지기 때문이다. 애정과 진심은 언제나 사람의 마음을 깊게 파고들 수 있는 가장 강력한 마케팅 도구다.

힘든 순간, 행복한 순간

에어비앤비는 서비스업이다. 특히 김 대표처럼 바로 옆 별채에 머물며 게스트를 맞이하는 경우는 더욱 그렇다. 물론 대부분의 손님들은 즐거운 기억으로 남지만, 그렇지 않은 경우도 분명 있다. 추가 요금을 내기 싫어 인원을 속이는 건 애교에 속한다. 보안 및 입실 확인의 목적으로 대문 앞에 CCTV를 달아놓고 미리 안내를 해두어도 인원을 속이는 경우가 허다하다. 사실 카메라가 없더라도 주인 입장에서는 퇴실 후 정리를 하다 보면 눈에 다 훤히 보인다. 숟가락을 몇 개 썼는지, 베개를 몇 개 꺼냈는지, 잔은 얼마나 썼는지. 추궁을 하더라도 끝까지 아니라고 우기거나 잠은 안 자고 갔다고 변명하는 경우가 대다수이기 때문에 이럴 때는 CCTV가 큰 도움이 된다. 상세페이지와 예약 안내에 모두 고지되어 있는 부분에 대해서 느닷없는 컴플레인을 하는 경우도 있다. 왜 침대가 없냐든가 조식을 제공해달라는 식이다. 요구를 거절하면 악의적으로 공간을 어지럽히고 가기도 한다. 이때는 속상한 마음이 치밀지만 에어비앤비에 별점 테러라도 남길까 봐 마음이 쓰여 쓴소리를 하기도 어렵다. 악의적인 내용에 대해서야 답글로 반박할 수 있지만, 낮아진 평점은 복구하는 데 많은 수고가 필요하기 때문이다.

반면 고마운 손님, 귀여운 손님도 많다. 통인 1939 덕분에 한옥스테이의 매력에 푹 빠져 또 오겠다는 손님, 예쁜 사진과 정성스러운 후기를 본인 SNS에 업로드해주는 손님, 눈 오는 날 서투른 솜씨로 조그마한 눈사람을 마당에 만들어놓고 간 어린이 손님. 한 번은 브라이덜 샤워를 하러 온 손님이 있었는데, 알고 보니 오래된 동창이어서 반갑게 인사를 나누었던 적도 있다. 공간대여업을 하고 있기에 마주칠 수 있었던 소중한

게스트하우스를 찾아준 정겨운 손님들

인연들이다. 손님이 본인의 공간에서 행복하고 특별한 시간을 보낼 때 운영자도 가장 뿌듯하고 보람을 느낀다. 김 대표가 평소 대면 운영을 중요시 여기는 것도 이와 같은 이유에서다. 에어비앤비는 특성상 셀프 체크인, 셀프 체크아웃이 가능하기 때문에 비대면으로도 운영할 수 있지만, 김 대표는 웬만하면 대면 체크인을 고집한다. 서로 얼굴을 마주해야 진짜 사람 대 사람으로 소통을 하는 느낌이 들기 때문이다. 메시지나 목소리만으로는 한계가 있다. 운영적인 면에서도 좀 더 편해지는 부분이 있다. 얼굴을 보고 실제로 인사를 나눈 경우에 청소를 더 깔끔히 하고 가고, 불만족스러운 부분이 있을 때도 원활하게 해결하기 쉽다. 반면 한 번도 만나보지 못한 사람은 실체가 없는 것이나 마찬가지이기 때문에 인간 대 인간으로 존중이나 배려하기가 더 어려워진다. 김 대표처럼 다양한 이들과의 교류 그리고 감정적 연대를 통해 스스로의 세계를 확장하고 성장해나가는 경험을 하고 싶다면, 에어비앤비를 단순한 경제적 수단이 아닌 하나의 라이프스타일로 받아들여야 할 것이다.

앞으로의 계획

김 대표는 공예과 출신이다. 도자기 만드는 일을 배웠지만 졸업하고 나니 정말 업으로 삼고 싶은지 확신이 없었다. 그렇게 막막한 시간을 보내던 중 한옥을 되살리는 작업에 도전하게 되었다. 가족의 역사가 깃든 공간을 내 손으로 멋지게 되살리고 싶다는 신념이 강력한 추진력이 되어주었다. 공간 디자인을 직접 배워가며 조감도를 그렸고 무리를 하더라도 최대한 한옥의 본래 뼈대를 살리는 방향으로 공사를 지휘했다.

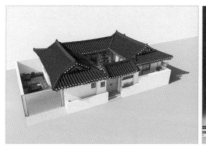

3D로 구성한 통인 1939의 모습

그렇게 탄생한 통인 1939는 많은 사람들의 사랑을 받으며 무탈히 운영 중이지만, 김 대표의 도전은 이제부터 시작이다. 그는 원룸에서와 달리 한옥에 사는 지금은 우울해질 틈이 없다고 한다. 공간 곳곳에 햇볕이 따스하게 스며들고, 집을 돌보기 위해 부지런히 몸을 움직여야만 하기 때문이다. 한옥이 지닌 따뜻하고 착한 에너지를 더 많은 사람들과 나누고 싶다. 옛것과 새것을 조화롭게 어우러지게 하고, 한국의 미를 더 넓은 세상에 알리고 싶다. 통인 1939는 그에게 끊임없는 영감을 주는 공간이다. 그 많은 꿈과 가능성을 현실로 이루기 위해 김 대표는 대학원에 진학해 공간 디자인을 더 깊이 공부 중이다.

창업 정보

- 창업 비용: 자가 주택, 복원 및 인테리어 공사 약 1,200만 원

- 월 매출: 평균 300만~400만 원

- 월 비용: 공과금 약 50만 원

쉼표를 찾는 이들을 위한 휴식처, 타오하우스

창업 스토리

서종환 대표는 2013년부터 제
주공항 근처에서 게스트하우스
'타오하우스'를 운영하고 있다.
10년 넘게 이어진 직장 생활 끝
에, 가슴에 품고 다니는 사직서
가 얼굴을 내밀 때 즈음 서울을
떠난 다른 방식의 삶을 생각하

타오하우스(www.instagram.com/tao_space)

게 되었다. 처음부터 제주도를 꿈꾸었던 것은 아니다. 아예 다른 나라로
옮기는 것을 생각하고 있었는데 상황 여건이 맞지 않아 차선책으로 제
주도를 선택하게 되었다. 그런데 막상 오게 된 제주도는 상상 이상으로
매력적이었다. 말이 통하는 외국 같은 느낌이 들었다. 결국 제주도의 매
력에 푹 빠진 그는 정착을 결심했고 '게스트하우스 호스트'라는 오랜 꿈
을 이루게 되었다.

타오하우스는 2층 단독 주택 형태의 숙소로, 서 대표가 실제로 거주
하는 집이기도 하다. 이름의 '타오'는 道(길 도) 그리고 陶(그릇 도)의 중국
어 발음으로, 도두봉(道頭峰)에 자리 잡고 다양한 도예를 펼쳐나가고자
하는 그의 가치관을 고스란히 반영하고 있다. 또 미국의 대표적인 작가
유진 오닐의 작업실의 이름도 '타오하우스'였는데, 그곳에서 그의 유작
『밤으로의 긴 여로』가 탄생한 것처럼 이곳 역시 아날로그적인 예술 공간

타오하우스의 모습(위)과 주제별로 구성된 침실(아래)

이 되었으면 하는 바람을 담았다고 한다.

　총 4개의 방에는 T룸, A룸, O룸, S룸이라는 이름이 붙었다. 각 방은 다도의 방, 디자이너의 방, 작가의 방, 그림 책방이라는 주제로 꾸며져 각자의 취향에 맞는 방에 머물 수 있도록 했다. 그 외에도 나무로 된 따스한 느낌의 테라스, 탁 트인 한라산과 제주 바다 풍경 등이 숙소와 어우러져 이곳을 더 특별한 곳으로 만들어준다.

　서 대표와 그의 가족들은 숙소를 꾸밀 때 '우리가 살아온 삶을 공유하자'는 목표를 설정했다고 한다. 그렇게 타오하우스의 공간 구석구석은 손때 묻은 가구, 표지가 바랜 책들과 같이 살아온 시간 내내 소중히 이고

지고 늘 곁에 두었던 추억들로 가득 채워졌다. 집 안을 찬찬히 둘러보면 그가 어떤 인생을 살아왔고 어떤 것들을 좋아하는지 투명하게 비쳐 보인다. 호스트의 모습을 그대로 빼닮은, 가장 사적이면서도 공적인 게스트하우스가 탄생한 것이다. 서 대표는 이곳을 찾아주는 모든 손님들이, 다른 이의 삶 속에서 잠시나마 편히 쉬며 그들 자신만의 삶을 찾아 나갈 힘을 재충전할 수 있기를 바란다.

앞서간 이의 운영 팁

좋아하는 일은 돈이 된다

카페를 운영한 경력이 있을 정도로 커피에 조예가 깊은 서 대표는 핸드드립 커피를 체험할 수 있는 클래스를 운영하고 있다. 커피 체험을 하기 위해 타오하우스를 찾는 이들도 있고, 반대로 숙소에 와서 이런 클래스가 있다는 것을 알고 참여하는 손님들도 많다.

클래스 홍보를 위해 다양한 온라인 플랫폼에 등록을 해두었다. 가장 수요가 많은 곳은 에어비앤비의 '체험' 카테고리다. 이 외 '마이리얼트립'이나 '프립' 등을 통해서 예약이 들어오기도 한다. 아예 커피와 숙박을 묶어서 패키지 상품을 만들기도 했다. '남의집' 플랫폼을 통해서는 홈카페 콘셉트로 일정 시간 동안 자유롭게 거실 공간을 이용할 수 있도록 공간을 오픈하기도 했다. 이처럼 그의 공간은 숙소가 되기도, 교실이 되기도, 카페가 되기도 하며 그에 맞는 다양한 사람들을 끌어모은다. 이처럼 내 공간을 어떻게 하면 최대한으로 활용할 수 있을지, 어떻게 하면 사람들을 불러모을 수 있을지 고민해보면 새로운 수익 창출의 길이 열린다.

에어비앤비 체험 카테고리에 업로드된 타오하우스 로스팅 체험

서 대표는 커피를 좋아하고, 책을 좋아하고, 건물을 좋아하고, 사람과의 소통을 좋아한다. 어떻게 보면 일관성 없는 소소한 항목들이 합쳐져 현재의 타오하우스를 만들었고 그에게 새로운 삶을 선사했다. 지금은 커피 수업만 진행하고 있지만, 앞으로는 와인과 도예 수업까지 점차 영역을 확장할 예정이다.

좋아하는 일, 잘하는 일로 먹고사는 것은 생각보다 어렵지 않다. 누구에게나 좀 더 특별하거나 혹은 좀 더 전문적인 영역이 있기 마련이다. 세상의 모든 일에는 수요가 있다. 다만 중요한 것은 자신이 가진 약간의 재능과 그 재능이 필요한 잠재 고객과의 연결고리를 찾아내는 일이다.

게스트와 호스트가 함께 행복한 공간

타오하우스는 호스트가 게스트와 한집에 거주하는 민박 형태의 숙소다.

한 지붕 아래 다양한 사람들이 머물다 보니 제각각 성향도 다르고 소통 스타일에도 차이가 있다. 서 대표는 이런 부분을 빠르게 파악해 최대한 맞춰주려 노력한다. 가령 혼자 있기를 원하는 게스트에게는 먼저 다가가지 않는 반면, 대화가 고파 보이는 게스트에게는 커피를 권하는 식이다. 분위기가 잘 맞는다면 그날 만난 손님들끼리 친해지는 경우도 있다.

이처럼 한 명 한 명에게 정성을 다하다 보면 다시 찾아주는 손님들이 생기기 마련이다. 자신의 삶에서 의미 있는 일들이 생길 때마다 타오하우스를 찾아주는 손님들도 있다. 처음엔 혼자 숙소를 찾았다가, 두 번째는 결혼한 후에 오고, 그다음에는 아이와 함께 오는 소중한 손님처럼 말이다. 반대로 인생에서 몹시 힘든 시기에 이곳을 들렀다가 무거운 짐을 훌훌 털고 가벼운 발걸음으로 떠나는 손님들도 있다. 게스트들에게 타오하우스는 그냥 하루 지나쳐가는 곳이 아닌, 자기 자신을 위해 찾아오는 곳이라는 생각이 들 때 서 대표는 가장 행복하고 보람을 느낀다.

에어비앤비와 함께하는 삶에 대한 만족도는 매우 높지만, 모든 일들이 마냥 좋기만 한 것은 아니다. 특히 매일 절대적인 시간과 노동력을 투자해야 하는 청소가 그렇다. 청소는 공간을 운영할 때 절대 타협하거나 포기할 수 없는 중요한 부분이기 때문에 절대 만만하게 생각해서는 안 된다. 물론 전문 인력을 쓸 수도 있지만 청소가 제대로 잘되었는지, 부족한 부분은 없는지 꼼꼼히 확인하는 것은 여전히 호스트의 몫이라는 것을 기억하자. '청결하고 쾌적한 상태'는 고객 만족의 가장 기초가 되는 항목이다.

타오하우스의 편안한 분위기

앞으로의 계획

서 대표는 앞으로 얼마나 오랫동안 타오하우스를 운영하게 될지는 알 수 없지만, 개인적으로 생각해둔 기준이 있다고 한다. 바로 '찾아주시는 손님들이 돈으로 여겨질 때 그만해야겠다'는 결심이다. 손님의 요구가 터무니없는 억지가 아닌 이상, 손님이 겪어야 하는 불편함보다 그로 인한 비용과 손해가 먼저 떠오른다면 이 일을 그만둘 때가 된 것이라고 스스로 엄격한 기준을 정해둔 것이다.

그는 에어비앤비 자체는 추천하지만, 공간대여업이 본인의 모든 일이 되는 경우라면 반대한다고 한다. 이 일은 자신이 하고자 하는 더 큰 목표의 일부일 때 가장 가치가 있기 때문이다. 자신이 해보고 싶었던 일을 해나가면서 에어비앤비를 추가로 병행할 경우에는 든든한 버팀목이 되어주겠지만, 오직 경제적 수단으로서 이 일을 하려고 한다면 얼마 지나지 않아 회의감을 느끼게 될 가능성이 크다. 에어비앤비는 삶의 목적이 아닌 수단이 되어야 한다.

자신의 숙소를 손님이 찾아준다는 것은 무척 특별하고 의미 있는 일이다. 여행객들에게 가장 의미 있고, 가장 중요한 시간을 함께하고자 선택받은 것이기 때문이다. 그 기대감에 걸맞은 만족감을 안겨줘야 하기에 에어비앤비는 철저한 서비스업이다. 손님에게 '주는 즐거움'이 있어야 한다. 이런 이유로 서 대표는 숙박업을 준비하는 이들에게 자신이 좋아하는 것과 오래 간직하고 있는 것들을 쉽게 버리지 말라고 조언한다. 한 사람의 세월이 켜켜이 담겨 있는 그 평범한 물건들이 내 공간에 색을 더하는 유니크한 콘셉트이자 인테리어 그 자체가 될 수 있기 때문이다.

호스트가 살아가는 모습이 다채롭고 행복해야 게스트도 그 모습에 감명을 받고 즐거워한다. 타인의 삶에 대한 부러움은 본인의 삶을 더 나아지게 하기 위한 밑거름이 될 것이다. '다른 사람들이 와서 보고 부러워할 정도로 즐겁게 사는 것'이 서 대표의 에어비앤비 운영 철학인 이유다.

창업 정보

– 창업 비용: 자가 주택, 인테리어 약 2천만~5천만 원

– 월 비용: 평균 100만 원(공과금, 유지비 등)

파티룸
우수 사례

엄마들의 놀이터, 플레이맘

2018년 11월 수원에서 1호점을 오픈한 플레이맘은 2021년 1분기 기준 총 14개의 지점을 지닌 국내 2위 규모의 파티룸 프랜차이즈로 자리매김 중이다. 이름부터 알 수 있듯이 플레이

플레이맘(cafe.naver.com/partyplaymom)

맘은 '아이를 동반한 젊은 엄마'를 타깃으로 한 키즈카페 콘셉트의 파티

룸으로, 기존에 존재하지 않았던 새로운 파티룸 시장을 열었다. 아이들과 어른들이 함께 합리적인 가격으로 1박을 보낼 수 있고, 모든 시설을 단독으로 사용하며, 크게 마음먹고 멀리 갈 필요 없이 도심 근처에서 특별한 시간을 보낼 수 있다는 장점 덕분에 플레이맘은 오픈 직후부터 많은 부모들의 관심이 쏟아졌다.

창업 스토리

약 10년간 HRD 교육 업계에 종사하던 플레이맘 김의연 대표는 새로운 파이프라인 구축의 필요성을 느껴 2017년 카페 겸 공방 사업을 시작하게 되었다. 그러나 성과는 생각만큼 나오지 않았고, 기존 카페가 있던 건물 바로 위층으로 장소를 옮겨 새로운 도전을 해보게 되었다. 카페에 있던 싱크대, 가구, 소품 등을 고스란히 옮겨오고 여기에 손재주를 발휘해 현관 중문, 창문 틀, 놀이터 등을 더해 새로운 공간을 만들어낸 것이다. 김 대표는 이때까지만 해도 파티룸이라는 업종에 대한 인사이트가 전혀 없었지만, 그렇게 완성된 공간을 보자 부모들과 아이들이 어울려 노는 놀이터의 모습이 저절로 머릿속에 그려졌다고 한다.

김 대표가 자연스럽게 아이들을 위한 공간을 만들게 된 것은 본인 스스로가 아이들이 있는 부모였기 때문이다. 누구보다도 가족이 함께 안전하고 즐겁게 시간을 보낼 수 있는 공간의 필요성에 대해 잘 알고 있었고, 그 문제에 대한 해결책을 찾아낸 것이다. 공간을 완성한 다음, 당근마켓에 공간을 소개하고 의견을 묻는 글을 올리자마자 엄마들의 문의가 폭발적으로 쏟아졌다. 확신을 가진 김 대표는 바로 다음 달부터 위층 공간

플레이맘 1호점 빈티지홀의 거실 모습

까지 확보해 2호점 오픈을 준비하기 시작했다.

처음부터 프랜차이즈를 구상했던 것은 아니지만, 저절로 입소문이 나기 시작했고 주변 지인에게서 먼저 지점을 내고 싶다는 제안이 들어왔다. 그렇게 1년 안에 지인 위주로 5호점까지 확장이 진행되었고, 수원에서 시작되어 현재는 서울, 화성, 대전, 청주 등 전국 각지로 빠르게 뻗어나가 14호점까지 오픈이 완료된 상태다. 플레이맘의 업주들은 대부분 아이를 둔 30~40대 부부다. 안정적인 부수익 창출의 목적도 있지만, 무엇보다도 아이와 함께할 수 있는 가족 전용 공간을 가지게 되는 것에 더 큰 의미를 둔다고 한다. 그들에게 파티룸은 단지 돈을 벌기 위한 수단이 아닌, 삶을 더 풍요롭고 행복하게 해주는 하나의 가치가 된 것이다.

앞서간 이의 운영 팁

시장 세분화

플레이맘은 '5~6세 아이를 동반한 엄마들의 공간'이라는 매우 세분화된 고객군을 목표 타깃으로 하고 있다. 놀이터와 미니 풀장 등 아이들을 위한 시설이 구비되어 있지만, 어른들이 사용하기에도 모자람 없는 공간임에도 불구하고 일반 성인을 타깃으로 하지 않는 이유는 분명하다. 타깃이 모호하고 넓어질수록 마케팅의 효율은 떨어지기 때문이다. 이름에서 보이듯 플레이맘은 엄마와 아이를 위한 공간이라는 한줄기의 아이덴티티를 공고히 하고 있으며 실제로 가장 큰 유입 채널은 실제 이용 고객에게서 시작되는 입소문이다. 이용에 만족한 고객이 엄마들 모임이나 맘카페 등에서 자발적으로 후기를 공유하는 것이다.

만약 일반 파티룸처럼 20~30대 성인까지 메인 손님으로 받는다면, 그들을 위한 소품 및 오락 거리도 갖춰놓게 될 것이고 결국 두 마리 토끼를 잡기보다는 두 마리 모두를 놓치게 될 확률이 높아진다. 또 음주를 목적으로 하는 다수의 성인 손님이 다녀가면 아이 전용 시설을 파손하거나, 술병을 깨뜨린다든지 실내 흡연 등의 가능성도 커지기 마련이다.

실제로 플레이맘 김 대표는 이러한 경험들을 바탕으로 타깃을 오히려 명확하고 세분화하는 것이 효과적이라고 판단해 운영방침에 적극적으로 반영하고 있다. 주목해야 할 점은 플레이맘의 메인 타깃이 다르기 때문에 메인 홍보 채널도 달라진다는 것이다. 20~30대 고객을 메인으로 하는 대다수 파티룸들은 스페이스클라우드가 가장 큰 유입 채널인 경우가 많지만, 오히려 플레이맘은 당근마켓과 맘카페 등을 통해 문의가 오는 경우가 더 많다. 따라서 파티룸을 운영할 때는 무조건 다수를 따르기보다는 본인이 목표로 하는 타깃은 과연 어디에 상주하고 있을지 적극적으로 찾아 나서는 자세가 필요하다.

확장성의 유혹

선택과 집중이라는 같은 맥락에서 볼 때 또 한 가지 중요한 것은, 확장성의 유혹에 넘어가지 않는 것이다. 가령 장사가 잘되지 않는 중식당이 있다고 하자. 옆집의 일식당이 잘되는 것을 보고 메뉴에 초밥도 추가해보고, 앞집 한식당이 잘되는 걸 보고 김치찌개를 추가하고, 겨울에는 군밤과 붕어빵까지 굽는 격이다. 단지 가지고 있는 개수를 늘린다고 해서 서비스의 질이 올라가거나 고객의 만족이 높아지는 것은 절대 아니다. 오히려 내가 가진 차별점에 집중하고 이를 개선하기 위해 힘쓰는 것이 성공으로 갈 수 있는 더 빠른 지름길이다.

김 대표는 공간을 운영하는 많은 이들이 이런 확장성의 유혹에 빠지기 쉽다고 이야기한다. 기본적으로 제공하는 것 외에도 '이것도 있으면 좋겠지?' '두면 언젠가 유용하게 쓰겠지.' 하는 마음에 하나둘 잡다한 것들을 가져다두게 된다는 것이다. 이런 것들은 필요에 의해 설계된 것이 아니기에 실제 고객 입장에서도 사용하지 않을 확률이 높다. 또 자리를 차지해 인테리어를 망치는 것은 물론 분위기를 중구난방으로 만들어 '여긴 대체 무슨 콘셉트지?' 하는 의아함을 남기기 십상이다. 따라서 운영자는 언제나 공간에 대한 명확한 신념을 가지고 독자적인 색깔을 만들어갈 수 있도록 노력해야 한다.

스토리텔링의 미학

플레이맘의 모든 지점은 세계 명소로 구성되어 있다. '월드 투어'라는 커다란 콘셉트하에 산토리니, 베네치아, 몰디브, 런던, 뉴욕 등 각 지점별 분위기에 맞춰 인테리어를 구현하는 데 많은 공을 들였다. 그래서 장소에 방문하는 것만으로 유명 여행지에 놀러온 듯한 감상을 받을 수 있다.

인테리어뿐 아니라 각 공간마다 고유한 서사를 부여하는 데도 많은 공을 들이고 있다. 가령 베르사유홀에서는 마리 앙투아네트와 장미의 아름답고 슬픈 이야기가 펼쳐지고, 베네치아홀에서는 황금 사자를 훔치는 베니스 상인들의 흥미진진한 모험담이 시작된다. 실제 역사적인 사건과 재치 넘치는 픽션이 어우러진 덕에 공간은 한층 더 흥미롭고 매력적인 곳으로 거듭난다. 제대로만 적용한다면 가장 적은 비용으로 가장 높은 효과를 불러올 수 있는 방법, 스토리텔링이 가진 힘을 언제나 기억하자.

화성 런던홀 지점(왼쪽)과 서울 할슈타트홀 지점(오른쪽)

앞으로의 계획

김 대표는 '하늘이 무너져도 솟아날 구멍이 있다'는 말의 진정성을 수많은 삶의 경험을 통해 깨달았다고 한다. 가령 오래 했던 사업을 접어야만 했기에 플레이맘이 시작될 수 있었고, 코로나19로 인해 어려운 시기를 겪었을 때 오히려 창업 문의는 쏟아졌고, 막다른 길에 다다랐을 때 생각지 못한 투자 제안이 들어왔다. 위기에는 언제나 기회가 따른다고 믿는 김 대표는 이제 플레이맘의 다음 챕터를 계획하고 있다.

기존 '플레이맘-월드' 테마 중에서도 실내 풀장이 있는 지점이 가장 인기가 좋다는 점을 반영해 이에 집중한 '플레이맘-워터' 시리즈를 구축했다. 코로나19로 인해 다중이용시설인 수영장을 사용할 수 없게 되자 오히려 단독 수영장에 대한 수요가 폭발하게 된 것이다. 기존의 월드 투어 시리즈가 도심 속 키즈 카페였다면, 워터룸은 도심 속 단독 풀장이라는 콘셉트로 규모는 줄이고 인테리어는 통일해 초기 비용의 부담도 최소한으로 낮추고자 했다.

전염병의 창궐, 강력한 경쟁 업체 등장 등 언제나 예상 불가하고 통

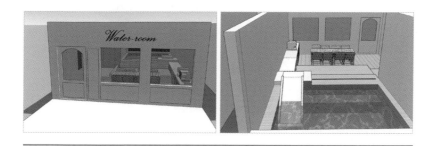

플레이맘의 3D 구성 모습

제할 수 없는 일들은 일어나기 마련이다. 하지만 현재의 상황에 안주하지 않고 늘 데이터와 정보를 바탕으로 한발 앞서 준비해나간다면, 치열한 시장 속에서 오히려 새로운 기회를 얻게 될 것이다.

창업 정보

- 지점당 창업 비용: 5천만~9천만 원 내외

- 지점당 월세: 100만~120만 원 내외

- 지점당 공과금: 40만~50만 원 내외

- 지점당 월 순수익: 300만~500만 원 내외

  • 코로나19로 인한 특수 시기는 제외되었다.

  • 시기 및 지역, 지점별로 차이가 클 수 있어 대략적인 평균값이다.

붐비는 도시 속 선명한 여백, 백지장

백지장은 앞서 소개한 공간들과는 다소 결이 다르다. 우선 예비사회적기업으로 지정된 경력이 있다. 큰 카테고리를 나누자면 파티룸에 속하겠지만, 일반적인 파티룸의 모습을 떠올려

백지장(baek.co)

서는 안 된다. 백지장이 운영하는 공간들은 그보다는 텅 비어 있는 공터

에 가깝다. 테이블과 의자, 조명과 스크린 말고는 아무것도 없다. 그런데
이 허전한 공간에 사람들이 찾아와 그들만의 색으로 가득 채운다. 전시
회를 하기도, 공연을 하기도, 파티를 열기도 한다. 흰 종이처럼 비어 있
어 무엇이든지 될 수 있는 공간. 그것이 백지장의 정체성이다.

창업 스토리

백지장이 예비사회적기업으로 지정된 이유는 '노후 공실의 업사이클링
을 통한 공간 자원 제공'이라는 사회적 가치를 실현하고 있기 때문이다.
서울 여기저기에 비어 있는 공간은 많지만, 관리가 제대로 되지 않아 실
제 이용이 어려운 경우가 많다. 여기에 주목한 김차근 대표와 동료들은
이런 버려진 공간들을 '재활용'해보기로 결심했다. 2017년 사회적기업
가 육성 지원사업에 선정되어 가능성을 인정받았고 그 이후에도 다양한
창업 프로그램에 선정되며 진행에 가속도가 붙었다. 지하 창고, 철공소,
옥탑 등 아무도 눈길을 주지 않았던 숨겨진 장소들이 무한한 가능성을

문래 조명공장 지점의 공사 전(왼쪽)과 후(오른쪽)

지닌 공간으로 재탄생하기 시작했다.

수도, 전기, 건물 보수 등 이용에 불편함을 주지 않도록 기본적인 틀을 다듬되 공간이 가진 '날것 그대로의 느낌'은 최대한 살리고자 했다. 반면 빔프로젝터와 조명에는 돈을 아끼지 않았다. 고화질의 영상을 큰 화면으로 감상할 수 있게 하고, 스마트폰으로 색과 밝기를 자유자재로 조절할 수 있는 스마트 전구를 달았다. 비어 있는 도화지와 적절한 재료는 준비되었으니, 어떤 그림을 그려 넣을지는 온전히 방문자들의 몫이다. 애초에 소외되어 있던 공간들인 만큼 임대료와 관리비는 저렴했고, 그만큼 낮은 금액으로 대여료를 책정할 수 있었다. 부담 없는 금액으로 넓은 공간을 자유롭게 이용할 수 있다는 것은 백지장의 큰 어필 포인트가 되었고, 백지장이 공유하고자 하는 가치는 사회적으로도 많은 주목을 받게 되었다.

2021년 현재 총 9개의 공간을 운영하고 있는 백지장은 스페이스클라우드 매출 상위 5%에 해당하는 슈퍼호스트로 선정되기도 했을 정도로 사회적 가치와 경제적 가치 두 가지를 성공적으로 실현해내고 있다.

앞서간 이의 운영 팁

사람을 끌어당기는 공간

백지장이 운영하는 대다수 공간들은 특별히 번화가나 교통이 편리한 곳에 위치하고 있지 않다. 평소에는 인적이 드물어 '이런 곳에 파티룸이 있다고?'라는 의문이 들 만한 외딴곳에 자리 잡은 경우가 더 많다. 그럼에도 불구하고 사람들은 끊임없이 백지장의 문을 두드린다. 버스를 여러

문래 조명공장 지점의 외부와 내부

번 타고 좁다란 길을 헤매기도 하며 기필코 백지장을 찾아내는 것이다.

필자가 끊임없이 위치에 집착할 필요가 없다고 말하는 이유다. 공간이 자신만의 색을 가지고 있다면, 그에 끌리는 사람들은 어떻게든 모여든다. 물론 번화가 한복판 혹은 지하철역과 1분 거리에 위치하고 있다는 건 공간을 운영할 때 매우 큰 장점이다. 하지만 위치 선정은 결코 성공의 절대적인 기준치가 될 수 없다. 좋은 자리에 들어갔다고 해서 반드시 성공하는 것도 아니고, 나쁜 자리로 밀려났다고 해서 무조건 실패하는 것이 아니다. 위치의 단점을 극복할 수 있는 다른 요소들은 얼마든지 있다. 서비스의 품질일 수도 있고, 공간의 개성일 수도 있고, 운영자의 가치관일 수도 있다. 그러니 현재 자금으로 좋은 자리를 선점하는 것이 부담된다면 절대 무리하지 말자. 자리가 좋으니까 사람들이 많이 올 것이라는 안일한 마음으로 덜컥 계약을 했다가 비싼 월세를 충당하기도 어려워 초기 비용 회수도 못 한 채 빠르게 사업을 접는 케이스는 수없이 많다.

메인 상권에 위치하지 않고 있다는 것은 의외의 장점이 되기도 한다.

일단 보증금 및 월세가 크게 낮아지고, 근처 사는 주민이라는 새로운 타깃도 생긴다. 시혜적동물 상도점도 주택가 한가운데 뜬금없이 위치하고 있지만, 저렴한 가격 때문에 멀리서 찾아주시는 분들도 많고 "우리 동네에 이런 곳이 생기다니 너무 좋아요."라며 꼬박꼬박 찾아주시는 단골 손님도 생겼다. 그러니 처음부터 완벽한 상권에서 다 갖춰놓고 화려하게 시작하려는 부담감은 내려놓고, 대신 어떻게 나만의 색깔을 녹여낼 수 있을지를 고민해보자. 가장 적은 비용으로 높은 성과를 거둘 수 있는 마법의 열쇠가 되어줄지도 모른다.

셀프 인테리어의 장단점

백지장의 가장 첫 번째 공간을 완성하는 데 무려 3개월의 시간이 걸렸다. 비용을 최소화로 하기 위해 전문가의 도움 없이 팀원들끼리 모든 것을 해결하려 했기 때문이다. 김 대표는 지금 와서 생각해보면 전문가라면 일주일이면 충분했을 것이라고 이야기한다. 공사를 하다 필요한 것이 생기면 그때 주문을 하고, 물건이 도착할 때까지 한 주를 기다리고, 또다시 시작했다가 새로운 난관에 부딪혔다. 경력자가 없으니 어려운 것투성이었다. 천장 수도관이 터져 폭포수 같은 물줄기를 멍하니 바라만 보기도 하고, 에폭시 시공이 잘못되어 허옇게 뜨는 바람에 결국 다시 가구를 빼고 재도장을 하기도 했다. 세 번째 장소를 완성할 때까지 매번 예상치 못한 고난도의 문제점이 여기저기서 터져나왔던 터라, 과연 이 사업이 확장 가능한 모델인지 고민도 많이 했다. 하지만 계속해서 몸으로 부딪혀간 결과, 축적된 데이터들을 바탕으로 패턴화가 가능하다는 결론에 다

서대문 다락 지점의 셀프 인테리어 과정(왼쪽)과 현재 모습(오른쪽)

다를 수 있었다.

당시보다 좀 더 여유가 생긴 지금도 전문가에게 모든 것을 맡기지는 않는다. 모든 것에 전문가의 손을 빌리면 비용이 너무 커지기 때문이다. 이제 팀원들도 어느 정도 준전문가 수준이 되었기 때문에, 큰 틀은 본인들이 직접 짜고 세부적인 부분만 전문가에게 맡기고 있다. 인테리어에는 열정과 패기, 남아도는 시간과 체력만으로 해결 가능한 부분이 있고, 기술적인 전문성과 예술적인 세심함이 요구되는 부분이 있다. 넘치는 자신감으로 후자에까지 도전했다가는, 오히려 상태를 악화시켜 시간과 비용이 2배로 들 수 있다는 것을 알기 때문에 이제는 반셀프(半self) 인테리어를 지향하고 있다.

반셀프 인테리어의 장점은 가성비와 효율성 두 가지를 모두 챙길 수 있다는 점이다. 전문 업체에게 모든 시공을 맡겨버린다면 지출이 크게 늘어날 것이고, 모든 과정을 세심하게 체크하지 않는 이상 원하지 않는 방향으로 시공이 진행될 가능성도 있다. 반면 자신이 직접 공사 계획을 세우고 그 과정에서 기술자들만 적재적소에 고용해 파트별 시공을 한다면 큰 틀에서 벗어날 일도 없고, 모든 자재와 진행 사항을 확인할 수 있어 비용을 최소화할 수 있다. 예를 들어 타일 시공을 한다고 했을 때 업체를 통해 타일을 구매하고 시공까지 한 번에 진행하는 것보다, 자신이 직접 발품을 팔며 타일을 구매하고 시공 기술자만 따로 고용하면 동일한 퀄리티임에도 비용을 크게 낮출 수 있다. 물론 시간과 노동 역시 비용으로 환산될 수 있는 소중한 자원이므로, 본인의 여건에 맞춰 효율을 최대한 끌어올릴 수 있는 방향으로 적절히 배분해야 한다.

공간대여업은 자판기가 아니다

공간대여업을 시작하려는 목적은 크게 두 가지로 나눌 수 있다. 첫 번째는 단순한 부수익 창출의 목적에서, 두 번째는 더 큰 목표에 다다르기 위한 수단으로서. 김 대표는 전자처럼 오직 경제적 목적만으로 공간대여업을 시작한다면, 성과가 기대에 미치지 못할 수도 있다고 경고한다. 설치만 해두고 종종 재고만 채워주면 되는 무인 자판기를 생각하면 안 된다는 것이다. 파티룸이 기본적으로 무인 시스템으로 운영되는 것은 사실이지만, 고객 컴플레인이나 유지 보수, 예약률 관리 등 크고 작게 신경 쓸일들은 끊임없이 이어지기 마련이다. 반대로 말하자면 본인이 아무리 노력을 하더라도 손님을 더 받을 수 있는 시스템이 아니기 때문에 수익을 늘리는 데 한계가 있을 수 있다. 가령 식당 같은 경우, 문을 오래 여는 만큼 손님을 더 받을 수 있겠지만 공간대여업은 애초에 그러한 제한이 없기 때문에 막연히 기다리는 수밖에 없다. 그렇기 때문에 '운영이 간편하고 돈을 쉽게 벌 것 같다'는 이유로 무작정 시작한다면 생각보다 리스크가 클 수도 있다.

반면 경제적 목적 외에도 다른 이유가 있다면 충분히 도전해볼 만하다. 가장 쉬운 예로는 남보다도 본인을 위해 새로운 공간이 필요한 경우다. 가족, 친구들과 편하게 어울려 놀 수 있는 곳이 필요하다든지, 나만의 개인 작업실이 필요하다든지 등. 물론 남는 시간에 공간을 대여해주고 그로 인해 추가적인 수익이 창출된다면 당연히 좋은 일이겠지만, 만일 수요가 별로 없다 하더라도 본인 혹은 지인들이 충분히 잘 활용하고 있기 때문에 실패 여부에 크게 연연하지 않을 수 있을 것이다. 사실 이렇게 본인이 애착을 가지고 공간을 잘 활용하고 있다는 것 자체가 자연스럽게 사람들을 불러모은다. 자신의 제품을 열심히 쓰는 대표의 브랜드라면 신뢰가 갈 수밖에 없지 않을까? 반면 대표조차 쓰지 않고 외면하는 제품이라면 그 누구도 구매하고 싶지 않을 것이다.

시혜적동물 1호점이 바로 그 예시다. 밤늦게까지 눈치 보지 않고, 돈 걱정 없이 좋아하는 사람들과 편하게 놀 수 있는 공간을 가지고 싶었던 것이 오픈의 계기였다. 평소에는 글도 쓰고 요리도 하는 개인 작업실로 쓸 생각이었지만 월세에 보탤 요량으로 공간대여 플랫폼에 등록을 하자마자 예약 문의가 쏟아져 결국 작업실로는 이용할 수 없었다. 이후 4호점까지 오픈하며 필자 혹은 지인의 생일파티, 가족 모임, 쉐어하우스 멤버들의 환영회와 송별회, 다양한 소셜 모임 등의 장소로 적극적으로 활용해오고 있다. 언제든 자유롭게 쓸 수 있는 나만의 공간을 가지고 있다는 것은 생각 외로 많은 면에서 삶의 방식을 바꿔놓는다. 여기서 오는 높은 만족감에 비하면 사실 경제적 가치 창출은 부수적인 것으로 보아야 할지도 모른다.

경제적 자유를 얻고자 하는 것 역시 궁극적으로는 행복한 삶을 위해서라면, 공간대여업을 그 목적에 다다르기 위한 다양한 수단으로서 잘 활용하기를 바란다.

앞으로의 계획

앞으로도 백지장은 도시의 버려진 공간들을 찾아 새롭게 숨을 불어넣을 예정이다. 다만 기존에는 개인이 제대로 활용하지 못하고 있던 공간들을 찾아냈었다면, 이제는 기업 혹은 정부기관이 소유하고 있는 유휴 부동산들에 주목하고자 한다.

다양한 목적으로 기관 및 기업에서 소유하고 있지만 여러 이유로 인해 아직 제대로 된 활용처 없이 비어 있는 공간들. 백지장은 그 공간으로 다시 사람들을 불러 모을 것이다. 지역 주민을 위한 공간, 기업의 사회적

서대문 빈 사택 지점(왼쪽)과 서대문 대동인쇄 지점(오른쪽)

활동이나 홍보를 위한 공간, 혹은 문화예술인을 위한 공간. 모든 공간들이 지닌 가능성은 무한하다. 백지장의 역할은 단지 가능성을 실현시킬 사람들이 그곳에서 시작할 수 있도록 마이너스 상태를 제로(0)로 끌어올리는 것뿐이다.

텅 빈 도화지가 크고 작은 발자국들로 가득 채워질 수 있도록, 무채색 도심 속 다채로운 색깔들이 펼쳐질 여백이 사라지지 않도록, 백지장은 계속해서 걸어나갈 예정이다.

창업 정보

- 지점당 인테리어 비용: 평균 600만 원

- 지점당 월세: 평균 60만 원

- 월 고정비: 평균 60만 원(청소 및 관리 인건비 포함)

내 집 없이 월세 받는
쉐어하우스, 에어비앤비, 파티룸 재테크

초판 1쇄 발행 2021년 5월 18일
초판 3쇄 발행 2022년 5월 6일

지은이 | 신재
펴낸곳 | 원앤원북스
펴낸이 | 오운영
경영총괄 | 박종명
편집 | 최윤정 김형욱 이광민 양희준
디자인 | 윤지예 이영재
마케팅 | 문준영 이지은 박미애
등록번호 | 제2018-000146호(2018년 1월 23일)
주소 | 04091 서울시 마포구 토정로 222 한국출판콘텐츠센터 319호(신수동)
전화 | (02)719-7735   팩스 | (02)719-7736
이메일 | onobooks2018@naver.com   블로그 | blog.naver.com/onobooks2018
값 | 17,000원
ISBN 979-11-7043-197-8 03320